터칭
Touching

한 시대를 공유하는
각기 다른 세대의 공존을 위한 전략

유수란 · 정재일 · 신정화 · 기희경 · 박은영
김선애 · 신지유 · 김예진 지음

CONTENTS

프롤로그   010

01 챕터
세대 갈등,
벽을 허물다

1. 요즘 시대, 이유 있는 세대 갈등   016
2. 세대 가르기가 높인 '선배 세대의 벽'   026
3. 세대 가르기가 높인 '후배 세대의 벽'   032
4. 공존으로 '세대의 벽' 허물기   038

02 챕터
우리 시대
세대 갈등

1. Why, 세대 갈등   044
2. What, 사회 속 현상   052
3. What, 조직 속 현상   060
4. How, 서로를 바라보기   067

TOUCHING 터칭

챕터 03 BX는 이렇게 걸어왔습니다

1. 내 안의 꼰대, Good bye   074
2. 황혼의 청춘, New Sixty   080
3. 젊은 중년, Young Forty   089
4. BX세대와 MZ세대의 컬래버레이션   097

챕터 04 MZ는 이렇게 걸어갑니다

1. 세대 전환의 준비가 필요한 M과 Z   108
2. 합리의 세대, M세대   115
3. 가치의 세대, Z세대   125
4. BX 그리고 알파와의 컬래버레이션   134

챕터 05 새로운 세대의 등장, '알파'

1. 알파세대의 구분과 사회적 배경   140
2. 알파의 Keyword, Digital + Clean   146
3. 알파가 마주한 문제   156
4. 다른 세대와 컬래버를 준비하는 알파세대   164

CONTENTS

세대 공존을 위한
뉴 패러다임

1. 세대 차이인가? 시대 차이인가?   172
2. 후배 세대를 바라보는 마음의 온도   176
3. 선배 세대를 바라보는 마음의 온도   186
4. 공존을 위한 마음의 온도 조절   195

세대 공감,
프로소통러!

1. 시대 소통, 공존을 위한 세대 TOUCH의 기술   202
2. 선배 세대에게 필요한 TOUCH 기술   207
3. 후배 세대에게 필요한 TOUCH 기술   218
4. 시대 소통, TOUCH의 양과 질을 늘려라!   228

TOUCHING 터칭

'공존'을 위한 '존중'

1. 세대 공존, '존중'에서 길을 찾다   232
2. 첫 번째 길, 사회와 기업의 제도   237
3. 두 번째 길, 학교와 가정의 노력   247
4. 세 번째 길, 시대를 공유하는 우리의 인식   257

에필로그   262
참고문헌   265
저자소개   271

TOUCHING 터칭
—

프롤로그

Prologue

프롤로그

다양한 세대가 함께 어우러져 살아가고 있는 사회 속 우리의 모습

우리 사회 구성원 대부분은 세대 공감의 필요성을 느끼고 세대 갈등의 심각성에 대해 알고 있다. 그런데 더 심각한 것은 초고령 사회로 빠르게 진입하고 있는 한국 사회의 향후 모습이다. 인구 고령화로 인해 서로 다른 다섯 세대 이상이 함께 살아가야 하는 시대가 오면 세대 갈등의 심화는 불 보듯 뻔한 일이다. 세대 차이와 세대 갈등은 현재 진행형이자 미래 진행형이다.

이에 우리는 문제의식을 가지게 되었다. 세대 간 갈등에 대해 깊이 있게 고민해 보고 모든 세대를 객관적으로 돌아볼 필요성이 있다고 생각하여 연구를 시작하게 되었다.

공존을 해야만 더불어 살 수 있고 지속적인 발전도 가능하다. 하지만 현실은 공존에 장애가 되는 요소들이 너무도 많다. 우리는 장기화된 경기 침체 속 저성장, 그로 인한 취업난, 끝없이 오르는 부동산 가격 등 불안한 사회 속에서 살고 있다. 이와 같은 한정된 자원과 환경 속에서 세대 간의 경제적인 자원획득의 기회를 둘러싼 경쟁과 대립은 불가피하다. 더불어 Covid-19라는 팬데믹 상황은 세대 간 접촉의 기회를 감소시켰고 그로 인한 갈등의 골은 더욱 깊어질 수밖에 없었다. 지금 우리 모두에게 필요한 것은 건강한 공존을 위한 노력이다.

이어달리기 경기는 어느 한 사람만 빠르게 잘 달린다고 해서 우승할 수 없다. 같은 팀 내 선수들 모두가 각자의 역할을 잘 해내고 바통터치 또한 잘 이루어져야 결승전까지 문제없이 갈 수 있다. 출생연도를 기준으로 여러 세대가 줄지어 살아가고 있는 우리의 모습도 이어달리기와 비슷한 모습이다. 모든 세대가 '편견 & 오해'가 아닌 '이해 & 배려'가 있는 바통을 잘 전달할 때 행복한 공존이라는 결승점까지 무리 없이 도착할 수 있을 것이다.

터칭(touching)이라는 단어는 '감동적인'이라는 의미를 담고 있다.
세대 간 교감을 넘은 감동, 서로의 마음을 어루만져 갈등을 해결하고 공존하자라는 의미를 담아 지어진 이름 「TOUCHING」.

「TOUCHING」에서는 각 세대를 재정의해 봄으로써 세대 간의 이해도를 높이고, 다른 세대와 건강하게 공존하고 행복하게 소통할 수 있는 방법들을 이야기한다. 그뿐만 아니라 세대 갈등을 개인과 개인의 문제로만 보지 않고 계층과 계층 간의 문제일 수 있다는 새로운 시각도 제시한다. 국가와 정부가 나서서 개선해야 하는 사회문제, 개인이 노력해서 개선해 나가야 할 문제까지 다양한 측면에서 문제를 다룬 것이 특징이다. 세대 간의 갈등 현상에만 국한하지 않고 개인, 조직, 사회, 정부가 어떻게 노력하면 되는지 미시적 관점에서부터 거시적인 노력까지 다루고 있다. 우리는 이 책을 통해 세대 갈등 해결에 대한 인사이트를 얻고 갈등을 해결할 수 있는 실제적이고 구체적인 방법들도 배울 수 있다.

이 책은 이 시대를 살아가는 우리 모두를 위한 관계 지침서가 되어 줄 것이다. 더불어 과거-현재-미래를 여행할 수 있는 타임머신과 같은 책이기도 하다. 세대를 구분하고 형식적인 솔루션을 제공하는 것에 국한하지 않고 세대 통합에 대한 깊은 고민을 담았다. 이 책의 독자는 이 시대를 함께 살아가는 우리 모두이다.

1챕터 '세대 갈등, 벽을 허물다'에서는 우리 사회의 세대 차이와 세대 갈등을 넓은 시각으로 살펴보았고, **2챕터 '우리 시대 세대 갈등'**에서는 사회와 조직에서 나타나는 갈등의 현상들을 구체적 사례들로 알아보았다. **3~5챕터 'BX는 이렇게 걸어왔습니다, MZ는 이렇게 걸어갑니다, 새로운 세대의 등장, 알파'**에서는 베이비 붐 세대, X세대, M세대, Z세대 그리고 새로운 알파 세대가 경험한 정치·경제·사회·문화적 배경과 시대의 흐름에 대해 이야기하고 다른 세대와의 공존을 위한 해법을 제시한다.

6챕터 '세대 공존을 위한 뉴 패러다임'과 **7챕터 '세대 공감 프로소통러'**에서는 선·후배 세대 각자의 입장을 대변하고 프로답게 소통할 수 있는 솔루션을 제공한다. 그리고 마지막 **8챕터 '공존'을 위한 '존중'**에서는 우리의 행복한 공존을 위한 사회제도의 변화와 기업의 노력 그리고 개인이 나아가야 할 방향을 제시하고 있다.

「TOUCHING」은 우리 시대의 세대 차이와 세대 갈등을 거시적으로 다루어 주는 1챕터부터 읽기를 권한다. 그 후 순차적으로 다음 챕터들을 읽어 나가면 마치 타임머신을 타고 과거에서 현재를 거쳐 미래로 여행하는 느낌이 들 것이다. 여행이 끝나고 나면 서로 다른 세대에 대한 인식의 개선뿐 아니라 그들과 어떻게 소통하고 공존해야 하는지에 대한 솔루션을 발견할 수 있다.

「TOUCHING」이라는 타임머신을 탈 준비가 되었다면 지금부터 세대 공존 여행을 함께 떠나 보자.

TOUCHING 터칭

01
챕터

세대 갈등, 벽을 허물다

요즘 시대, 세대 차이를 넘어 세대 갈등이 시대적 화두가 되었다. 높아져만 가는 세대 간의 벽을 허물기 위해 아직도 개인의 변화와 노력에만 의존하고 있지는 않은가? 이제는 전 세대가 세대 갈등을 바르게 인식하고, 세대 공존을 위해 성찰하는 자세가 절실히 필요한 때이다.

1
요즘 시대, 이유 있는 세대 갈등

최근 심각한 사회문제로 대두되고 있는
세대 갈등의 진짜 이유를 찾다.

갈수록 커지는 세대 갈등

'요즘 애들은 버릇이 없어!'라고 생각해 본 적 있는가?

약 5,000년 전 메소포타미아 시대의 점토판에도 '요즘 젊은이들은 버릇이 없다'고 새겨져 있던 것처럼 후배 세대를 향한 선배 세대의 못마땅한 시선은 늘 있었다. 선배 세대를 이해하지 못하는 후배 세대의 불만과 볼멘소리 또한 요즘 들어 갑자기 생겨난 것이 아닌 오랜 과거부터 존재해 왔다. 이러한 세대 차이는 어느 사회, 어느 시대에나 사회적 숙제였으며 앞으로도 해결이 쉽지 않은 숙제일 것이다. 그러나 최근 세대 차이를 넘어 세대 갈등으로까지 확대되는 것은 왜일까?

'세대 갈등'이 시대적 화두가 된 만큼 요즘은 세대 간 이해에 관심이 많고, 특정 세대를 'ㅇㅇ세대'로 구분하며 더 깊이 있는 이해를 위해 다양한 노력을 하는 것도 사실이다. 하지만 다른 시대·문화적 배경 속에서 전혀 다른 경험을 갖고 살아온 세대를 특정한 세대로 묶고 일반화하면서 생기는 오해와 갈등이 오히려 세대 간의 벽을 높이고 있다. 세대 갈등을 고리타분한 선배 세대와 개념 없는 후배 세대 간의 갈등으로만 보고, 해결하는 일을 개인에게 전가하는 것이다. 근본적인 원인을 찾으려는 노력보다 개개인의 이해와 단순한 소통에만 의존한 것은 아니었는지 되돌아봐야 한다. 세대 갈등은 개인의 변화와 노력만으로 해결하기에는 한계가 있기 때문이다.

세대 갈등의 시대를 사는 우리는 이제 제법 무뎌질 법도 한데 오히려 심각한 사회문제로 대두되고 있는 '세대 갈등'에 대한 이유를 조망해 볼 필요가 있다. 모든 세대를 아우르며 갈등을 해소할 수 있는 세대 이해의 틀을 마련하기 위해 세대를 새롭게 재정의하고자 한다. 정의된 각 세대를 분석하여 특징짓는 것뿐만 아니라, 세대 간의 상호작용에 초점을 맞추어 세대 공존 방법을 모색해 보자.

나의 '익숙함'을 상대의 '당연함'으로 바라는 세대 이기심

최근 '많관부', '어쩔티비', '킹받네' 같은 외국어인지, 한국어인지조차 알 수 없는 줄임말과 신조어들로 의사소통이 단절되는 문제가 심심치 않게 등장하고 있다. 또, 사흘을 4일로, 차주(次週)를 차 소유주로 오해하는 사례들이 이따금 거론되며 문해력 문제가 본질을 벗어나 '세대 갈등'으로 비화되는 논란이 발생하고 있다. 그러나 이는 외래어와 신조어를 많이 아는 세대와 한자어와 고유어가 익숙한 세대 간의 오해에서 비롯된 상황일 뿐 세대 간의 문제는 아니다.

한 프랜차이즈 업체에서 내놓은 '마이애미 프로필 사진전'이라는 온라인 이벤트가 SNS를 중심으로 부정적인 여론이 퍼지며 급기야 세대 갈등으로 번진 사례가 있다. '애미'라는 표현은 '어미'의 방언으로 '어머니'를 낮추는 단어라는 사실이 화근이 되었다. 하지만, 대부분이 시어머니가 며느리를 부를 때, 옛 문학작품, 트로트 가사 속 등장하는 '어미'를 떠올렸을 것이다. '애미'를 이런 문학적 표현처럼 정감 있게 받아들이는 세대와 달리 게임이나 온라인 커뮤니티에서 '패드립('패륜 + 드립' 또는 '패밀리 + 드립'의 합성어)'으로 처음 접한 세대들은 부정적이고, 혐오스럽기까지 한 단어로 인식되어 거부감을 일으켰다. 결국 '애미'라는 단어의 경험 차가 세대 간 오해를 일으켜 세대 갈등으로까지 번지게 된 것이다[1]. 이처럼 신조어와 문해력의 문제뿐 아니라 경험의 차이로 같은 단어가 전혀 다르게 해석될 수 있다는 것이 증명되었다.

선배 세대는 상대의 다른 경험과 상황을 이해하기보다 후배 세대의 어휘력과 독서량을 비판하고 나서고 있다. 후배 세대는 선배 세대에 대해서 일상에서 잘 쓰이지 않는 한자어를 사용하는 것을 '꼰대 짓', '잘난 척' 정도로 치부하고 비난한다. 빠르게 변하는 사회 속에서 '당연함'이라는 상식의 기준 또한 변하여 통하지 않는 것이 많은 시대가 되고 있다. 이제는 과거에 옳았다는 이유로 그 잣대를 들이대어 갈등을 일으키는 것을 멈추어야 한다. '우리는 같은 시대를 살아가는 세대'라는 공익광고처럼 '지금은 다르다.'라는 마음으로 한 시대를 그대로 어울려서 살아가는 수용성을 발휘하는 모두의 노력이 필요한 때이다.

실체 없는 '세대 갈등 프레임'

전국의 만 18세 이상 남녀 1,000명을 대상으로 실시한 세대 갈등 인식조사에서 전체의 81%(매우 심각 20%, 심각한 편 61%) 응답자가 우리 사회의 세대 갈등이 심각하다고 인식했다. 앞으로 우리 사회에서 세대 갈등이 지금과 비슷하거나, 더 심각해질 것이라는 응답도 86%로 세대 갈등 완화에 대해서 부정적인 전망이 여전히 높은 상태이다[2]. 과거에도 기성세대와 신세대의 갈등, 세대 차이에 대한 논란은 늘 있었다. 그런데 요즘 시대에 더 두드러지고 있는 이유는 무엇일까?

최근 TV 예능 프로그램에서 'MZ세대 게임 모음', 'MZ저격 투어'처럼 MZ세대를 타이틀로 프로그램을 홍보하는 것을 빈번하게 볼 수 있다. 라디오도 예외는 아니다. 그렇다 보니 'MZ세대'라는 단어를 듣고 싶지 않아도 듣게 된다. 이처럼 'MZ세대' 용어를 대부분 'TV 프로그램이나 라디오(71%)', '인터넷 기사(55%)', '동영상 콘텐츠(42%)' 등 미디어를 통해 접하고 있었다[3]. 정작 그 세대 사람들은 '내가 MZ세대?'라는 의문을 던지며 공감하지 못하고 있는데 말이다. 심지어 'MZ세대는 개인주의적, 이기주의적이다'는 프레임이 씌워져 '듣는 MZ도 기분 나쁘다'고까지 말한다. 이런 MZ세대론은 주로 기업, 정치권, 언론을 통해서 언급되고 있다.

정보통신정책연구원 미디어 통계 포털에 따르면 'MZ'는 지난 8개월(1~8월)간 네이버(뉴스·카페·블로그)와 트위터에서 1,623건 쓰였다. 같은 기간 'MZ세대'는 845건 언급됐다. 대통령선거와 지방선거가 열린 지난 3월과 6월엔 뉴스타이틀이 'MZ'라는 단어로 도배됐다[4]. 이처럼 MZ세대의 표를 얻기 위한 정치권, MZ세대에게 물건을 팔기 위해 상업화하는 기업으로 인해 오히려 세대 갈등이 만들어지고 있다.

대학내일 20대연구소가 발표한 '세대별 사회인식 및 가치관 비교 조사'에 따르면 Z세대와 후기 밀레니얼 세대는 우리 사회의 갈등이 심한 영역 1, 2위로 '젠더 갈등', '정치이념 갈등'을, 전기 밀레니얼 세대와 X세대 그리고 86세대는 '정치이념 갈등', '빈부 갈등'을 꼽았다[5]. 이처럼 모든 세대에서 세대 갈등 외에 다양한 영역의 갈등을 심각하게 느끼고 있다. 이는 특정 사안들을 세대 프레임으로 보게 하고, 많은 사람이 중시하는 갈등을 세대 문제로 앞세워 세대 갈등 상황을 증폭시키고 있을 가능성을 시사한다. 모든 세대가 피로하고 위축된 상황에서 살아가고 있는 현시대에서 자신들의 불안과 불만을 다른 세대에게 투사함으로써 자신의 정서적 위안을 찾고자 하는 생리가 만연해 있는 것이 사실이다. 최근에는 세대 갈등이 아니라 시대 갈등이라는 말까지 나오고 있다.

세대 간 갈등은 실제로 생겨난 것이 아니라, 정치권과 미디어에서 '세대 갈등 프레임'을 과장한 것이라고 볼 수 있다. 세대를 구분하여 특성을 이해하려는 노력은 인정될 수 있어도 이를 하나로 묶어서 규정하고 일반화하는 것은 매우 위험한 일이다. 무분별하게 세대론을 활용하는 것, 한 세대를 '갈라치기' 하는 것에 대한 경계가 더욱 필요한 때이다.

세대를 가르는 분기점

세대(generation)는 "같은 시대에 살면서 공통의 의식을 가지는 비슷한 연령층의 사람 전체를 일컫는다."라고 네이버 국어사전에 정의되어 있다. 우리나라의 세대 연구는 주로 나이·생애 단계, 역사적 경험, 문화적·행태적 특성 구분으로 이루어져 왔다. 대부분 세대를 기성세대와 청년 세대로 나누거나 10대, 20대, 30대와 같이 연령 집단을 구분하면서 태어난 시점을 기준으로 10년 단위로 나누어 각 세대의 특성을 살펴보는 방식이다. 그 밖에도 세대를 역사적 경험을 바탕으로 민주화 세대 이전과 이후로 구분하여 비교하거나 시대적 배경을 기준으로 명명하기도 한다[6]. 하지만 이러한 세대 구분은 한 세대의 시작과 끝이 어디인지 합의된 바가 없어 명확하게 정의할 수 없다. 또, 세대 간 특성 차이를 뚜렷하게 증명한 연구가 없기에 비판도 거세다.

한국리서치 '여론 속의 여론' 팀에서 진행한 'MZ세대를 통해 바라본 한국 사회의 세대구분' 인식조사 결과에 따르면 출생연도에 따라 세대를 구분하고, 그 세대의 특징을 이해하는 방식에 사람들은 익숙해져 있다는 것을 알 수 있다. 세대에 따라 사회 구성원의 성향을 구분하는 방식이 '적절하다'는 응답이 57%였으며, 특히 연령으로 세대를 구분하는 것에 대해서는 '적절하다'는 의견이 72%로 우세하였다.

출생연도에 따라 세대를 구분하는 용어는 같은 세대 간의 특성을 이해하기 쉽게 하고(67%), 같은 세대끼리의 유대감을 높인다(62%)고 긍정적으로 평가하였다. 반면 세대 갈등을 부추기며(68%), 세대 간의 이해를 어렵게 한다(53%)는 부정적인 인식도 공존하고 있었다[3].

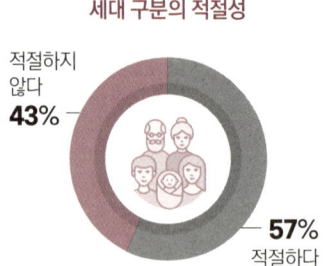

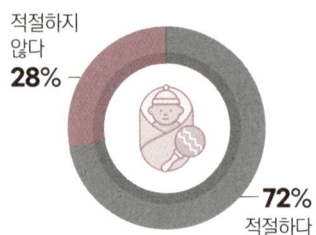

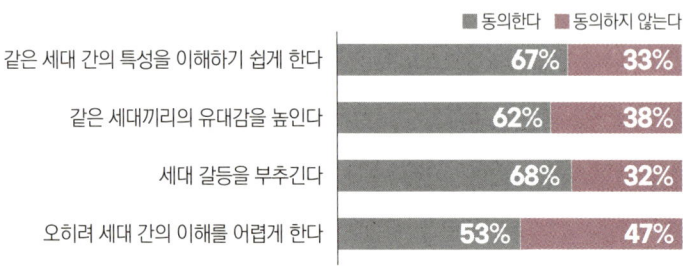

　세대 용어 중에서 M세대와 Z세대를 하나로 묶어 'MZ'세대로 표현하는 것을 자주 볼 수 있다. MZ세대 인지 여부에 대한 물음에 절반만이 MZ세대 용어를 들어 본 적이 있고 어떤 의미인지 알고 있다(50%)고 답했고, 들어 본 적은 있으나 의미를 잘 모른다는 응답(44%)과 전혀 들어 본 적이 없다는 응답(6%)도 과반이나 차지하였다. MZ세대는 연령 차원으로 정의하는 방식(61%)보다 '디지털 환경에 익숙하고 최신 트렌드와 이색적인 경험을 추구하는 특징'을 보이는 특성 차원으로 설명하는 방식(80%)이 더 적절하다고 답했다.

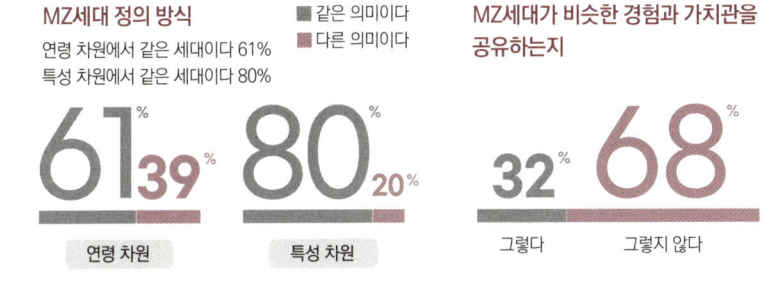

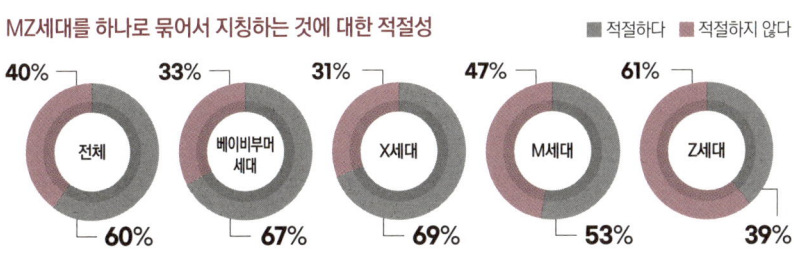

　M세대와 Z세대가 서로 비슷한 경험과 가치관을 공유하고 있지 않다는 응답은 68%였다. 특히 'Z세대'의 61%는 M세대와 Z세대를 하나의 세대로 묶어서 MZ세대로 지칭하는 것에 대해 적절하지 않다고 답했다[3]. '세대별 인식과 세대 간의 갈등'에 관한 설문조사에서도 자신의 세대와 타 세대를 지칭할 때 사용하는 '세대 명칭'과 '세대 구분'에 동의하지 않는다는 사실이 밝혀졌다.[6]

　이러한 결과에서 보는 것처럼 연령 차원으로 세대를 정의하는 방식과 지나치게 넓은 연령대를 한 세대로 묶어서 지칭하는 방식은 세대 구성원 간의 정체성과 동질감에 혼란을 초래할 가능성이 커 보인다. 같은 세대 구성원들 간의 다른 경험과 가치관으로 인해 또 다른 갈등이 생겨날 수 있다는 것을 예측해 볼 수 있다. 급격한 변화 과정을 겪고 있는 한국 사회에서 임의적이고 단순하게 세대를 구분하고 세대 명칭을 부여하기 이전에 다양한 특성으로 세대를 구분하는 큰 틀을 제시할 수 있는 시각의 변화가 요구된다.

세대 구분, 새로운 관점이 필요한 때

세대 구분에 대한 비판적인 주장이 만만치 않지만, 세대 이해의 틀을 제시하는 보편성 차원에서 세대 구분은 필연적이다. 세대 간의 특성과 차이를 이해하지 않고서 세대가 공존할 방법은 없기 때문이다. 다만, 세대를 명명하는 것에만 지나치게 관심을 두지 않기 바란다. 세대 구성원의 다양한 특성을 바라보기 위해서 연령뿐만 아니라 시대적 배경, 문화적 특성에 더불어 개인의 성향까지 고려하는 노력이 필요할 것이다. 그러한 다각적이고 세밀한 접근을 위해 이 책에서의 '세대'는 다음과 같이 중의적 개념으로 '사회적 세대'와 '특성적 세대'로 해석하기로 한다.

첫째, 사회적 세대는 통상적으로 사회(조직) 내에서 유사한 사회계층(직급)과 역할, 책임을 부여받은 사회적 집단으로 정의한다. 기존에 우리나라에서는 기성세대와 청년 세대로 구분하는 방식을 주로 취해 왔다. 표준국어대사전에 따르면 기성세대라는 용어는 '현재 사회를 이끌어 가는 나이 든 세대'라고 정의하고 있지만, 다소 왜곡된 인식으로 자리 잡고 있어 '선배 세대'로 부르기로 한다. 청년 세대 혹은 젊은 세대라 불리는 세대는 '후배 세대'로 명명하였다. 잡코리아가 직장인 436명을 대상으로 조사한 '기업 평균연령 조사'에 따르면 대한민국 기업 평균연령이 42세로 나타남에 따라 42세까지를 후배 세대, 그 이상을 선배 세대로 구분하였다.

둘째, 특성적 세대는 나이·생애주기, 역사적 경험·사건, 문화·행태적 특성을 포함한 통합적 집단으로 정의한다. 같은 시기에 특정 사건, 문화를 함께 겪은 사람들이 문화적·사회적·심리적 동질성을 보인다. 그러므로 연령뿐 아니라 세대의 공통 경험과 환경적 특성 등을 통합적으로 세분화하여 세대를 구분하는 것이 타당해 보인다. 우리는 B세대(베이비 붐 세대), X세대(X세대), M세대(밀레니얼 세대), Z세대(Z세대), A세대(알파세대)로 구분하고 연령 차원, 특성 차원, 세대 간 상호작용에 초점을 맞추어 세대 이해 틀을 제시할 것이다.

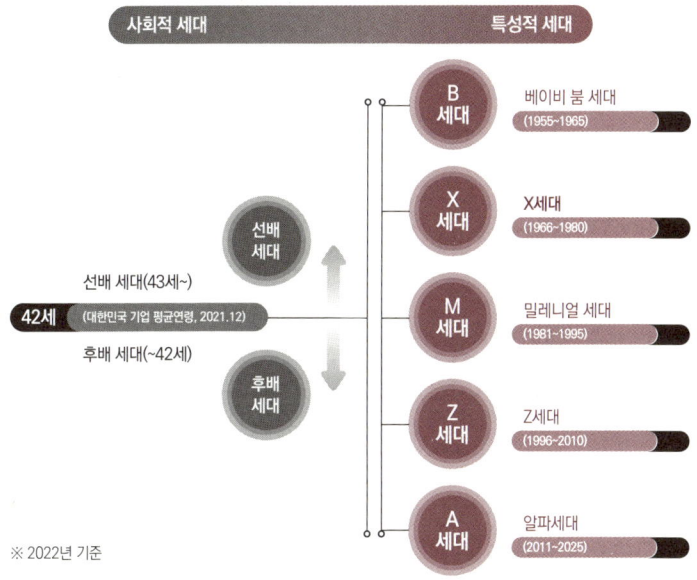

2

세대 가르기가 높인 '선배 세대의 벽'

'지금 개구리인 나도 올챙이였던 적이 있었다.'라는 생각을 통해
'마음의 너그러움'을 발휘해 보자.

선배들의 말문을 막는 '꼰대'라는 색안경

"당신은 콘치 VS 콘치즈, 몽쉘 VS 몽쉘통통 어떤 걸 좋아합니까?"

최근 후배와 대화할 때 '콘치즈와 몽쉘통통'을 제일 좋아한다고 했더니 아재라는 딱지를 달아 주었다. MZ세대는 '콘치, 몽쉘'이라고 부른다며 온갖 신조어 테스트를 하면서 '꼰대'라는 꼬리표를 붙이는 상황에 적잖이 불편함을 느꼈다. 크라운의 대표 과자 콘치즈, 콘초코가 콘치와 콘초로 2008년에 이름이 바뀌었다. 롯데제과에서 만든 몽쉘통통은 1999년 업그레이드를 하며 몽쉘로 이름을 바꾸었다. 결국, 바뀌기 전 과자를 먹은 경험과 이름을 기억하는 세대와 그렇지 않은 세대의 해프닝일 뿐 꼰대가 될 이유는 전혀 없다.

이뿐만이 아니다. 과거 경험을 이야기할 때면 흥미진진할지라도 나이가 많은 선배 세대에서 나오는 이야기는 '라떼는 말이야'라는 색안경으로 가치를 잃어버리는 게 현실이다. 바른말 하는 사람, 경험과 지혜를 공유하는 선배에게 '나이 든 세대는 구식'이라는 선입견으로 '꼰대'라는 꼬리표를 붙이고 있다. 급기야 'latte is horse'라는 '꼰대'를 지칭하는 신조어까지 유행하고 있는 실정이다. 그래서일까? 선배들은 당연한 업무 원칙은 물론 과거의 이야기나 경험 공유를 하려다가도 스스로 놀라 입을 틀어막곤 한다.

한 여론조사기관에서 전국 만 18세 이상 남·여 1,010명을 대상으로 '우리나라 꼰대 문화의 심각성'에 관한 인식을 조사한 결과 응답자의 72.4%가 심각하다고 응답했다. 꼰대 문화에 관한 인식은 세대별·지역별·정치 성향별로 이견이 없었다.[7]

'꼰대'는 '자기의 구태의연한 사고방식을 타인에게 강요하는 꼰대질을 하는 직장 상사나 나이 많은 사람'을 가리키는 속어로 사용되고 있다. 처음에는 나이 든 사람들을 지칭하는 표현일 뿐 부정적인 표현으로 사용되지는 않았다. 하지만, 사회 전반에 악·폐습을 자행하는 나이 든 세대를 가리키면서 부정적인 말로 변질된 것이다. 급기야 휴대전화에 아버지를 '수꼰대' 어머니를 '암꼰대', 할아버지나 할머니를 '그랜드 꼰대'로 설정한 자식들까지 생겨나고 있다고 한다. 이처럼 '꼰대'라는 단어가 상황과 맥락에 관련 없이 무분별하게 소비되면서 본래의 의미가 퇴색되고 반감까지 드는 것이 사실이다. 자기 생각과 다르다고 해서 무조건 낡은 기준으로 치부하고 꼰대로 희화하는 것은 바람직하지 않다. 이는 세대 갈등을 해결해 나가야 하는 우리 모두에게 결코 도움이 되지 않는다는 것을 기억해야 할 것이다.

'역꼰대'로 생겨나는 새로운 갈등

직장인 A씨

"저희는 고객과의 통화가 주요 업무예요. 그런데, 후배들이 전화를 받을 때마다 소속이나 이름을 밝히지 않고, "여보세요." 또는 "네."라고 받아 당황했어요! 이를 지적했더니 '매뉴얼에도 없고, 회사 방침도 아닌데 무엇이 문제냐'고 오히려 꼰대 취급을 받았어요."

교사 B씨

"맞춤법이 틀렸다고 지적하면 '의사소통에는 아무런 문제가 없다'고 대꾸해요. 아이들은 원어민 교사도 영어 수업하다 스펠링을 틀리는 경우가 허다하지만 그다지 괘념치 않는다면서 유독 우리만 맞춤법에 연연한다고 볼멘소리를 하죠. 심지어 구어체가 대세라며 맞춤법을 운운하는 건 '꼰대스럽다'고 조롱하기까지 합니다[8]."

직장인 C씨

"후배와 점심을 먹던 날이었어요. 식사 중 후배는 저에게 자신보다 많이 버니까 당연히 선배가 식사비를 내야 하는 것 아니냐고 말을 하더라고요. 선배를 앞에 두고 당연하듯 말하는데 아주 당황스럽더라고요. 하지만 저도 후배일 때 뭣도 모르고 선배가 사주는 밥과 술을 많이 얻어먹었으니 오랜만에 만난 후배에게 밥을 사는 게 뭐가 어렵겠나 싶었어요. 그런데 식사 후 잘 먹었다는 감사 표시조차 하지 않는 거죠. 누가 식사비를 냈냐를 떠나 상대방에게 최소한의 감사를 표현하는 것은 기본적인 예의임에도 예의를 가르치는 것이 꼰대로 비칠까 봐 하지 못하는 상황이 너무 답답하더라고요."

위 사례처럼 최근 '꼰대'를 거스르는 '역꼰대'가 등장하며 새로운 갈등이 불고 있다. '역꼰대'는 꼭 필요한 조언, 과오 등을 알려 주는 상대방을 꼰대로 지칭하고 소통을 아예 차단해 버리거나 선배를 무시하고 이용하는 이들을 뜻한다. 사람인에서 성인남녀 3,587명을 대상으로 한 조사에 따르면 10명 중 4명은 주위에서 '역꼰대'를 목격하거나 경험한 것으로 나타났다. 이들이 꼽은 역꼰대 유형은 자기 생각만 맞고, 타인에게도 동의를 강요하는 '답정너형'(36.3%), 상대의 정당한 지적이나 훈계를 꼰대 같다며 무시하는 '벽창호형'(34.8%), 선배나 상사의 진심 어린 조언도 듣지 않는 '나잘난형'(34.4%)이 있었다. 또, 선배나 상사에게 당연한 듯이 부탁을 하는 '몰염치형'(23.8%), 예의 없이 행동하고 상대가 쿨하게 받아들이기를 강요하는 '쿨강요형'(22.9%), 선배나 상사에게 밥값, 술값 등 금전적인 부담을 떠넘기는 '흡혈귀형'(22.5%), 지적하는 선배나 상사를 익명게시판 등에 비방하는 '빅마우스형'(15.2%)의 답변이 있었다.[9]

역꼰대의 등장이 선배와의 갈등뿐 아니라 동료들 간의 갈등으로까지 이어지고 있다. 같은 후배 세대 직장인 사이에서도 업무는 소홀한 채 능력 이상의 대우를 바라거나 회사에 대한 비판을 일삼는 역꼰대 동료들이 불편하다는 얘기가 나오고 있다. 이러한 '역꼰대'에 질려 회사를 이직하거나 그만두는 사례도 쉽게 발견할 수 있다. 결국, 꼰대라는 것은 나이가 많고 적음의 문제가 아니다. 어느 나이나 자신의 가치관과 다름을 인정하지 못하고 자기 생각을 강요하고 일방적으로 조언만 일삼는다면 꼰대가 될 수 있다.

한 기업의 임원은 "후배 세대를 이해하라는 교육은 수시로 하면서 왜 선배 세대를 이해하라는 교육은 없는지 이해가 되지 않는다."라고 탄식했다. 선배 세대가 후배 세대를 이해하는 것은 필요하지만 한쪽만 하는 것은 이해가 아닌 참는 것을 강요할 뿐이다. 하지만 지금의 세상은 그렇게 요구하고 있는 분위기이다. 이런 사회적 분위기가 새로운 갈등의 요소가 되어 세대 간의 벽을 더 높이는 것은 아닌지 돌아봐야 한다. 아울러, 상대방에게 자기 세대를 이해해 달라고만 요구하기보다 내가 먼저 다른 세대를 이해하려는 성숙한 마음과 자세가 필요하다.

'후배 세대가 싫다'는 선배들이 기억 못 하는 것

> **경향신문**
>
> ### 후배 눈치 보는 회식 '상사는 괴로워', 젊은 사원 '입맛' 따라 회식 자리 선택 늘어
>
> 요즘 좋은 상사가 되는 조건 중 하나는 회식을 잘하는 것. 이때 잘한다는 것은 자주 한다거나 거나하게 술을 마신다는 의미가 아니다. 20대 후반의 젊은 직원들이 만족할 만한 참신한 회식프로그램을 마련하는 것, 그렇지 않으면 '꼰대'로 찍힌다.
> 젊은 사원들이 가장 못 견뎌 하는 것이 삼겹살집과 노래방. 회사원 김형민 씨(30)는 "우리 세대는 고기 냄새가 싫어도, 대화가 지겨워도 꾹 참았다. 하지만 요즘 신입사원들은 몸을 비비 꼬다가 중간에 그냥 가 버린다."라고 말한다. 심하면 회식 장소가 어딘지를 확인하고 마음에 들 때만 참석하는 직원들도 있다. 그러니 상사들도 회식에 대해 고민하지 않을 수가 없다.
> 물론 고전적인 스타일의 회식을 고수하는 상사들도 많다. 그러면서 "요즘 젊은 것들은 회식에도 참석 안 한다."라고 화를 낸다. 하지만 이미 세상은 바뀌고 있다. 젊고 이해심 많은 상사로 인정받고 싶다면 지금 당장 회식 장소부터 바꿔야 할 것이다[10].

이 기사를 발견하고 무척이나 놀랍고, 한편으로 흥미로웠다. 요즘 회사 내에서 있을 법한 회식 문화 풍경을 담은 이 내용이 '1999년 11월 8일 경향신문'에 실린 기사이기 때문이다. 이 기사를 선배 세대의 관점에서 들여다 보았다. 20여 년이 지난 지금과 별반 다르지 않은 상황이 당황스러워 입이

다물어지지 않는다. 더욱 놀라운 건 몸을 비비 꼬다가 중간에 그냥 가 버린 1999년의 신입사원도, 그런 신입사원을 보며 혀를 차던 30살 김형민 씨도 현재는 50대가 되어 지금 시대를 대표하는 선배 세대가 되었다. 그 시절 회식에 참석도 안 하던 젊은 것들이, 지금은 회식을 거부하는 후배 세대를 향해 "요즘 것들…."이라며 못마땅해하는 시대가 되어 버린 것이다. 나이 든 사람들은 항상 젊은이들과 갈등했다. 어느 시대든지 선배들은 자신들의 삶의 태도와 방식이 옳다고 믿기에 그것을 따르지 않는 후배 세대가 못마땅했다.

1999년 기사 속 '요즘 것들'이 지금의 '꼰대'가 되어 있는 것은 시대가 바뀌어 삶의 가치관이 급작스레 달라진 것도 아니고, 선배들이 나이가 들어 자신의 젊은 시절 기억을 모두 잊은 탓도 아닐 것이다. 사람들은 과거를 실제보다 좋게 기억하는 경향이 있다. 자신이 젊었을 때 했던 위태로운 행동을 나쁘게 기억하지 못하기 때문이다. 선배 세대는 후배 세대가 '꼰대'라고 부르며 색안경 끼는 것에 스트레스받기보다 잠시 멈추어 나의 젊은 시절을 되돌아보자. 지금 개구리인 나도 올챙이였던 적이 있었다.

20여 년이라는 시간이 흘렀지만, 그 시대와 지금은 크게 달라지지 않았다. 이 세상은 예나 지금이나 비슷하게 돌아간다. 우리는 시대와 세대에 대한 이해가 필요하다. 시대가 변해도 늘 반복되는 세대 갈등을 이해하려는 노력이면 충분할 것이다. 선배 세대는 오랜 가치관을 현재 시점에서 재해석하여 후배 세대를 인정하는 '마음의 너그러움'을 발휘해 보자. 지금 후배들의 모습이 내 젊은 시절 모습이었다고 생각하면서 너그럽게 바라본다면 등을 토닥이며 위로해 주고 싶을지도 모른다.

3
세대 가르기가 높인 '후배 세대의 벽'

'나도 곧 개구리가 될 테니까.'라는 생각을 통해
'마음의 여유로움'을 찾아보자.

MZ세대도 모르는 'MZ세대'

MZ세대라는 용어는 어느 순간 분야를 막론하고 우리 사회를 점령해 버렸다. 쉴 새 없이 쏟아져 나오는 2030세대 관련 기사와 광고, 예능 프로그램은 어김없이 'MZ세대'라는 제목을 앞세워 등장하고 있다. 한 TV 예능 프로그램에 출연한 연예인이 "MZ세대는 정작 자신들이 그 세대인 것을 모른다. MZ세대는 어른들의 욕심이 만들었다."라고 일침을 가하자 네티즌들의 반응은 폭발적이었다. 네티즌들은 "플로피디스크를 어릴 때 본 사람과 존재도 모르는 사람을 왜 하나로 묶냐.", "너무 공감한다. 젊은 세대는 그런 거 관심도 없는데 자꾸 이름 붙이고 묶어 버리는 게 웃기다.", "애초에 10대랑 40대를 묶는 게 말이 안 된다.", "나도 내가 무슨 세대인지 모른다." 등의 반응을 보이며 공감했다[11].

'MZ세대'라는 단어에 대한 거부감은 주변에서 아주 쉽게 찾아볼 수 있다.

대학생 A씨

"M세대와 Z세대는 엄연히 다른 세대 아닌가요? 왜 같이 묶여야 하는지 이해가 안 가요. 무려 30년을 한 세대로 묶는 게 말이 안 되잖아요. 요즘은 트렌드가 워낙 확확 변해서 같은 Z세대 안에서도 문화 차이가 크게 느껴지는걸요."

직장인 B씨

"마흔 살 팀장님이 저랑(27세) 같은 MZ세대라고요? 팀장님은 학생 때 '네이트온'을 썼고, 저는 '카카오톡' 세대인데요? 회식·결혼·젠더 문제에 이르기까지 공감대가 거의 없는데 진짜 같은 세대일까요?"

직장인 B씨와 마흔 살 팀장님은 13살의 물리적 나이 차이가 있다. 하지만, 두 사람이 속한 집단의 사고방식과 특성 그리고 행동 양식은 아마도 '13'의 거리를 훌쩍 뛰어넘을 것이다. 그런데도 우리 사회는 이 둘을 'MZ세대'의 프레임으로 이해하기를 요구한다. 과연 하나의 문화를 공유한 세대로 이해하는 것이 바람직한지 의문이 든다. M세대와 Z세대 사이에는 최대 30년이라는 깊고 넓은 강이 흐르고 있는데 말이다.

후배 세대가 'MZ세대'라는 단어를 싫어하는 또 다른 이유가 있다. 각종 뉴스와 기사에서 MZ세대는 '할 말 다 하고, 눈치를 보지 않는다', '개인주의 성향이 강하다' 등과 같이 부정적인 이미지로 소비된다는 것이다. 후배 세대는 이 같은 낙인효과(과거의 좋지 않은 경력이 현재의 인물 평가에 미치는 부정적인 영향. 또는 한 번 나쁜 사람으로 낙인이 찍히면 의식적·무의식적으로 그렇게 행동하는 현상)에 억울함을 호소하며 MZ세대로 불리기를 거부하고 있다.

우리가 특정 '세대 탓'을 하는 것은 개인에게 책임을 묻는 것보다 한 세대에 화살을 돌려 그 집단의 문화나 특성을 비난하는 게 훨씬 손쉽기 때문이다. 우리는 상대의 사정을 고려하지 않은 채 개인을 탓하는 것은 위험이 따른다는 것을 안다. 그렇기에 개개인의 속사정을 모두 헤아리려고 노력하지만, 이는 많은 에너지가 필요하다. 반면 한 집단을 비난하면 개인이 특정되지 않으니 비판해도 죄책감이 덜하다. 그러나 이러한 집단에 대한 비난이 결국 심각한 차별과 갈등으로 이어질 수 있다는 점을 주의해야 한다.

갈등상황이 발생했을 때는 우선 나의 잘못은 아닌지, 혹은 상대가 그럴 만한 상황이었거나 사정이 있었던 것은 아닌지 이성적으로 판단해야 한다. 개인의 문제에 대해 그가 속한 세대 전체를 탓하는 습관에서 벗어나야 한다. 무분별하게 용어를 사용하기 이전에 그 세대가 필요로 하는 것이 무엇인지 고민하는 노력이 선행되어야 할 것이다.

MZ세대가 말하는 '막장 MZ'

10년 차 직장인 B과장(1982년생)은 젊은 후배들의 자유분방한 행동이 달갑지 않을 때가 많다. 평소 미흡한 업무 처리와 저조한 업무 성과 그리고 태도의 문제로 여러 차례 피드백받아 오던 3년 차 C사원(1995년생)이 B과장과 업무 면담 후 바로 당일 퇴사를 통보해 왔다. 이 모습을 보고 당황스러움을 추스르기도 전에 같은 팀 D과장(1981년생)의 "MZ가 MakZzang의 약자라더니 역시…"라는 한마디에 마음 한편이 불편함으로 가득 찼다. B과장도 같은 MZ세대로 '요즘 애들이라 그래', 'MZ세대라서 그래~'라는 소리가 듣기 싫었기에 매사에 더욱 책임감을 느끼고 업무를 해 왔기 때문이다. 휴가를 자제하는 것은 물론, 업무 처리를 위해 경조사도 참석하지 않았을 만큼 업무에 충실한 자신마저도 한순간에 같은 세대로 분류되어 비난받는 것 같았다. 참을 수 없었던 B과장은 D과장에게 "그럼 과장님도 MZ세대니까 막장이네요?"라고 받아치며 삽시간에 팀 분위기가 싸늘해져 버렸다.

'MZ세대' 용어는 밀레니얼 세대와 Z세대의 합성어로 언론과 마케팅 홍보자료에서 빈번하게 쓰이며 확산되었다. 하루에도 'MZ세대'를 타이틀로 한 기사들이 마구 쏟아져 나온다. 하지만 그 내용을 자세히 들여다보면 대학생, 청년인턴 등 20대를 대상으로 한 기사들이 대부분이다. 실제로 MZ세대조차 "MZ세대는 90년대 생부터 아닌가요?"라고 말하고 있다. 한국리서치가 전국 만 18세 이상 남녀 1,000명을 대상으로 한 인식조사 결과, 사람들은 MZ세대를 '16.1세부터 30.7세'로 인식했다. 하지만 실제 MZ세대는 18세부터 42세까지를 포함하고 있어 사실상 사람들은 Z세대(만 18~27세)만을 MZ세대로 인식하고 있다는 걸 알 수 있다[3].

언론이나 미디어 등에서 정의하는 연령대와 사람들이 생각하는 연령대에 큰 차이가 난다. 그로 인해 위 사례처럼 같은 세대끼리도 서로를 비난하거나 "요즘 애들 다 그래~"라며 모둠화하여 손가락질하는 문제까지 생겨나고 있다. 현재는 같은 세대라 하더라도 공통점이 희석되는 경향을 보인다. 심지어 같은 연령, 같은 성별이라고 해도 공통점보다 다른 특성이 많은 것이 사실이다. 세대의 보편적 특성보다 개개인의 개별적 속성이 강해진 탓일 것이다. 그렇기에 세대를 연령으로만 구분하여 보려는 시각에서 벗어나 개인의 가치관과 비전 등 다양한 변수까지 고려하여 구체화하는 접근이 필요하다.

선배들의 속사정을 통해 후배들이 기억해야 할 것

앞서 2장에서 선배들의 관점에서 살펴본 '1999년 11월 8일 경향신문'에 실린 기사를 후배들의 관점으로 다시 한번 이야기해 보자. 아마도 선배들의 놀라운 속사정을 알게 될 것이다. 1999년 회식 때마다 도망치던 신입사원은 이제 내 앞에 있는 상사가 되었다. 후배들이 당황스러운 건 그 상사들이 20년 전 그토록 싫어했던 상황을 지금 똑같이 연출하고 있다는 사실이다. 시대가 변해도 여전히 후배는 상사를 어려워하고, 상사는 눈치를 봐야 하는 후배를 불편해한다. 시대가 바뀌었지만, 회사 내 선후배 관계는 크게 달라지지 않았다.

오늘의 철없는 후배 세대도 20년 후에는 어떤 모습으로 변해 있을지 모른다. 지금의 모습은 까마득히 잊고, 신입사원을 보며 혀를 차고 있는 상사가 되지 않으리란 법이 없다. 누구도 세월의 흐름에 어떤 식으로 변하게 될지 장담할 수 없으니 말이다.

그렇기에 지나치게 선배 세대를 겨냥해 불평하는 것을 멈추고 이해의 마음으로 대하는 성숙한 태도가 필요하다. 그렇다고 무조건 선배 세대를 이해하고 받아들이라는 것은 아니다. 선배 세대의 수십 년 전 속사정을 알았으니 그들의 의중을 조금만 더 깊이 헤아리고 이해하려는 노력이면 충분할 것이다.

후배 세대는 '나도 곧 개구리가 될 테니까.'라는 생각을 통해 '마음의 여유로움'을 찾아보자. 평소에 타인을 이해하기 위한 힘을 축적해 두지 않는다면 새로운 세대를 맞이할 시기에 유연하게 대응할 수 없을 것이다. 선배 세대를 이해해 보는 경험을 통해 마음의 그릇을 키워 보는 것은 어떨까? 앞으로 어떠한 모양새로 다가올지 모르는 후배(알파) 세대와의 공존을 위해서 말이다. 다가올 알파세대에 대한 이야기는 5챕터에서 상세히 볼 수 있다.

4
공존으로 '세대의 벽' 허물기

돌고 도는 세상 속 그 누구도 틀리지 않았다.
이제는 세대 공존만이 답이다.

돌고 도는 시대와 세대

'젊은 知性(지성)은 旣成世代(기성세대)를 排斥(배척)(조선일보, 1961.02.11.)'.
'旣成(기성)세대와 갈등 잦아(매일경제, 1976.09.18.)'.
'世代(세대) 갈등 심각하다(동아일보, 1989.10.31.)'.
'한국의 30대(1)상사 모시랴 후배 눈치 보랴 고달픈 '샌드위치 세대'(한겨레, 1993.07.06.)'.
'충고했더니 '세대 차이'(경향신문, 1993.12.06.)'.

위 내용은 1960~1990년대 신문을 장식했던 기사 제목들이다. 수십 년 전에 기사화된 기성세대와 젊은 세대 간의 갈등, 상사와 후배 사이에 낀 세대 고충, 충고를 세대 차이로 받아들이는 현상은 지금 시대에도 똑같이 존재하고 있다. 기사 제목만 봐도 세대 차이와 세대 갈등은 요즘 시대의 문제만이 아니라는 것을 알 수 있다.

한국 사회에서는 대물림하듯 선배 세대는 후배 세대를 부정하고 못마땅한 시각으로 바라보고, 후배 세대는 선배 세대를 배척하고 있는 건지도 모른다. 한때 신세대로 X세대가 많은 주목을 받던 그 시대에는 X세대가 논란의 중심이 되어 그들을 두고도 참 말이 많았다. 지금은 어떠한가? 최근에는 언론, 방송, 마케팅 등 여러 분야의 관심이 MZ세대를 향해 있다. 그만큼 이들이 지금 시점에서 강력한 변화의 중심 세력이 되어 있다는 뜻이다.

결국, 세상은 돌고 돈다. 어떤 시대이건 지금 시대의 당면한 문제에 가장 적극적인 목소리를 내는 세대에 관심이 쏠릴 수밖에 없다. 이 세상이 돌아가는 동안에는 목소리 크기의 차이가 세대 차이가 되어 존재할 수밖에 없을 것이다.

서로 다른 시대, 다른 환경에서 태어나 전혀 다른 가치관을 가진 이들이 서로 얽혀 살아가는 게 현시대이다. 서로 다른 세대라서 생겨난 문제가 아니라 시대 변화에 따른 문제일 것이다. 그런데 세대 변화에만 주목하여 세대 차이, 세대 갈등, 세대 혐오 등의 세대 문제 프레임으로만 바라본다면 문제는 절대 해결되지 않을 것이다. 위 세대와 아래 세대의 차이는 세대별 특성 때문이 아닌 개인의 인생이 놓인 시점이 다르기 때문이다. 내가 놓인 시점에 더 가치를 두는 것이 다를 뿐 누구도 틀리지 않았다.

라디오에서 흘러나오는 공익광고에 마음이 이끌렸다. "트로트를 좋아하는 10대 김유나 양은 X세대? 랩을 좋아하는 60대 조현구 할아버지는 MZ세대? 웹툰을 좋아하는 40대는? 소설을 향유하길 원하는 10대는? 전통을 고수하는 20대는? 변화를 추구하는 50대는? 세대의 알파벳의 편견을 갖지 마세요. 개인의 차이는 있어도 세대 차이는 없으니까요. 우리는 같은 시대를 살아가는 세대입니다."라는 광고처럼 세대가 성향을 정의하지 않는다. 이제는 세대에 대한 고정관념과 편견을 버리고, 서로가 가진 개인의 차이를 인정하고 존중하면서 함께 살아가기 위한 열린 마음을 가져 보자.

갈등을 바라보는 새로운 시각

"갈등이 꼭 나쁘기만 한 걸까?"

요즘 시대는 갈등을 대부분 부정적인 소재로 다룬다. 하지만, 갈등을 문제로만 바라보는 관점 자체가 문제 아닐까 싶다. 갈등을 바라보는 관점을 바꿔 보면 어떨까? 갈등은 역기능이 있지만 분명히 순기능도 존재한다. 갈등이 생긴다는 것은 서로의 신념과 가치관이 다르다는 것을 의미한다. 사람들은 갈등을 직면하면 그것을 해결하기 위해 평상시보다 큰 노력을 기울이게 되고 그 결과 더 생산적이고 창의적인 성과가 일어나기도 한다.

최근 세대 갈등이라는 이슈를 쟁점화시키면서 세대를 갈라놓고, 세대 갈등을 더 격화시킨 것은 사실이다. 그런 이유에서 세대를 주제로 한 다양한 책들이 서점계에 쏟아져 나오고 있다. 또, 기업에서는 세대 차이와 세대 공감에 대한 교육이 필수가 되면서 심도 있는 이해를 하려 하고 있다. 더 나아가 우리 사회는 세대 통합이라는 대의적인 생각까지 하게 되었다. 이처럼 세대 갈등은 우리 사회에 긍정적인 변화의 바람도 일으켰다. 이제는 세대 갈등의 순기능에 집중하여 이를 자연스러운 숙제로 받아들이는 것이 어떨까?

　한 농촌 마을에 세대 공존을 일구고 있는 청년들이 있다. 농촌으로 귀농한 세 청년이 농촌 콘텐츠를 생산하고 마을 관광상품을 만든다. 콘텐츠를 통해 다양한 세대가 어울리고 도시민들에게 농촌 생활의 묘미를 알리고자 법인까지 설립했다고 한다. 그들은 주민 평균연령이 75세인 마을에서 할머니들의 요리법을 영상 콘텐츠로 만들어 할머니들에게 성취감을 안겼다. 처음에는 "별것도 아닌 걸 뭣 하러 찍어!" 하시던 할머니들도 영상을 보시곤 행복해하신다. 오일장 어르신과 공감대를 형성해 콘텐츠를 기획하여 특별한 경험을 다른 청년들에게 홍보해 오일장의 활기를 되찾고 마을에 활력을 불어넣음으로써 전 세대가 어울려 살기 좋은 곳으로 만들고 있다[12].

　서로 다른 세대를 이해하는 출발점은 그들의 세대를 있는 그대로 보는 것부터다. 이제는 서로를 이해하며 적당히 잘 지내라고 다독이는 것으로는 부족하다. 세대를 구별하고 구획하는 것에만 그치는 것이 아닌 한 세대로 묶이는 그들의 공통적인 사고방식과 행동 양식을 관찰하고 이해하는 것이 필수인 시대이다. 세대 공존을 위해 어떤 것에 더 집중해 볼 수 있을지 각자가 처한 현실과 고민, 갈등을 서로 이해하고, 전 세대가 함께 해결하기 위해 노력하는 자세가 필요하다.

　그럼 지금부터 요즘 시대의 세대 갈등 원인과 현상에 대해 깊이 있는 이해를 통하여 그 안에서 세대 갈등에 대한 다양한 관점과 인사이트를 얻을 수 있기를 바란다.

TOUCHING 터칭

—

02
챕터

우리 시대 세대 갈등

세대 갈등은 경험, 이념, 소통방식의 차이 및 경제적 요인으로 발생하며, 세대 간 이해 충돌은 다양한 사회문제로 나타난다. 또한, 가족 및 직장 내에서도 세대 갈등이 야기되므로 서로를 이해하기 위한 노력을 바탕으로 세대의 벽을 허물기 위해 노력해야 한다.

Why, 세대 갈등

세대 갈등의 원인을 역사적 경험의 차이, 경제 불황, 다른 이념, 다른 소통방식으로 나누어 생각해 보자.

세대 갈등 해결을 위한 시작은 원인 알기부터

중앙일보와 현대 경영연구원에서 세대 갈등에 관한 국민여론조사를 공동으로 시행한 적이 있다. 이 조사에서 세대 갈등을 해결하는 방안으로 원론적이지만 가장 근본적 해결책인 '세대 간 차이를 인정하고 상호 간의 의견을 존중해야 한다'는 항목을 선택한 사람이 52%로 가장 많았다.

그러나 무작정 상대방을 인정하고 이해를 강요하는 것은 부작용이 따를 것이다. 무조건적인 서로의 이해를 바라기 전에 '왜 세대 간에는 다른 가치관과 생활방식을 가지게 되었을까?'라는 질문과 해답을 찾는 것이 선행되어야 한다고 본다. 세대 갈등에 대한 배경과 원인에 대한 깊이 있는 이해를 통해 서로가 다르다는 것을 더 자연스럽게 받아들일 수 있지 않을까? 우리가 학창 시절 공부를 잘하는 방법으로 무작정 외우는 것보다는 원리를 이해하면 더 쉽게 외워져 도움이 되었듯이 말이다. 세대 갈등을 해결하고 세대 공존을 위해서는 원인을 제대로 알아 가는 것이 우선이 아닐까 싶다. 이 챕터에서는 세대 차이로 인한 갈등의 원인을 4가지로 정리했다.

첫째, 역사적 경험 차이로 인한 갈등(코호트 효과 cohort effect)

코호트 효과(cohort effect)라는 말을 들어 본 적 있는가? 특정한 시기에 출생하여 연령대가 비슷한 사람들일수록 정치적, 사회적, 문화적 경험을 공유할 가능성이 크다는 것이다. 그리고 그 결과 같은 연령집단 내부에서 내적 동질감을 지니기 쉽다는 것이다. 이러한 현상을 통상 '세대 효과' 혹은 '코호트 효과'라고 부른다[1]. 같은 시기에 태어난 경우 비슷한 역사적, 사회적 경험을 갖는 동시에 다른 세대와는 경험을 공유하기에 시/공간적 제약을 갖는다. 이러한 특정 경험의 접근/배제로 인한 차이는 다른 코호트 간 사고방식이나 행동 양식의 차이를 낳게 된다. 정리하자면 세대 집단은 대체로 비슷한 출생 시기, 공통의 역사적 경험을 통한 공감대, 다른 연령집단과 구별되는 그 세대만의 내적 응집력 등을 지닌다고 볼 수 있다. 한국에서 사회적으로 많이 활용되는 대표적 코호트로는 B세대와 에코 세대가 있으며, 그 외에도 산업화 세대, 민주화 세대, 386 세대 등의 단어들이 일상적으로 활용되고 있다[1].

세대명칭을 세부적으로 살펴보면 386세대의 3은 30대, 8은 80년대 학번, 6은 60년대 출생을 의미한다. 뒤의 두 가지 조건이 바로 코호트에 해당한다[1]. 우리가 일상생활에서 흔히 쓰는 코호트 효과를 보여 주는 말은 다음과 같다.

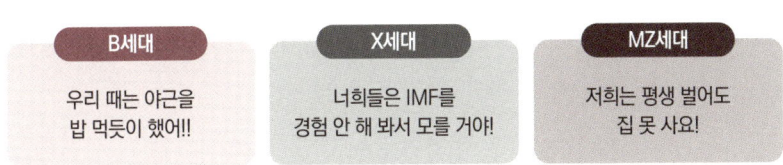

B세대
우리 때는 야근을 밥 먹듯이 했어!!

X세대
너희들은 IMF를 경험 안 해 봐서 모를 거야!

MZ세대
저희는 평생 벌어도 집 못 사요!

이처럼 코호트 효과는 같은 세대 간의 응집력으로 다른 세대와 구분 지으며 세대 갈등의 원인으로 작용하고 있다. 그러나 같은 나이, 같은 코호트 집단이라도 반드시 코호트 효과가 나타나는 것은 아니다.

즉, 개인의 문화적 환경 및 사회경제적 수준에 따라 같은 시대 속 같은 경험을 완전히 다른 경험으로 인식하게 되면 코호트 그룹이라 할지라도 코호트 효과의 차이가 발생한다. 예를 들면 경제 위기와 같은 상황에서도 낮은 교육 수준의 노동자들 또는 비정규직 근로자들의 코호트 집단이 더 큰 피해를 받을 수 있다. 또한 취업, 은퇴를 앞둔 코호트 집단에도 더 큰 악영향을 미칠 가능성이 있다[1].

즉 같은 경험을 했어도 개인의 환경 차이에 따라 다른 가치관을 만들 수 있다는 것이다. 그러므로 코호트 효과는 그 세대를 정의하는 데 한계가 있는 것이다. 그런데도 우리는 세대를 나누고 각각의 세대를 일반화함으로써 마치 특정 세대가 다 그런 행동 양식과 가치관을 따르고 있는 듯이 정의 내린다. 그리고 그 세대의 정의는 긍정적이기보다는 부정적이게 표현되는 일들이 많아 세대 갈등의 원인으로 크게 작용하고 있다.

코호트 효과로 세대 간의 차이가 발생하고 갈등이 생기는 원인도 있지만 우리는 여기서 개인의 경험에 따라 개인차가 나타날 수 있다는 것을 인지해야 한다. 일반화의 오류를 범하지 않도록 해야 하며 세대 간 긍정적 측면을 보는 시각을 가지는 것도 매우 중요할 것이다.

둘째, 경제 불황으로 인한 세대 갈등

현재 우리는 장기화된 저성장의 고착화, 노동시장의 치열한 경쟁, 끝없이 오르는 부동산 가격 등으로 불안한 시대를 살고 있다. 이러한 시대에 후배 세대는 높은 대학 등록금, 청년 실업, 불안한 주거 환경, 경제적 독립의 지체 등의 환경에 놓여 있다. 그들은 아무것도 이뤄 놓은 것 없이 미래에 대한 불안감과 불확실성 속에서 살아갈 수밖에 없다. 또한, 선배 세대는 조기 퇴직, 은퇴 불안 속에서 현재 경제를 만들어낸 자신들의 기여 혹은 희생에 대한 인정이 부족하다고 토로한다. 그들은 자신들에 대한 배려와 존중으로 새로운 기회와 사회적 위치 보장을 바란다. 한정된 자원과 기회를 둘러싸고 세대 간의 경쟁과 대립이 시작되었다고 볼 수 있다.

이러한 상황 속에서 선후배 세대는 사회 통합이 목적인 정부의 정책들에 대해 자신들의 입장에서 곱지 않은 시선을 보내지 않을 수 없다. 일자리 문제를 비롯한 각종 복지 이슈에 대해 각 세대는 자신들의 절박한 상황에 비추어 부정적인 감정을 표출할 수밖에 없는 것이다. 예를 들어 정년 연장 논의는 후배 세대의 입장에서 선배 세대만을 위한 이기주의로 비치게 되며, 국민연금 지급 시기 변경 논의는 선배 세대로 하여금 사회에서의 배제와 차별을 경험하게 한다[2].

세대 간 경제적 기회와 인식의 차이는 서로를 경쟁상대로만 생각할 수 있게 만든다. 이는 자칫 세대 간 소통과 공동 활동의 기피로 이어질 수 있으며 이에 따라 세대 갈등을 심화시킬 수 있다. 또한, 우리 사회에서 사회적 연장자로서 위 세대에 대한 공경과 존중심이 급속히 쇠퇴할 가능성도 있다. 이는 세대 간의 신뢰를 파괴하여 엄청난 사회적 비용을 발생시킬 수 있다. 그러므로 장기 경제 불황 속에서 선배 세대와 후배 세대의 기회의 공정성 강화를 위한 제도적 장치 마련이 필요하다.

셋째, 서로 다른 이념으로 인한 세대 갈등

정치적 이념은 사회가 어떻게 조직되고 운영되어야 하는지에 대한 사상을 뜻한다. 이 이념은 자신들의 세대가 어떤 상황과 어떤 위치에 있느냐에 따라 다를 수밖에 없다.

한국의 세대 차이에 대한 연구를 보면, 대체로 선배 세대가 전통적 가치를 지향하는 한편 연령이 낮아질수록 새로운 가치를 지향한다는 결론을 내리고 있다. 사회에 새로운 변화가 일어났을 때 선배 세대는 전통적 가치와 이념을 지키려는 경향을 나타내고, 후배 세대는 새로운 가치나 태도를 빠르게 수용한다는 것이다. 이처럼 세대 차이는 이념의 차이와 깊은 관련이 있다. 최근의 선거에서는 이념의 차이가 투표 결과로 나타났으며, 세대 간의 이념 차이가 분명하게 드러났다고 볼 수 있다. 또한, 한국은 비교적 짧은 시간에 고도성장을 달성하였기 때문에 사회 변화 속도가 빠르고 세대 간 이념의 차이가 다른 나라에 비해 크게 나타난다고 한다. 세대 간 이념의 차이는 세대 갈등과 밀접한 관계인 것이다. 즉, 세대 간 이념 차이가 지속되는 한 세대 갈등도 끊임없이 제기될 것이다[3].

세대 차이와 깊은 관련을 갖는 것은 '보수-진보 이념'이다[3]. 뉴스를 보면 이념을 이용해서 갈등을 부추기는 정치 행태를 볼 수 있다. 그리고 이념이 다르다는 이유로 부모 자식 간에 다투고, 연인과 오랜 우정에 금이 가기도 한다. 특히 명절날 '보수-진보 이념' 얘기가 나오면 언성이 높아지고 가족 간 이념 갈등으로 관계에 멍드는 모습을 흔히 볼 수 있다. 우리는 이념이 다를 때 소통이 힘들다는 것과 이해의 장벽이 높다는 것을 느끼며 살고 있다.

과연 왜 이렇게 부딪히는 것일까? 이념은 단지 눈에 보이지 않는 이론이 아니라, 내 삶과 내 인생에 많은 영향을 준다는 믿음 때문이다. 이 믿음이 세대 그리고 개인 간 차이가 있고 그로 인해 개인 간의 갈등, 세대 간 갈등이 발생될 수밖에 없는 것이다.

이념 갈등으로 인한 세대 갈등을 완화할 방법은 없는 것일까? 먼저 민주주의 국가에서 자유로운 이념을 가질 자유가 있다는 것을 인정해야 한다. 그 자유를 인정해 주고 나쁜 이념, 좋은 이념이라는 이분법적인 사고를 버려야 한다. 즉 이념 자체를 위험시하거나 이념 갈등은 나쁜 것이라는 통념에서 벗어나야 할 것이다. 이념이 없는 사회는 정신이 죽은 사회이며, 이념 갈등이 없는 사회는 민주주의 사회가 아니기 때문이다.

넷째, 다른 소통 방식으로 인한 세대 갈등
한국리서치의 설문조사 결과 전체 연령대에서 세대 갈등 중 가장 먼저 해결해야 하는 문제로 '세대 간 소통 부재 해결에 대한 공감' 비율이 84.7%로 가장 높았다. 생활 속에서 가장 많이 경험하고 있는 문제이기도 하며 세대 갈등 해결에 중요한 열쇠라는 인식을 엿볼 수 있는 결과가 아닐까 싶다.

그럼 소통이 안 되는 이유는 무엇일까? 바로 세대 간 소통 방식의 차이에서 발생한다.

과학기술의 발전에 따라 아날로그에서 디지털 시대로 전환되면서 커뮤니케이션 방식에도 큰 변화가 있었다. MZ세대의 경우 안정성과 실용성을 추구하며, 자신의 의견을 드러내는 것을 망설이지 않고, 취향 중심의 관계를 추구하는 특징을 보인다. 그리고 이들은 모바일 중심의 수평적 커뮤니케이션을 일상적으로 한다. 선배 세대인 B세대나 X세대처럼 직접적 대화나 토론을 통해 문제를 해결하는 데 익숙하지 않다.

대학내일 20대연구소에서는 만 15세~49세 남녀 900명을 대상으로 커뮤니케이션과 소통 방식에 대해 설문조사를 진행했다. 친구, 가족, 직장 동료 등 지인들과 일상적인 대화를 할 때, 선호하는 매체에 대한 설문조사 결과 MZ세대는 '모바일 메신저', X세대는 '음성 통화'를 가장 선호한다고 답했다.

모바일 메신저에 대한 세대별 선호도를 비교해 보니 Z세대(67.0%) > M세대(64.0%) > X세대(39.0%) 순으로 나타났다. X세대의 선호 비율이 조금 낮긴 하지만 비교적 두루두루 잘 사용하는 것으로 조사됐다. 반면 '음성 통화를 하기 싫은 이유'에 대해서 Z세대는 다른 세대보다 '할 말이 떨어졌을 때 침묵이 싫어서', '상대방의 말에 즉시 대답해야 해서', '통화하는 동안 다른 일을 할 수 없어서' 음성 통화를 피한다는 응답이 많았다.

MZ세대는 가족이나 상사, 선배의 조언을 듣기보다는 같은 네트워크에 속해 있는 또래 집단의 조언을 더욱 신뢰하며, 연장자에 대한 존경심 또한 매우 약한 것으로 알려져 있다. 그래서 같은 또래와의 의사소통에는 적극적이나 선배 세대들과의 의사소통은 기피하는 모습을 보인다. 모바일 의사소통에 익숙하지 않은 선배 세대와 의사소통할 기회조차 많지 않은 것이 현실이다. 선배에 대한 공경심은 세대 간 커뮤니케이션에 긍정적인 영향을, 경외심은 부정적인 영향을 미치는 것으로 나타났다[4]. 그러나 선배 세대에 대한 후배 세대들의 공경심이 높지 않다고 하니 의사소통을 하더라도 만족스럽지 않은 결과로 이어질 확률이 높다. 이제는 서로의 의사소통 방식을 배우기 위해 노력하고 이해해야 한다. 세대 간 서로의 존경심과 존중감을 함께 만들어 나가야 할 것이다.

What, 사회 속 현상

세대 혐오, 국민연금 문제, 세대 간 일자리 등을 실례로
세대 간 이해 충돌로 나타나고 있는 사회문제를 살펴보자.

세대 갈등으로 인한 사회문제

앞서 살펴본 세대 갈등 원인의 바탕에는 압축 경제성장과 민주화, 정보화 등 급격한 사회변화가 자리하고 있다. 이에 따라 공존하고 있는 세대 간의 경험과 문화의 이질성이 커지면서 사고방식 및 사회 인식에 큰 차이가 나타나게 된 것으로 이해할 수 있다. 또한 급속한 고령화 및 성장 둔화에 따른 세대 간의 경제적 이해관계의 충돌은 구조적인 차원에서 세대 간 갈등을 촉발하고 있다[5]. 예컨대 한국의 초고속 고령화로 인한 청년층의 노인부양 부담 급증, 연금의 고갈과 세대 간 형평성 문제, 저성장 시대의 노동시장에서 고용의 양과 질을 둘러싼 세대 간 경쟁, 정부 예산 한정하의 세대 간 사회지출에 대한 배분 경합 및 사회보험료 부담 비율, 세금, 주택시장 문제 등 여러 영역에서 세대 간 이해관계의 갈등이 나타나고 있다. 이는 향후 더 심화될 소지가 있다.

지금부터 세대 간 이해충돌로 나타나고 있는 사회문제를 살펴봄으로써 앞으로의 해결 방향은 무엇인지 생각해 보자.

세대 갈등을 넘은 세대 혐오

'급식충', '20대 개새끼론', '개저씨', '오륙남', '틀딱', '연금충'이 단어들의 공통점이 무엇인지 아는가? 이 단어들은 나와 다른 세대를 표현할 때 쓰이며 보는 것과 같이 매우 부정적이며 듣기 거북한 단어들이라는 것이다. 세대 갈등을 넘어 세대 혐오라는 단어가 나오는 이유를 표현하는 대표적인 신조어들이다. 국어사전에 세대 혐오라는 단어가 명시되어 있지 않지만 사용되는 용도, 사례와 이를 보는 전문가들의 진단을 종합하면 세대와 혐오(불쾌, 기피함, 싫어함 등의 감정이 복합적으로 이루어진 비교적 강한 감정)가 합쳐진 단어로 풀이할 수 있다. 서로 다른 세대들 사이에 있는 감정이나 가치관의 차이를 가리키는 '세대 차이'보다 감정의 골이 더욱 심각할 때 흔히 사용되고 있다[6]. 이런 세대 혐오 단어가 발생한 배경에는 다 이유가 있다. 몇 가지 사례를 통해 세대 혐오에 대한 이해를 해 보도록 하자.

첫째, 오륙남으로 보는 세대 혐오이다.
서울교통공사에 따르면 2021년 11월 13일부터 2022년 1월 27일까지 마스크를 착용하지 않거나 불량 착용으로 적발된 14명 중 2명을 제외한 12명이 50대(4명)·70대(8명)였다. 전체 적발 건수에서 1명을 제외한 나머지 건수는 모두 남성이었다. 또한 서울경찰청에 따르면 대중교통 마스크 의무화가 시행된 2022년 5월 13일부터 8월 25일까지 마스크를 쓰지 않아 마찰을 일으킨 사건으로 총 151명이 검거됐었다고 한다. 이 중 89%(135명)가 남성이었으며 60대 이상이 39%(45명)에 달했고, 50대가 25%(38명)로 뒤를 이었다. 등산용품 판매원으로 근무하는 A씨(28)는 "가게에 50대 중반~60대 이상 손님이 많이 오는데 마스크를 제대로 써 달라는 요구를 무시한다."라고 말했다. 이렇듯 50대 남성들의 사회 속 민폐를 끼치는 모습에서 오류남이라는 단어가 만들어진 것이다. 그런데 세대 혐오를 표면적으로 보여 주는 이런 사례에는 일반화의 오류가 숨어 있다. 그 세대의 모든 사람이 그런 것처럼 인식하고 표현되는 부분은 한번쯤 생각해 봐야 한다.

둘째, 세대 혐오 문제 중 가장 심각한 혐오는 노인 혐오이다. 앞에서 '오류남'의 사례를 살펴봤듯이 노인 혐오를 선동하는 이들 또한 제 나름의 이유를 가지고 있다. 대중교통, 공중화장실을 이용할 때 줄을 서지 않고 새치기하는 사람 열 명 중 아홉은 노인이고, 노인 때문에 기분이 상할 때가 많다는 것이다. 하지만 노인 혐오는 혐오로만 끝나는 것이 아니다. 노인에 대한 편견으로 인해 노인 인권 침해로 이어질 확률이 높다는 것이 문제다.

국가인권위원회는 2015년 노인 인권 침해와 그에 대한 국민 인식을 조사했다. 전국의 65세 이상 노인 1,000명과 19~64세 청·장년 500명을 대상으로 한 조사에서 노년층보다 청년층이 상황을 더 부정적으로 보고 있는 것으로 나타났다. 특히 19~39세의 청년층 80.4%가 '우리 사회가 노인에 대한 부정적인 편견이 있고 이 때문에 노인 인권이 침해된다'고 대답했다. 같은 문항에서 '그렇다'고 대답한 노년층의 응답률이 35.1% 것을 감안하면 2배가 넘는 수치다. 노인-청년 간 갈등이 심하다고 생각하는 청년층은 81.9%인 것에 반해 노년층은 44.3%만 그렇다고 대답한 것과 같은 맥락이다. 청년이 훨씬 더 심각하게 노인 혐오 현상을 받아들이고 있다.

이런 부정적 인식은 일자리나 연금, 복지 비용 등이 원인이다. 청년

56.6%가 '노인 일자리 증가 때문에 청년 일자리 감소가 우려된다'고 했으며 77.1%는 '노인 복지 확대로 청년층 부담 증가가 우려된다'고 대답했다[7]. 노인 세대 부양에 직접적인 부담을 지는 젊은이들이 생기는 것이다. 이러한 노인에 대한 반감이 결국 차별과 혐오를 낳게 된다.

국민연금 없애 버려?

요즘 국민연금 문제가 뜨거운 감자로 떠오르고 있다. 국민연금은 지금 상태면 몇십 년 뒤에는 재원이 고갈돼서 아예 연금을 받지 못하게 될 거라는 전망도 있다. 연금 개혁이 필요하다는 목소리가 계속 나오고 있지만, 세대별로 입장은 다르다. 고령층은 지금 받는 것도 부족하다는 의견이 많다. 2022년 초 SBS 뉴스에 나왔던 70대 선배 세대 인터뷰 내용이다[7].

"1만 원이라도 올랐으면 좋겠어. 나이 먹어서 노후 대책으로 생각하고 있었는데…."

후배 세대는 지금 내는 액수가 벅차다는 얘기도 나온다. 30대 후배 세대의 인터뷰 내용이다.

"지금 내고 있는 부분도 월급에서 많은 부분을 차지하고 있어서 부담되는 측면이 있죠."

이 예시로 보듯이 노령화 시대로 접어들면서 선배 세대는 노후를 국민연금에 기대는 모습이다. 반면에 후배 세대는 현재 또는 앞으로 지게 될 비용에 부담감을 가지고 있다. 즉, 후배 세대의 입장에선 현실은 힘들고 미래는 불안한데 자신들보다 선배 세대를 위해 더 많은 부담을 지라고 하니 공정하지 못하다고 생각한다. 이런 입장 차는 다음 결과에서도 알 수 있다.

2022년 헤럴드경제가 국회의장실과 공동으로 한국갤럽에 의뢰해 실시한 경제 인식 대국민 여론조사를 살펴보자. '우선으로 시행해야 하는 연금 개혁방안' 질문에 '현재 65세인 연금 수급 개시 연령을 더 늦춘다'는 응답이 26.5%를 기록하며 가장 높았고 현행 유지는 25.9%로 뒤를 이었다. 이어 보험료 인상이 17.4%로 3위를 차지했고, 급여 축소(14.3%), 기타(6.0%), 모름·무응답(9.8%) 순이었다.

국민연금 수급 연령은 지난 1998년 연금 개혁 당시 만 60세에서 2013년부터 5년마다 1세씩 상향 중이다. 오는 2033년이면 만 65세가 수급 연령이된다. 연금 재정 상황 및 기대수명이 늘어난 상황을 고려해서 수급 연령을 더 올려야 한다는 주장이 제기된다[8].

특히 이번 여론조사에서는 세대별 견해 차가 두드러졌다. 20대 이하와 30대는 '개시 연령을 더 늦춘다'는 응답이 각각 29.9%, 29.5%로 가장 높았다. 반면 현행 유지 방안은 40대 33.4%, 50대 25.8%, 60대 이상 29.0%를 각각 기록하며 20·30대를 제외한 전 연령대에서 1위를 차지했다. 이 결과에서도 국민연금에 대한 세대 간 인식 차이를 볼 수 있다. 국민연금 문제는 세대 갈등을 더 부추길 수 있다는 사실을 보여 주는 조사 결과다.

국민연금으로 인한 세대 갈등은 서로에 대한 이해와 양보로는 해결될 문제가 아니다. 정책과 국민적 이해가 꼭 필요한 문제인 만큼 정치권 그리고 국민으로서 각 세대의 입장에 관한 관심과 소통이 필요할 것이다.

세대 간 일자리 전쟁 중?

이미 우리는 저성장 시대에 살고 있다. 이런 시대에는 높은 실업률과 낮은 고용률로 압축되는 청년층 고용 문제가 상당히 심각하다. 동시에 고령자의 일자리 부족, 불안정한 노동 지위도 우리 사회의 오랜 현안이다. 이를 해결하기 위해 중고령자의 일자리 창출, 정년 연장이 논의되고 있지만 세대 간 일자리 경합 혹은 세대 간 일자리 전쟁으로 비화되었다. 즉 청년층의 일자리 창출 정책과의 형평성 문제로 인해 정책추진에 걸림돌이 되고 있다. 더구나 아직 국민연금 적용률이 낮고, 노후 준비가 부족한 노인의 근로 욕구가 높아지면서, 노인 일자리 창출에 대한 기대와 욕구도 크다. 반면, 노인 일자리를 확대하면, 청년층의 일자리가 감소할 것이라는 우려가 노인 일자리 수행기관이나 현장에서도 불거지고 있다[9].

국가인권위원회는 2015년 노인 인권 침해와 그에 대한 국민 인식을 조사했다. 이 조사 중 '노인 일자리 증가 때문에 청년 일자리의 감소가 우려된다'라는 질문에 청년 56.6%가 '그렇다'라고 대답한 결과가 있다. 이 결과가 말해 주는 것은 세대 갈등이 일자리 문제로 인해 더 심각해질 수 있다는 것이다.

하지만 많은 연구 결과 고령층 고용률이 1% 포인트 높아지면 청년층의 실업률은 0.029% 포인트 낮아지는 것으로 나타나, 세대 간 고용 대체는 일어나지 않았다. 또한 세대 차이가 크게 날수록 세대 간 직종 분리가 심해지는 경향이 있어 세대 간 고용 대체 가능성은 매우 낮다고 본다. 또 다른 연구에서는 고령층의(50세~64세/55세~64세) 고용 성장률과 고령층이 차지하는 비중 상승에 따른 청년(15세~29세) 근로자의 고용 변동에 미치는 영향을 분석하였다. 그 결과 고령층의 고용 성장률 및 기업에서 고령층이 차지하는 비중 상승이 모두 청년층의 고용 성장률을 높이는 효과가 발생하였다.

각 연구 결과를 종합적으로 비교한 결과, 분석 방법·기간에 따라 결과가 다르게 나타나는 것을 발견했다. 정년 연장으로 인한 고령자의 노동 공급 증가가 청년 고용에 미치는 영향이 다른 사회경제적 파급효과와 함께 복합적으로 발생한다고 보는 새로운 관점에서의 연구가 필요하다는 결과다[8].

위와 같은 연구 결과가 있음에도 일자리 문제로 인한 세대 갈등은 쉽게 해결될 수 있는 일이 아니다. 선배 세대든 후배 세대든 각자의 삶에서 취업 문제는 매우 중요한 문제이기 때문이다. 이는 국가 입장에서도 실업 문제로 인한 부작용 또한 심각한 까닭일 것이다.

청년기에 장기적인 실업을 경험하면 통상적 비용 이외에도 인적자본 형성 저하로 인해 개인적으로는 인적자본의 감소, 고용 가능성 저하를 겪게 된다. 국가의 재정적 측면에서는 청년층에 대한 실업급여 또는 사회부조금

지출 증대 및 근로소득세가 감소할 우려가 있다. 또한 취업이 늦어질수록 이후의 노동시장 성과 역시 저하될 가능성이 크다. 이는 결국 자신의 생산성뿐 아니라, 국가의 경쟁력 저하로 이어지기 쉽다. 대책 마련이 시급함을 말해 준다. 그러나 고령자의 고용 위기도 심각하다. 고령 근로자가 직업을 잃어버리면 새로운 직업을 찾는 데 상당한 어려움이 있고, 재취업하더라도 임금 감소 폭이 크다. 정책적으로 고령자들의 고용을 장려해도 사업주들은 여전히 고령 근로자를 채용하고자 하지 않는다. 현실적으로 주된 일자리 퇴직 연령은 53세에 불과하여 조기퇴직이 심각하다[9].

사회 속 세대 갈등 해결을 위해서

앞에서 언급했듯이 우리나라의 저출산 고령화는 세계에서 가장 빠르고 심각하다. 전문가들은 사회 속 세대 갈등의 결과가 선배 세대를 공경하는 사회 문화에 대한 반감보다 후배 세대에 경제적 부담을 전가하기 때문이라고 분석한다. 즉 경제적 해결책을 바탕으로 세대별 가치관이 충돌하는 지점을 파악해 갈등 요소를 줄여야 한다는 것이다. 국민 한 사람 한 사람의 땀과 노력이 사회의 지속 가능성을 높이는 방향으로 결실을 보도록 제도와 정책을 설계해야 한다. 그렇다면 지금 후배 세대가 선배 세대가 되었을 때 세대 갈등 현상을 지금보다는 줄일 수 있지 않을까? "너도 늙는다."라는 이야기로 단순한 이해를 바라기보다는 현재 시점에서 납득할 만한 대안이 필요하다.

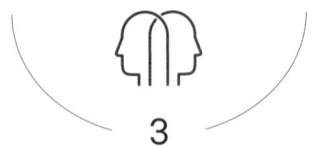

3
What, 조직 속 현상

조직 속 세대 갈등의 현상을 살펴보고
어떤 해결책이 있는지 생각해 보자.

조직 속 세대 갈등

우리는 다양한 조직 속에서 다양한 세대와 소통하며 살고 있다. 그중 현재 나의 일상 중 가장 많은 시간과 부분을 차지하는 직장을 빼놓을 수 없다. 그리고 사회의 가장 기본단위라고 사회 교과서에서 배운 가족 또한 내가 속해 있는 조직 중 가장 중요한 조직일 것이다.

내 삶 속의 가장 밀접한 조직인 가정과 직장 내에서의 갈등은 삶의 만족도와 깊은 연관이 있다. 행복한 그리고 더 만족스러운 삶을 만들기 위해 조직 속 갈등 해결은 필수적이다. 이번 장에서는 조직 속 세대 갈등의 현상들을 살펴보고 어떤 해결책이 있을지 생각해 보자.

가족 내 세대 갈등

많은 부모들은 청소년기를 넘어선 자녀들과 말이 잘 통하지 않아 힘들다는 말을 자주 한다. 그런데 자녀들도 마찬가지로 부모와 말이 통하지 않아 대화하기 힘들다고 말한다. 서로 소통이 되지 않는 원인은 여러 가지가 있다. 이 중 세대 차이가 그 원인 중 하나일 수 있다는 것은 쉽게 추측해 볼 수 있다.

이는 수치로도 증명된다. 한국보건사회연구원의 '가족 변화에 따른 가족 갈등 양상과 정책과제'에 따르면 응답자의 3분의 1에 달하는 32.5%가 최근 1년간 가족 갈등을 경험했다고 답했다. 갈등 유형으로 보면 가족 내 세대 갈등이 37.5%로 압도적으로 많았다. 다음으로 형제자매 갈등 20.6%, 부부 갈등 19.4% 순이었다. 세대 갈등 중에서는 역시 부모와 자녀 갈등이 28.3%로 가장 많았다.

최근 이렇게 세대 갈등 속 부모와 자녀 갈등이 심각해지고 있는 이유는 무엇일까? 가장 큰 이유는 '효(孝)' 인식의 변화를 들 수 있다. 과거 부모 세대에는 "효는 만행의 기본이다."라는 말과 다양한 효와 관련한 사자성어로 효를 가르쳤다. 웃어른을 공경하고 챙기는 것은 인간으로 당연히 해야 할 도리라고 생각했다. 그러나 대학내일 20대연구소의 조사에 따르면 MZ세대의 60%는 '자기 삶을 잘 사는 것이 효도'라고 응답했다. 이렇듯 효(孝)의 인식의 변화가 뚜렷함을 볼 수 있다.

이런 인식의 변화로 인한 갈등이 가장 많이 발생되는 시기는 명절이다. 부모 세대는 효의 도리로서 형식을 갖춘 제사를 지낸다. 하지만 자녀 세대는 형식보다는 의미만 잘 새기면 된다라는 인식을 가지고 있다. 그래서 명절이 되면 가족 내 세대 갈등이 더 심해지고 심지어는 명절 후 이혼하는 부부가 많아지는 결과를 만들기도 한다.

한국의 남다른 가족애로 인한 친밀도 또한 가족 갈등과 밀접하다. '우리 가족'에 대한 애착이 남다르고, '죽어도 같이 죽고 살아도 같이 살자'는 의식이 강하다. 한국처럼 일가족 동반자살 사건이 많은 나라가 없다는 점만 보아도 알 수 있다. 가족 중심의 문화는 자녀에 대한 과도한 책임감으로 이어진다. 부모 세대는 기존의 성공 방정식을 자녀 세대에 그대로 전승하려다가 갈등을 겪는 경우가 특히 많다고 한다. 그러나 자녀 세대는 '부모님 인생과 자신의 인생은 별개'라는 인식이 강하다. 함께하는 삶보다는 자신의 삶을 우선으로 생각하고 행동하다 보니 부모의 입장에서는 서운함을 느낄 수밖에 없다.

독립되지 않은 삶은 부모와 자식 관계 양쪽 모두를 불행하게 한다. 자녀를 독립된 존재로 인정하지 않고 "다 너 잘되라고 하는 거야!", "내가 나 좋으라고 이러는 거니!"라는 인식이 자녀 세대에게는 불편할 뿐이다. 독립된 삶과 자율성에 대한 욕구가 충족되지 않기 때문이다. 자녀 세대는 자신의 삶에 들어오려는 부모가 불편하고, 부모 세대는 자신밖에 모르는 자녀 세대가 불편하다.

부모 세대와 자녀 세대의 삶의 패러다임 자체가 달라졌다고 본다. 고성장시대 출신 부모 세대의 패러다임이 '생존'이라면 저성장시대 출신 자녀 세대의 패러다임은 '외로움 탈피'이다. 부모 세대는 가난과 배고픔으로부터 벗어나기 위해 공부와 취업에 목숨 건 세대였지만, 자녀 세대에 배고픔은 상처가 아니다. 외로움 탈피를 위해 친구 관계와 인기 관리가 절박하다. 그래서 부모 세대는 '생존'을 위한 미래를 강조하지만, 자녀 세대는 생존보다는 행복을 위한 삶이 중요하다. 이런 삶의 패러다임의 차이 또한 갈등의 원인으로 작용된다.

대부분의 사람들은 삶에서 가족이라는 의미가 얼마나 중요한지 알고 있다. 가족은 사회의 가치가 재생산되는 중요한 관계라고 생각한다. 그렇기 때문에 가족 안에서의 갈등 해결이 매우 중요하다는 것도 알 것이다. 그렇다면 가족 갈등이 발생되면 우리나라 사람들은 어떻게 해결하고 있을까? '차분하게 대화를 나눈다'가 46.2%로 거의 과반수에 이르며, '그냥 참는다'도 34.8%로 1/3에 해당된다. 이에 비해 '격렬하게 논쟁하거나 소리를 지르는 경우'는 10.8%, '폭력적으로 해결한다'는 1% 미만으로 나타났고, '주위 사람 또는 전문기관 및 전문가에게 도움을 요청하는 경우'도 5.9%로 미미하였다. 가족 갈등을 경험한 대다수 응답자의 경우 비폭력적인 방법으로 해결하려는 경향이 높으며, 주위 사람 및 전문가의 도움을 요청하는 경우는 적어서 가정 내에서 내부적으로만 해결하려는 특성을 보인다[10].

이러한 인식은 가족이 사적인 곳이라는 생각에서 기인하는 것이다. 그러나 가정폭력, 부모의 양육 행동 미숙 등의 가족문제가 사회문제로 발전되어 가는 과정을 우리는 사회의 다양한 분야에서 경험하고 있다. 그럼에도 불구하고 세대 관계로 구성되는 가족을 세대 갈등의 해결의 장으로 인식하는 사람들은 많지 않다. 따라서 근본으로 돌아가 사회문제의 해결의 장으로서 가족의 능력에 관심을 가져야 할 것이다[11].

직장 내 세대 갈등

대한상공회의소가 지난 2020년에 발표한 '한국 기업의 세대 갈등과 기업문화 종합진단 보고서'에 따르면 직장인 63.9%가 세대 차이를 느끼고 있다고 답했다. 20, 30대의 체감도는 각 52.9%, 62.7%인 반면 40, 50대는 각 69.4%, 67.3%로, 위 세대로 갈수록 세대 차이를 크게 느끼고 있는 것으로 파악됐다.

구인구직 매칭 플랫폼 사람인이 기업 373개 사를 대상으로 실시한 '기업 내 세대 갈등 양상'에 대해 설문조사 결과를 보자. 기업의 절반 이상(60.6%)이 세대 차이로 인해 조직 내 갈등이 심각하며 '임직원 간 세대 갈등이 있다'고 답했다. 이들 기업의 98.2%는 세대 갈등이 단순 팀원 간의 해프닝이라기보다 조직문화나 경영성과에 영향이 있다고 봤다. 구체적으로는 '젊은 직원들의 퇴사(56.3%, 복수응답)' 영향을 가장 심각하게 보고 있었고, '팀워크 악화(54.5%)', '사내 스트레스 조성(49.1%)', '업무 집중력 하락으로 인한 성과 하락(26.1%)' 등의 영향이 있다고 답했다. 또 전체 응답 기업의 5곳 중 2곳(39.9%)은 세대 갈등으로 퇴사한 직원이 있다고 밝혔다. 퇴사자의 비율은 'MZ세대(84.6%, 복수응답)'가 단연 많았고, '386세대(7.4%)', 'X세대(6.7%)', 'B세대(5.4%)' 순이었다.

위 결과들을 종합해 보면 단순한 세대 차이만으로는 조직에 큰 영향을 미치지 않는다는 것을 알 수 있다. 그러나 세대 차이로 인한 세대 갈등은 조직의 성과에 큰 영향을 미칠 수 있다는 결과를 보여 준 조사가 아닐까 싶다.

조직 내 세대 차이로 인한 갈등의 원인은 무엇일까? 조직에서 행해지는 업무와 관계를 바라보는 시각의 차이와 세대별 조직에 대한 인식의 차이일 것이다. 빈곤을 체험한 세대와 경제적인 풍요로움의 혜택 속에서 어려움 없이 자란 세대, 개인보다는 공동체를 우선하는 세대와 개인주의 세대, 사회 변화를 추구하는 세대와 권위주의 속 안정을 추구하는 세대, 인터넷과 가상공간 등 새로운 기술에 익숙한 시대와 변화를 따라가기 바쁜 세대 등 서로 전혀 다른 세대들이 공존하고 있다. 그래서 회식 문화, 커뮤니케이션 방식, 일하는 방식 등에서 갈등이 일어날 수밖에 없는 것이다. 세대 간 또 다른 차이를 보이는 부분은 선배 세대는 업무 갈등보다는 관계 갈등을 더 많이 경험하고 있고, 후배 세대는 관계 갈등보다 업무 갈등을 더 많이 경험한 것으로 드러났다[12]. 이 또한 조직 생활에서의 우선적 가치의 차이를 보여 주는 예로 볼 수 있다.

최근 조직 내 세대 갈등 이슈는 바로 조직 내 괴롭힘이다. 직장갑질 119가 2021년 발표한 설문조사에 따르면 직장 내 괴롭힘 경험은 법 시행 1주년이었던 2020년 6월(45.4%)과 비교할 때 10% 이상 감소(32.5%)했다. 하지만 세대별로 살펴보면 2030 직장인의 절반 가까이가 직장 내 괴롭힘이 여전하다고 답했다. 20대의 51.8%, 30대의 49%는 각각 직장 내 괴롭힘 금지법 시행 이후에도 괴롭힘이 줄지 않았다고 응답한 반면, 50대는 63.7%나 괴롭힘이 줄었다고 응답했다[12].

연령별로 직장 내 괴롭힘 경험의 차이를 보이는 것은 '괴롭힘'에 대한 정의가 세대별로 다르기 때문으로 꼽힌다. 선배 세대가 '조직 생활의 일부',

'업무상 필요한 일'로 간주하던 것을 후배 세대는 '직장 내 괴롭힘'으로 보기 때문이다. 예를 들어 업무시간 외에 업무지시라든지, 회식 참석의 강요 등을 들 수 있다[13].

선배 세대는 개인보다는 조직이 먼저다. 하지만 후배 세대는 일과 개인적인 삶의 분리를 매우 중요하게 생각한다. 사실 정답은 없는 문제다. 하지만 직장 내 문화가 변하고 있으므로 선배 세대 역시 '이런 말과 행동은 오해가 생길 수 있겠구나'를 배워 나가는 것이 필요할 것이다.

이런 조직 내 세대 갈등의 문제들이 발생되고 이슈화되면서 또 다른 문제점이 발생되고 있다. 바로 조직에서 일어나는 갈등을 모두 세대 차이 때문이라고 단정 지어 버리는 것이다. 즉, 개인과 개인의 갈등, 또는 각자의 역할 차이에서 오는 갈등임에도 불구하고 세대 차이로 인한 갈등으로 비하하는 것이다. 그렇게 되면 갈등의 원인일 수 있는 개인의 문제점이나 역할 이해의 오류를 발견하지 못하고 세대 차이로 인한 갈등으로 포장하여 갈등 해결을 위한 노력을 덜 하게 된다.

따라서 조직에서 갈등이 생겼을 때는 세대 차이로 인한 갈등인지 또 다른 원인이 있는지 살펴보는 노력을 게을리해서는 안 될 것이다.

새로운 세대가 계속해서 들어오고 다양한 세대가 공존하고 있는 조직! 모든 게 바뀌고 있다. 이제는 과거에 머무르지 말고 새로운 세대를 어떻게 대할 것인지 나와 다른 세대와 어떻게 공존해 나갈 것인지 생각해야 한다. 각 세대의 다양한 목소리에 귀를 기울이며 그들이 생각하는 직장, 직업, 일에 대해 깊이 있는 소통이 필요한 시점이다.

4

How, 서로를 바라보기

세대 차이를 이해하고 세대 갈등을 줄이며, 세대 공존으로 가기 위해서는
어떤 노력을 해야 하는지 알아보자.

서로를 이해하기 위한 노력

한국 사회는 압축적 근대화에 따른 급격한 산업화, 핵가족화, 도시화로 인해 가정과 사회에서 세대 간의 접점이 사라졌다. 그로 인해 세대 간에 상호 소통하고 이해할 기회 자체가 점점 줄어들었다. 즉, 서로에 대해 알 수 있는 시간과 기회가 없었다는 얘기다. 그 결과 당연히 나와 다른 세대를 만났을 때 세대 차이가 더 크게 느껴질 수밖에 없는 것이다. 그 크기와 비례하여 이해하고 소통하는 데 어려움을 느끼고 나와 다르다는 이질감은 클 수밖에 없다.

어떻게 하면 세대 차이를 이해하고 세대 갈등을 줄일 수 있을까?

앞에서 언급했듯이 가장 좋은 방법은 더 많이 소통하고 이해해야 하는 것이라는 것에는 이견이 없을 것이다. 세대 간 상호 소통과 이해가 이루어지려면 세대 간 접점이 많이 마련되어야 한다. 서로 다른 세대가 직접적 만남을 통한 소통만 하더라도 서로에 대한 이해를 돕고 갈등을 줄일 수 있다고 한다. 세대 간 단절로 인한 갈등을 극복하고 서로에 대한 인식을 바꾸기 위해서는 무엇보다 세대 간 서로 접촉하며 '서로를 이해할 기회'를 만들어 주는 것이 중요하다는 것이다. 민관합동의 정책 세미나에서 자주 제시되고 있는 세대 갈등 해법으로 나오는 사례들도 다음과 같다. 세대 간 통합 프로그램, 세대 간 교류가 가능한 공유주택 제공을 위한 타운건설 등이다. 공존하며 소통할 수 있는 공간과 시간을 만들자는 이야기이다.

이런 정책을 설계하고 의견을 모아 갈 때도 세대 간 마주 앉아 소통한다면 어떨까? 서로가 만족하는 결과와 정책을 진행함에 있어 참여도와 적극성을 높일 수 있을 것이다. 세대 갈등을 넘어 세대 공존으로 가는 길이 더 빨라질 것으로 생각한다.

세대 갈등 해결을 위해서는 어느 한쪽의 노력만으로는 불가능하다. 함께 서로를 바라보며 꾸준한 관심과 논의가 이루어져야 한다. 세대 공존을 위해 다음과 같은 노력이 필요할 것이다.

성숙한 사회 분위기 확산 필요

우리 사회 전반에 정신적 성숙의 분위기가 확산되어야 한다. 우리 사회의 정치, 경제, 사회 분야의 갈등이 격화된 현장에서의 쌍방 간의 논쟁을 들여다보면 제어되지 않은 감정의 폭발이 존재한다. 더불어 낙인찍기(labeling), 흑백논리(black and white thinking), 분열(splitting) 등의 인지왜곡과 정신적 미성숙의 언어들이 가득하다. 세대 갈등 속에서 이성적 논의가 이루어져야 한다[14]. 이런 논의가 이루어질 수 있도록 성숙한 사회적 분위기가 확산된다면 상호 경청과 이해를 통한 세대 갈등의 극복이 훨씬 용이해질 것으로 생각된다.

또한 나와 다른 상대와 세대를 수용하고 공존하기 위해서는 갈등의 주체를 세대로 보는 것이 아니라 개별적 개인의 존재로 보려는 노력이 필요하다. 선배 세대가 모두 똑같은 기준과 생각을 가지고 있는 것이 아니고, 후배 세대들 또한 모두 똑같은 기준과 가치관을 따르고 있는 것이 아니다. 세대별로 나누어 시대의 특징을 파악하고 특성을 이해할 수는 있지만, 소통에는 개인적인 관계와 이해가 반드시 필요하다. 갈등은 필연적이고 그로 인해 대립 관계가 만들어져도 서로의 문제를 직시하고 해결하려고 노력한다면 세대 간에 소통의 창을 열 수 있는 기회가 될 수도 있지 않을까?

긍정적 고정관념 갖기

특정 세대를 향해 바라보는 고정관념을 스테레오타입(stereotype)이라고 한다. 다른 세대가 날 어떻게 보고 있는지 스스로 추측하는 것을 메타 스테레오타입(meta-stereotype)이라고 한다. 이 두 가지 타입을 비교한 한 연구를 보면 선배 세대에 대한 스테레오타입은 책임, 성숙, 근면 등 긍정적인 내용이 많았다. 그런데 선배 세대 스스로가 후배 세대가 자신을 이렇게 바라볼 것이라 예상하는 메타 스테레오타입은 완고, 재미없음, 까칠함이었다고 한다. 반대로 후배 세대의 스테레오타입은 미숙도 있지만, 열정이란 긍정적인 부분이 있었다. 반면 후배 세대 자신의 메타 스테레오타입은 비자발적, 무책임이었다고 한다.[15]

이렇듯 다른 세대가 우리를 어떻게 바라보는지에 대한 고정관념이 굉장히 부정적이다. 이런 고정관념은 다른 세대와의 소통에서 적극성을 결여시킬 뿐만 아니라 소통 자체를 꺼리게 될 수 있다. 좀 더 적극적인 소통을 위해서는 서로가 바라보는 모습을 긍정적으로 생각할 필요가 있다.

배울 건 배우고 인정할 건 인정하자!

서로에게 배울 건 배우고 인정할 건 인정하자! 어떤 사람을 만나든 배울 점 하나는 꼭 있다고 생각한다. 또한 내가 어떤 점을 보느냐에 따라 관계가 달라질 수 있다고 생각한다. 서로의 강점과 업적의 인정은 서로를 알아 가고 긍정적 관계로 가는 데 매우 중요하다.

후배 세대들이 젊은 혈기와 열의로 진지하게 인생을 계획하고 설계하고 있듯이, 선배 세대도 젊었을 때 그랬고, 현재도 많은 생각과 계획을 세우고 진지하게 살아가고 있다고 생각한다. 후배 세대들은 선배 세대들이 생활방식과 경험을 본받을 만한 업적으로 존중해 주었으면 한다. 선배 세대들 또한 후배 세대들의 현재 상황을 좀 더 이해하고 그 상황 속에서 최선을 찾아가는 모습, 자기 행복을 우선 추구해 가는 모습을 인정해 주었으면 한다.

세대 갈등을 극복하고 세대 공존을 위해서는 무엇보다 선배 세대와 후배 세대의 상호 간 특성을 이해하고 받아들이려는 노력이 절실하다. 특정 세대가 겪은 경험과 사건 등으로 서로의 일정 행동이나 특징의 배경을 알게 된다면 태어나고 자란 환경이 다르더라도 이해할 수 있다. 그럼으로써 서로에 대한 긍정적인 관계를 향한 분위기 조성에 도움이 될 것이다.

다음 챕터는 각 세대의 사회적, 정치적, 문화적 배경을 통해 세대의 특성을 이해할 수 있는 내용으로 구성되었다. 서로를 좀 더 알아 가고 서로를 바라볼 수 있는 계기가 되길 바란다.

TOUCHING 터칭

03
챕터

BX는 이렇게 걸어왔습니다

선배 세대와 후배 세대가 나란히 함께 걸어가려면 나와 다른 세대를 이해하고 존중하려는 성숙한 태도가 필요하다. 그런데 가능하다면 삶의 경험이 조금 더 많은 선배 세대가 먼저 손 내밀어 보는 건 어떨까? 살아오며 했던 다양한 경험들은 후배 세대를 이해하고 포용하는 촉진제가 되어 줄 것이다. 그렇다면 지금부터 이전의 꼰대들과는 다른 '닮고 싶고 따르고 싶은 선배'가 되는 길을 함께 고민해 보자.

1
내 안의 꼰대, Good Bye

내 안에 자리 잡고 있는 꼰대와 이별하고
포용력 있고 합리적인 어른이 될 준비가 되었나요?

당신은 꼰대입니까?

국립국어원 표준국어대사전에서 '꼰대'라는 단어를 찾아보면 '늙은이'를 이야기하는 일반적 은어로 해석한다. '늙었다'라고 하는 개념은 상대적일 수 있으나 나이가 많은 사람은 일단 꼰대의 조건을 갖추었다고 볼 수 있다. 하지만 나이가 많다고 무조건 꼰대는 아니다. 또 나이가 어리다고 무조건 꼰대가 되지 말라는 법도 없다. 꼰대는 가치관과 사고방식의 유연성에 달려 있다. 아래와 같은 조건을 갖춘 사람이라면 누군가에게 꼰대라 불릴 확률이 조금 더 높아진다. 온라인 설문 조사기관 '두잇서베이'의 조사에 따르면 4050꼰대의 특징은 다음과 같다[1].

- 자신의 견해나 사고방식을 강요(53.9%)
- 사회 변화나 세대별 차이를 무시함(47.8%)
- 우리 때에는… 같은 말투로 과거를 미화함(42.2%)
- 까라면 까라는 식의 상명하복 강요(37.7%)
- 공사 구분 없이 행동하는 스타일(33.7%)

다시 정리해 보면 꼰대는 나이 혹은 직위로 자신의 신분이 더 높다고 여기고 상대방을 하대하며, 변화하는 환경에 유연하게 적응하지 못하고 관습적이며 구태의연한 사고방식을 타인에게 강요하는 사람을 뜻하는 단어이다. 그렇다면 지금 "나는 꼰대인가?"라는 질문을 스스로에게 던지며 자기 검열을 한번 해 보자.

진짜 어른이 필요한 시대

우리는 흔히 MZ세대들에게 "자기밖에 모른다. 돈만 중요하게 여긴다. 예의가 없다.…"라고 이야기하며 그들에 대해 속단해 버리는 경우가 있다. 이에 맞서 MZ세대는 선배 세대를 '꼰대'라고 칭하며 본인 세대와 구분하여 선을 긋고 있다. 이러한 세대 간의 갈등은 Covid-19 팬데믹 시대 재택근무와 거리두기를 거치며 더욱 골이 깊어진 듯하다. 다른 세대와는 서로 말이 통하지 않는다고 속단하며 마음속에 담을 쌓고 조화롭게 어우러지기를 포기해 버린 이들도 많다.

현시대를 함께 살아가고 있는 다양한 세대의 모습을 살펴보면 다른 세대에 대한 이해와 배려가 필요하다는 사실을 인식하고는 있다. 하지만 막상 현실에 부딪히면 세대 이기주의의 모습을 보이며 존중과 배려를 잊어버리곤 한다. 상대에게 자신을 이해하라고만 강요할 것이 아니라 내가 먼저 다른 세대를 이해하고 존중하려는 성숙한 태도가 필요하다.

그리고 가능하다면 '삶의 경험이 조금 더 많은 선배 세대가 먼저 손 내밀어 주는 아량을 베풀어 주는 건 어떨까?' 하는 생각도 해 본다. 살아오며 했던 다양한 경험들은 후배 세대를 이해하고 포용하는 촉진제가 되어 줄 것이다. 그렇다면 지금부터 이전의 꼰대들과는 다른 '닮고 싶고 따르고 싶은 선배'가 되는 길을 함께 고민해 보자. 잡코리아와 알바몬이 함께 조사한 '직장인이 함께 일하고 싶은 상사 유형'의 설문 결과를 참고해 보면 우리가 갖추어야 할 바람직한 선배 세대의 대략적인 청사진이 그려질 것이다[2].

- 어떤 상황에도 유연하게 대처하며 방향을 제시하는 '나침반형'(44.2%)
- 편견 없이 각자의 다양성을 인정하고 존중해 주는 '열린 마인드형'(37.5%)
- 적절한 솔루션과 문제해결 능력으로 진두지휘하는 '실무형'(34.3%)
- 사심 없이 공정하게 평가하고 적절한 보상을 제공하는 유형(26.7%)
- 군림하지 않고 기꺼이 함께 즐기는 유형(22.4%)
- 적당한 거리를 유지하며 필요할 때 적절히 조언해 주는 '등대형'(17.8%)
- 가능성을 발굴해 부하직원의 성장을 독려하는 '후임 양성형'(17.2%)

'유연함, 방향 제시, 나침반, 다양성 인정, 열린 마음, 문제해결, 공정, 보상, 함께 즐기기, 적절한 조언, 등대, 성장 독려, 후임 양성' 등 위의 설문조사 결과에서 눈에 띄는 단어들만 조합해 보더라도 우리가 갖추어야 할 선배 세대의 모습이 어렵지 않게 그려진다. 당신은 이 시대의 흐름에 맞는 진정한 선배의 모습을 갖추고 있는가? 아울러 진짜 어른의 모습인가?

황혼의 청춘, NEW SIXTY

몇 해 전만 해도 우리는 '뉴 식스티(New Sixty)'라는 단어를 신조어처럼 여겼다. 하지만 이제는 건강하고 트렌디한 60대를 상징하는 대표 단어가 됐다. '새로운 60대'를 의미하는 '뉴 식스티(New Sixty)' 베이비 붐 세대는 눈부신 경제성장의 주역인 동시에 탄탄한 경제력을 갖춘 황혼의 청춘이다. 이들은 하고 싶은 일을 적극적으로 찾고 도전하며, 다양한 영역에서 본인의 역량을 발휘한다. 더 이상 이들은 무기력한 노인들이 아니다.

이번 챕터에서는 제2의 청춘을 다시 살고 있는 우리 시대의 선배 세대이자 닮고 싶은 모습의 참된 어른을 '뉴 식스티(New Sixty)'로 표현해 보고자 한다.

2015년에 개봉했던 영화 〈인턴〉은 70대 인턴과 30대 CEO가 함께 일하는 과정을 담아 냈다. 어떻게 하면 꼰대가 되지 않으면서도 직장 내에서 긍정적 인간관계를 구축할 수 있을지를 경쾌한 분위기로 고민해 보게 했던 영화였다. 극 중 줄스 오스틴(앤 해서웨이)의 패션 스타트업 회사 '어바웃 더 핏'은 사회 공헌 차원에서 65세 이상 노인을 대상으로 시니어 인턴십 제도를 도입한다. 인턴십 프로그램에 70세 벤 휘태커(로버트 드니로)가 지원하며 대표와 직원으로서의 관계가 시작된다. 영화 초반부에는 줄스가 시니어 인턴을 탐탁지 않게 여겨서 벤이 눈치를 보는 상황이 연출된다. 하지만 극이 전개될수록 벤은 본인의 삶의 경험들과 넉넉한 인품으로 줄스와의 심리적 거리를 좁혀 나간다. 이러한 관계가 지속되면서 줄스는 업무뿐 아니라 인간적으로도 점점 벤에게 의지하게 된다. 이 영화에서는 여러 요소가 복합적으로 전개되면서 30대의 젊은 CEO와 70대 인턴의 다양한 상호작용을 보여 준다.

그런데 다른 시각으로 보면 70대 인턴 벤이 본인의 경험과 삶을 바탕으로 대표에게 조언을 건네는 것 역시 나이 많은 사람의 '꼰대질'로 보일 수 있다. 하지만 이 영화에서는 인간관계에서 '사바사'와 '케바케'(사람 바이 사람 '사람마다 다르다', 케이스 바이 케이스 '케이스마다 다르다'는 뜻의 신조어)가 무엇인지를 잘 담아 낸다. 영화에서 30대 CEO와 70대 인턴이 세대 차이를 극복하고 긍정적 관계를 맺을 수 있었던 것은 결국 두 사람이 서로에 대한 인간적 매력을 느꼈기 때문이다.

40대가 된 X세대, YOUNG FORTY

1990년대에 직장에서 만났던 40대의 부장님을 회상해 보면, 명치까지 끌어올려진 배바지가 떠오른다. 하지만 지금의 40대를 보면 예전의 40대와는 사뭇 다른 느낌이다. 1990년대에 20대를 보내며 X세대라는 이름으로 자유분방한 젊은 시절을 보냈고 이제는 '영포티(Young Forty)'로 돌아온 40대들은 패션이나 뷰티 트렌드에도 민감하게 반응한다.

하지만 트렌디한 모습이 패션이나 뷰티에만 국한되어서는 안 된다. 합리적 사고와 태도를 바탕으로 후배 세대와의 관계에서도 세련됨이 빛을 발하고 조금 더 포용력 있는 유연한 모습이어야 한다.

얼마 전 신드롬 급 인기를 얻었던 〈이상한 변호사 우영우〉와 2018년에 방영된 〈나의 아저씨〉라는 드라마는 전체적인 분위기와 결은 많이 다르지만 공통점이 한 가지 있다. 현실에서는 찾기 힘들지만 그래도 있었으면 하는 상사, 선배의 모습이 두 드라마 모두에 등장한다는 것이다. 각각의 드라마에서 주목해 볼 캐릭터는 〈이상한 변호사 우영우〉에서 강기영 배우가 열연한 정명석 변호사와 〈나의 아저씨〉에서 배우 이선균 씨가 연기한 박동훈 부장이다. 요즘 흔히 말하는 '오피스 파더(Office father)', '서브 아빠'라고 불리는 캐릭터다.

정명석 변호사와 박동훈 부장, 이 둘은 개인적인 삶에서 이겨 내야 하는 각자의 고뇌와 아픔이 상당하지만 타인을 대하는 그들의 모습에서는 개인적 아픔과 고뇌를 감히 상상할 수 없을 만큼 따뜻하고 여유가 있다. 특히 부하 직원을 대하는 태도에서 모두가 갈망하는 참된 리더의 모습을 보여 준다.

현실에서 드라마 속 주인공을 기대하는 것은 아니다. 다만 조금 더 합리적이고 포용력 있는 리더의 모습에 대해 깊이 있게 고민해 보는 계기가 되길 바란다.

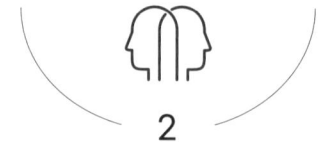

2

황혼의 청춘, New Sixty

베이비 붐 세대가 살아왔던 과거로의 시간 여행

전쟁 후에 태어난 베이비 붐 세대

베이비 붐(Baby boom)은 특정 시기에 출생하는 아이의 수가 갑자기 증폭하는 현상을 말하며 이 시기에 태어난 출생자들을 베이비 붐 세대라 칭한다. 나라별로 베이비 붐 세대의 출생연도를 구분하는 차이는 다소 있지만 전쟁 후 태어난 세대라는 공통점을 가지고 있다.

미국의 경우 1945년 2차 세계대전 종전 후 출생한 이들을 베이비 붐 세대로 구분 짓는다.

2차 세계대전, 전쟁 기간 동안 함께 지내지 못했던 연인과 부부들이 다시 만나면서 결혼을 하는 커플들이 많아진 탓에 급격한 출산율 증가가 있었다. 1946년부터 1964년까지 미국에서 태어난 7,200만 명이 미국의 베이비 붐 세대이다.

일본에서는 베이비 붐 세대를 '단카이 세대'라고 부른다. 단카이는 우리말로 '덩어리'라는 뜻이다. 2차 세계대전에서 패한 후 1947년부터 1949년 사이에 태어난 806만 명의 사람들이 베이비 붐 세대인데 약 3년 동안 800

만 명이 넘게 태어난 것이다. 급격한 인구증가로 경쟁이 치열한 사회가 되었지만 고도성장의 원동력이 되었다는 평가도 있다. 이들은 교육 수준이 높은 데다 근면하고 성실하며 자신들이 일본 경제성장 신화의 주역이라는 자부심을 크게 가지고 있다.

한국의 베이비 붐 세대는 6·25전쟁이 끝난 뒤 태어난 세대를 뜻한다. 1955년부터 1965년 사이에 출생한 900만 명의 사람들을 말한다. 한국의 베이비 붐 세대의 범주를 어디부터 어디까지로 볼 것인지에 대해서는 학자들마다 조금씩 다른 견해를 가지고 있다. 하지만 1955년부터 1965년 사이의 출생자들을 베이비 붐 세대로 본다는 의견이 지배적이다.

이들의 출생은 한국 사회에 인구학적 과밀현상을 초래할 정도로 전체 인구 비율의 상당 부분을 차지했다. 한국의 베이비 붐 세대의 가치관과 행동양식, 수요와 구매력은 한국사회의 트렌드를 이끌었을 뿐 아니라 가치관의 변화 및 사회 시스템을 전환시켰다.[3)]
*이하 베이비 붐(Baby boom) 세대를 B세대로 표기

보릿고개를 피해 농촌에서 서울로

2023년 현재 B세대의 시작인 1955년생은 69세, 1965년생은 59세이다.
1960년대 중반만 해도 우리나라의 대부분은 농촌이었다. 지난해 수확한 곡식은 바닥이 나고 보리는 여물기 전, 음력 4~5월이 되면 먹을거리가 없어 풀뿌리를 캐 먹거나 나무껍질을 뜯어 먹어야 할 정도로 배고픔이 큰 시절이었다. 보리가 수확될 때까지 배를 곯아야 한다는 의미에서 '보릿고개'

라는 말도 생겨났다. 그래서 많은 사람들이 식량이 떨어진 보릿고개를 피해 서울, 대구, 부산으로 이동했다. 서울은 1960년대 중반부터 농촌에서 올라온 사람들로 인구가 증가했다. 서울에서 중고등 학교를 졸업한 베이비부머의 상당수는 이때 도시로 나와 자리를 잡은 사람들이다. 1960년대 중반부터 1970년대 초반까지 서울로 이주한 베이비부머는 우리나라 초고속 도시화율의 주인공이다.[4]

우리나라의 도시화율(도시에서 사는 인구의 비율)은 1960년 28%에서 1970년 41%, 1980년 59%로, 1990년 80%로 급속히 치솟았다. 매우 빠른 속도로 전개된 우리나라의 도시화 속도는 세계에서 가장 빨랐다.[4]

경제성장의 주역인 B세대

B세대는 대한민국이 고도성장을 하던 1970년대 중반부터 1980년대 후반까지 우리나라 제조업에 종사하며 경제성장의 중추적인 역할을 해냈다. 이들의 노동력이 없었다면 이루어 내기 어려운 성장이었을 것이다. 그런데 88년 서울 올림픽 이후 이들은 또 한 번 경제성장의 주역이 된다. 이번엔 근로자가 아닌 소비자로서 경제성장의 부흥을 이끈다. 1980년대 후반 결혼 적령기를 만난 이들은 값비싼 내구소비재(TV, 냉장고, 세탁기 등)를 구매했다. 그뿐만 아니라 서울 올림픽 이후 '마이 카(My car)' 시대가 열리면서 또 한 번 소비의 확대가 이루어졌다.

이와 같은 B세대의 소비는 내수시장을 탄탄하게 만들고 국내의 많은 기업이 해외 시장으로 나갈 수 있는 기반을 마련해 주었다. 그 당시 우리나라

수출품들은 품질이 좋지 않다는 이유로 해외에 원가 이하의 싼 가격에 팔려 나갔고, 기업은 그 손실을 메꾸기 위해 국내 소비자에게 더 비싼 가격을 책정했다고 한다. 국내 소비자들의 이런 희생과 지원이 있었기에 지금의 삼성, 현대, LG, SK 등이 글로벌기업으로 성장할 수 있었다[4].

이러한 면에서 B세대는 생산과 소비 양쪽 측면에서 경제성장의 주역이라고 불리기에 충분하다.

군사독재 정권 속의 B세대

이 시대의 정치적인 부분에 있어 결론부터 이야기하자면 암흑 같고 암울했다. 민주주의 시대에 사는 지금의 우리와는 너무도 다른 시대를 살았다. 이들은 감수성이 예민한 학창 시절에는 유신정권을 보고 자랐고 1980년 5·18 광주 민주화운동, 1987년 6월 항쟁 등을 몸소 겪어 냈다. 1960년 4.19혁명으로 이승만 정부의 장기집권을 막아 냈지만 곧바로 군사정변이 발생하고, 그로 인해 군사정권의 장기집권이 시작되었다[3]. 이후로 민주주의를 염원하는 다수의 시위가 일어났고, 정부는 이 시위를 막기 위해 폭력적인 진압을 서슴지 않았다. 시위를 벌이다 경찰에 붙잡혀 간 학생들은 군대로 끌려갔고, 군대로 끌려간 학생들은 군 복무 중 불분명한 이유로 의문사하는 경우도 빈번했다.

1987년 1월에는 고문치사 사건이 발생하고, 이 사건이 은폐·축소된 것이 밝혀지면서 민주화를 위한 시위는 들불처럼 번졌다. 그 당시 대학생이던 이한열 열사가 시위 중 부상을 입고 사경을 헤매면서 산발적이던 민주화운동은 전국적으로 퍼져 나갔다. 6월 민주항쟁의 기폭제가 된 박종철 고문치사 사건은 2017년에 〈1987〉이라는 영화로도 만들어졌다.

B세대의 학창 시절은 암흑 같은 유신정권에서 시작해 민주화운동의 희생이라는 암울한 모습으로 끝났다. 지금 우리가 누리고 있는 민주주의의 모든 부분을 당연하게 여기기 전에 그들의 숭고한 희생에 감사한 마음을 먼저 가져야 할 것 같다.

가정보다는 회사에 충성한 '회사형 인간' B세대

우리나라는 1970년대 초반부터 수출이 늘어나면서 경제가 조금씩 살아나기 시작했다. 그리고 70년대 후반에는 중동국가들의 건설 붐이 일기 시작해 국내의 건설회사들이 중동으로 진출하며 엄청난 양의 외화를 벌어들이기 시작했다. 수출 호조와 해외건설의 활황 덕분에 1970년대 중후반에 대학생이던 B세대는 완전고용이라 해도 될 만큼 높은 취업률을 보였다[4]. 공업고등학교와 상업고등학교를 졸업한 B세대도 크게 다르지 않았다. 이런 면에 있어서만큼은 정말 축복받은 세대임이 틀림없다.

이렇게 사회인이 된 B세대는 회사를 위해 살기 시작했다. 가정보다 회사, 개인보다 회사를 먼저 생각하며 살아가는 '회사형 인간'이 되었다. 이들이 이렇게 회사에 충성하게 된 이유는 회사에 비슷한 또래가 너무 많아 승진 경쟁이 매우 치열했기 때문이다. '무한경쟁', '약육강식'의 무대에서 살다 보니 경쟁이 치열할 수밖에 없었던 것이다. 이렇게 20대와 30대를 치열하게 보내고 난 후 이들이 40대에 마주한 건 IMF 경제위기였다. 이들은 또한 번 치열해졌다. 이번엔 회사에서 쫓겨나지 않기 위해서 치열했다. 이처럼 인생의 상당 부분을 회사에 매달려 일만 하며 지내다 보니 딱히 취미라고 할 만한 것도 없는 측은한 마음이 드는 세대이기도 하다.

은퇴한 B세대의 오늘

회사에만 매달려 긴 시간을 보냈던 B세대는 "취미가 무엇인가?"라는 질문에 대부분 "등산."이라고 답한다고 한다. 이유는 내가 마음만 먹으면 언제든 갈 수 있고 다른 취미활동에 비해 경제적인 부담도 적기 때문이다. 하지만 평균수명이 길어진 요즘, 은퇴 후에 등산만 20년 이상 하면서 살 수는 없지 않은가? 풍요롭고 행복한 황혼을 보내는 방법엔 어떤 것들이 있을까? 반드시 고민해 봐야 할 문제이다.

일에만 매달려 보낸 30년 가량의 시간 때문에 '가족형 인간'인 아버지가 많지 않은 B세대. 그간 집안의 모든 대소사를 아내에게 맡기고, 자녀들과의 대화도 많지 않았던 터라 은퇴 후에 외로움과 직면하는 가장들이 많다.

이런 외로움과 이별할 수 있는 첫걸음은 가장으로서의 권위 의식을 조금 내려놓는 것이다.

내게 필요한 일상의 행동들을 스스로 해 보며 행복을 느껴 보기를 권한다. 예를 들면 커피나 차를 직접 내려 보고, 음식도 손수 만들어 가족을 위한 식사를 준비해 보는 등 일상의 작은 행복들을 스스로 만들어 보는 연습을 해야 한다. 그리고 가족과 소소한 일상을 나누는 대화도 시도해 보고 공감대를 찾을 수 있는 대화의 소재도 찾아볼 필요가 있다. 지금까지 하지 않았던 이런 행동들이 당장은 쑥스럽게 느껴질 수 있겠지만 내 삶을 소소한 행복들로 빼곡하게 채울 수 있는 어렵지 않은 방법들이다.

그리고 조금 더 넓고 단단한 인적 네트워크를 구축해 나가야 한다.

하버드 대학교 조지베일런트 교수가 쓴 '행복의 조건'이라는 책에서는 여러 가지 행복의 조건에 대해 이야기한다. 이 책에서 인간의 행복 지수를 높여 주는 것은 부와 명예가 아니라 원만한 대인관계라고 이야기한다. 결혼 생활, 철저한 건강관리도 행복에 영향을 주는 것은 맞지만 대인관계에 비할 수 없다고 말한다. 조지베일런트 교수는 "삶에서 가장 중요한 것은 대인관계이고, 행복은 결국 사람을 통해 얻어지는 것이다."라고 말했다[5].

선천적으로 감성지수(EQ)와 공감 능력이 탁월한 여성들은 평생을 살아가며 100명 이상의 친구를 사귀게 된다고 한다. 인적 네트워크가 탄탄하다 보니 외로울 때, 슬플 때 얼마든지 위로를 받을 수 있다. 여성들의 평균수명이 남성보다 높은 이유도 여기에 있다고 한다. 주변 사람들과의 정서적 교류, 활발한 인간관계를 유지하며 지내는 생활이 평균수명 연장에 크게 작용한다는 것이다[4].

B세대 남성들이여! 당신 가까이에 탄탄한 인적 네트워크를 바탕으로 삶의 행복 지수가 높은 누군가가 있다면 그들을 벤치마킹해 보자. 보다 풍요로운 관계가 형성되고 그 안에서 느끼게 되는 행복감이 적지 않을 것이다.

노인의 새로운 개념 '뉴 시니어', '액티브 시니어', '뉴 식스티'

평균수명은 특정 기간 동안 사망한 사람들의 평균 나이, 즉 사람들이 평균적으로 산 수명을 의미한다. 현재의 수명증가 속도로 볼 때 B세대의 다빈도 사망 연령은 90세가 될 가능성이 높다고 한다. 우리가 생각하는 것보다 사람의 수명은 매우 길다. 일부 미래학자들은 인간의 수명이 120세 혹은 150세 이상으로 늘어날 것이라고 예측한다[4].

우리가 90세까지 산다고 가정하면 은퇴 후의 삶은 30년에서 40년 가량의 세월이 남는다. 남은 인생이라고 하기엔 길고도 길다. '새로운 인생이 시작된다'고 보는 편이 맞을지도 모르겠다. 우리는 젊고 건강한 황혼을 준비할 필요가 반드시 있다.

첫째, 은퇴 전 인생의 이모작에 도움이 될 만한 교육을 받자.

예를 들면 학위를 따는 대학원에 도전해 보는 것도 좋은 방법이다. 하지만 시간이나 금전적인 상황이 여의치 않다면 방송통신대학교와 사이버대학교를 이용해 보는 방법도 있다. 또 평소에 관심이 있었던 분야의 자격증을 미리 준비해 두면 은퇴 후 새로운 직업으로 진입하는 문턱이 좀 낮아지지 않을까?

둘째, 디지털 사회에 적응하자. 그리고 꾸준히 공부하자.

B세대가 40대가 될 무렵 인터넷과 휴대전화라는 신문물이 세상에 나타났다. 인터넷과 휴대전화는 온 세상을 하나로 연결하는 경이로움을 선사했다. 그런데 이게 끝이 아니었다. 2009년 즈음 등장한 스마트폰, 태블릿PC, 키오스크 등은 B세대의 머리를 더 복잡하게 만들었다. 그뿐인가? 종이책을 보던 B세대는 전자책에서도 불편함을 느낄 것이다. 이제 어디에서도 아

날로그 감성을 찾기가 쉽지 않다. 그렇다면 지금 우리가 해야 할 것은 무엇일까? 그렇다. 디지털과 친해지는 일이다. 새로운 기기에 적응하고 나면 또 새로운 기기가 등장해 우리를 공부하게 만들겠지만 평생학습 시대에 살고 있는 만큼 끊임없는 공부는 우리에게 필수적인 삶의 태도다.

꼭 비용을 많이 들이지 않고도 학습하고 성장할 수 있는 방법은 많다. 집 근처의 평생학습관 또는 구청, 시청에서 운영되는 프로그램들을 적극 활용해 보자. 디지털분야뿐만이 아닌 다양한 분야의 꾸준한 평생학습은 우리의 황혼을 조금 더 스마트하게 만들어 줄 것이다. 이러한 생활 속 배움의 노력은 황혼으로 접어든 B세대의 두 번째 인생을 좀 더 활력 있고 건강하고 행복하게 만들어 줄 것이라 확신한다.

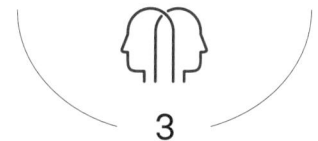

3
젊은 중년, Young Forty
X세대가 살아왔던 과거로의 시간 여행

X-세대, 그들의 탄생

미지수를 뜻하는 알파벳 X.

'도무지 알 수 없다'는 의미에서 붙여진 그들의 이름이 바로 X세대이다. 다시 말해 어떤 특정 단어로 규정할 수 없는 젊은 세대를 지칭하는 데 X세대라는 단어를 쓴 것이다. 이 X세대라는 용어는 1991년 캐나다 소설가 더글러스 코플랜드가 쓴 소설 〈GenerationX〉에서 유래되었다고 한다.

우리나라에서 X세대라는 단어가 처음 쓰인 것은 1993년 TV 속 아모레 화장품 트윈엑스 광고에서였다. 젊은 남성들을 겨냥한 이 광고에는 배우 이병헌과 가수 김원준이 출연했다. 날카로운 전자 기타 소리가 들리면서 커다란 X자가 화면에 가득 담긴 뒤 두 모델의 얼굴이 클로즈업되는 사이사이에 '나는 누구인가', '무한 연출', '이성 < 느낌'과 같은 문구가 나타난다. 우리나라의 X세대는 TV 속 광고를 통해서 등장하다 보니 제품을 팔기 위

한 상술이 만들어 낸 허상이라는 의견도 많았다[6]. 현재 유튜브 채널에서도 이 영상을 다시 볼 수 있는데 여러 번을 다시 보아도 무엇을 말하고 싶은지 사실 잘 모르겠다. 어찌 보면 잘 알 수 없고 이해가 잘되지 않는 그것이 X세대 그 자체였는지도 모르겠다.

앞 선 B세대와 마찬가지로 X세대의 범주를 어디부터 어디까지로 볼 것인지에 대해서는 학자들마다 조금씩 다른 견해를 가지고 있다. X세대를 구분할 때 1970년부터 1979년생 사이로 규정하는 연구가 있고, 조금 더 폭넓게 1960년대 중후반에서 1980년 사이의 출생자들로 정의하는 연구도 있다. 이 책에서는 앞서 정의했듯 1966년부터 1980년까지 출생한 이들을 X세대의 범주로 보려고 한다.

경제적 풍요 & 정치적 안정

1980년대에 10대를 보낸 X세대는 박정희 정권에서부터 이어져 온 경제개발 정책들의 성과와 결실을 누리며 산 세대이다. 1986년부터 1988년까지 이어진 '3저 호황(저유가, 저금리, 저달러)'을 바탕으로 빠른 속도의 경제성장이 가능한 시기였다. '단군 이래 최고의 경제 호황'이라는 말이 생길 정도였다[6]. 절대빈곤에서 벗어난 이때부터 근검절약의 사회적 분위기도 조금씩 달라지기 시작했다. 소비가 본격적으로 이루어지기 시작하며 가정에서는 고가의 가전제품을 구입하고 외식의 횟수도 증가했다. 이 시절에 청소년기를 보내고 풍요로운 20대를 보낸 X세대에게 소비는 미래의 행복을 위해 참아 내야 하는 것이 아니라 '익숙한 것', '현재의 즐거움을 위한 것'

으로 인식되었다[3]. X세대의 이런 경험은 당시 기성세대인 B세대의 '보릿고개'로 상징되는 궁핍함과는 명확히 대비된다. 그리고 이런 성장배경이 그들의 가치관과 인생관에 크게 영향을 미쳤다.

X세대가 청소년기를 보낸 1980년대에는 광주 민주화운동(1980년)과 6월 민주항쟁(1987년) 같은 대규모 민주화운동이 있었다. 대규모로 확산된 민주화운동의 결과로 6.29 선언을 이끌어 냈다. 6.29선언을 계기로 대통령 직선제가 시작되어 13대 노태우 대통령부터 국민의 손으로 대통령을 직접 선출했다.

1990년대는 한국 사람들의 정치적 가치관이 크게 달라진 시기이다. 1993년 김영삼 대통령이 취임하면서 문민정부가 출범했다. 김영삼 대통령은 '역사 바로 세우기'를 통해 군부정권 시 발생했던 과거사 청산에 주력했다. 그리고 헌정 역사상 최초의 정권교체를 이룬 김대중 정부는 '햇살 정책'을 통해 남북 화해의 분위기를 만들어 냈다. 2000년 6월 '6.15 남북공동선언'은 김대중 전 대통령이 한국인 최초로 노벨평화상을 수상하는 데 큰 영향을 미쳤다[6].

IMF가 X세대에게 남기고 간 상처

경제적으로 큰 어려움 없이 정치적으로도 큰 상처 없이 청소년기를 지나온 X세대에게 트라우마를 남긴 사건, 바로 '1997년 외환위기'이다. 1997년 12월부터 중소기업은 물론 대기업 그리고 금융기관들이 줄도산하기 시작했다. IMF 외환위기 직전인 1997년 12월 국내 실업률은 3.1%였다.

1998년 1월, 한 달 만에 무려 3,323개의 기업이 도산했고 실업자는 27만 명이 늘었다. 실업률은 4.5%까지 늘어났고 1년 후인 1999년 2월의 실업률은 8.7%까지 치솟았다[6]. IMF 이전까지 취업 준비생들은 월급이 적은 공무원보다는 대기업을 선호했었다. 하지만 외환위기 이후 분위기는 달라졌다. 해고 위험이 없고 임금 체불이 없는 공무원이 인기를 얻어 너나 할 것 없이 공무원 시험에 몰리기 시작했다.

IMF 외환위기로 힘든 시기를 보낸 국민 모두가 힘을 모아 '금 모으기 운동'으로 2001년에 국가채무를 모두 상환했다. 이렇게 국가의 경제가 조금씩 되살아나며 2000년대 초반부터 다시 기업들의 채용이 시작되었다. 그러나 IMF를 겪은 후의 기업들은 이전과는 조금 달라진 모습이었다. 고용의 유연성이 필수가 되고 구조조정은 빈번해졌다. 그래서 45세까지 차·부장으로 진급하지 못하면 명예퇴직을 당하는 것이 수순으로 여겨져 '사오정(45세 정년)', '오륙도(56세까지 직장에 다니면 도둑놈)'라는 자조적인 유행어도 만들어졌다[6].

K컬쳐의 시작, X세대

1992년 혜성처럼 등장한 서태지와 아이들은 신인가수를 소개하는 프로그램으로 데뷔했다. 심사위원인 선배들에게 최저 점수를 받으며 혹평을 피할 수 없었다. 하지만 그 방송을 본 10대, X세대의 생각은 달랐다. 그들의 노래에 열광했고, 그들의 노래로 가요계에는 새로운 바람이 불기 시작했다. 그들의 데뷔곡 〈난 알아요〉는 이전에 한국에서 접할 수 없었던 새로운 장르의 곡이었다. 자유로움이 가득 담긴 이들의 파격적 음악들 〈교실이데 아〉, 〈필승〉, 〈컴백홈〉, 〈시대유감〉은 사회의 모습을 비판하고 반항적 메시지를 담고 있었다. 서태지는 10대들의 우상이자 그들의 입장을 대변해 주는 '문화 대통령'이기도 했다. 서태지와 아이들의 등장을 기점으로 우리나라 대중가요의 중심은 10대로 옮겨 갔다. 서태지와 아이들의 곡들과 더불어 1993년 등장한 듀스의 〈나를 돌아봐〉와 015B의 〈신인류의 사랑〉은 X세대를 대표하는 곡이기도 하다[6].

1990년대에 르네상스 시기를 맞은 건 음악뿐이 아니다. 1985년 1987년 5·6차 영화법 개정 덕분에 영화산업 역시 르네상스 시대를 맞이했다. 한국 영화의 질적 성장을 이룬 발판이 되기도 했다. 1992년에 흥행을 기록한 〈결혼 이야기〉, 〈그대 안의 블루〉, 1993년 〈서편제〉, 1995년 〈개 같은 날의 오후〉, 1997년 〈넘버3〉, 〈접속〉, 〈비트〉 등은 90년대를 화려하게 수놓은 우리 영화들이다. 이러한 흥행 분위기 속에서 1999년에 개봉한 영화 〈쉬리〉는 한국형 블록버스터의 성공을 가져왔다. 서울 244만 관객, 전국 620만 관객을 동원하며 흥행대박을 이뤄 냈다. 이즈음 멀티 플렉스 극장 CGV 11이 강변 테크노마트에 처음으로 생겨났다[6].

여기서 끝이 아니다. 90년대에는 안방극장을 찾아온 드라마 역시 황금기였다.

2년 5개월이라는 긴 제작 기간이 말해 주듯 웰-메이드 드라마로 세상에 나온 시청률 60%의 〈여명의 눈동자〉를 시작으로 1992년 〈질투〉, 1994년 〈마지막 승부〉, 〈사랑을 그대 품안에〉 1995년 〈모래시계〉 등은 상당한 인기를 얻으며 수많은 청춘 스타들을 탄생시켰다.

1990년대 초반에 10대 후반 20대 중반이던 X세대는 현재까지 한국의 대중문화를 장악하고 있다. 영화, 드라마, 대중음악계에서 배우, 감독, 작가, PD등 대중문화의 생산자이자 소비자로서 파워를 지니고 있다. 90년대 풍부한 문화적 자양분을 얻었던 그들이 20여 년이 지난 지금은 대중문화의 생산자가 되어 있다[3].

디지털과 아날로그의 만남 '디지로그 세대'

1990년 국내에서 처음으로 인터넷을 통한 국제 접속이 시작됐다. 1992년엔 하이텔 PC통신이 시작됐다. 그 당시 PC통신은 전화망을 통해 접속했기에 인터넷과 전화사용을 동시에 할 수 없는 불편함도 있었다. X세대는 PC통신을 놀이 수단으로 사용하며 활발한 동호회 문화를 만들어 나갔다. 1997년에는 인터넷 포털 사이트 '다음'이 국내 최초로 무료 이메일 서비스 '한메일'을 시작했다. '네이버'는 1999년 정식서비스를 시작했다. 포털 사이트가 생기면서 PC통신에서 인터넷으로 정보통신 문화의 중심이 급격히 이동했다. 인터넷의 발달은 게임 문화의 급성장을 가지고 왔다. 1998년에 출시된 〈스타 크래프트 1〉은 국내에서 선풍적인 인기를 얻었다[6].

지금 우리에게 스마트폰이 있다면 90년대에는 삐삐가 있었다. 이전까지는 집전화를 온 가족이 함께 쓰는 방식이었다면 삐삐는 개인 이동통신 수단의 시작이다. 삐삐는 연락을 받을 수만 있는 단방향 통신이라는 한계가 있었지만 개인주의 성향을 강하게 가지고 있는 X세대에게 나만의 고유번호라는 것은 큰 상징성이 있었다. X세대는 삐삐가 숫자만 보낼 수 있다는 한계를 숫자암호로 뛰어넘었다.[6] '486(사랑해), 8282(빨리빨리)' 등 창의성을 발휘해 숫자 대화를 만들어 나갔다. 1990년대부터 2000년대 초반까지는 통신수단의 변화가 빈번했다. X세대는 10여 년의 시간 동안 삐삐, 시티폰, PCS, 스마트폰을 모두 경험했다.

X세대는 회사에 입사했을 때 책상에 개인 컴퓨터가 놓여져 있던 첫 세대이기도 하다. 그 당시 이미 근무 중이던 B세대는 컴퓨터에 적응하는 데 어려움이 많았다. 타이핑을 못해서 독수리 타법으로 오랜 시간을 들여 문서작업을 마무리하는 상사도 있었다. B세대는 컴퓨터에 익숙해지는데 많은 어려움이 있었던 반면 X세대는 컴퓨터를 놀이처럼 만난 세대였다. 이들의 정보처리 능력은 사무업무에만 국한되지 않고 인터넷을 통한 검색과 정보습득 면에서도 빛을 발했다. X세대는 유년 시절의 아날로그부터 시작하여 청소년·청년기에 디지털을 만난 덕에 그 어느 것도 큰 불편함이 없는 디지로그(디지털 + 아날로그) 세대가 되었다.

리더가 된 X세대, 부모가 된 X세대

아날로그와 디지털을 모두 경험한 디지로그 세대인 X세대는 현재 조직에서 관리자의 자리에 있다. 최근 조직의 구성원으로 상당한 주목을 받고 있는 MZ세대의 등장은 세대 간 중재자로서 X세대 역할에 대한 중요성을 부각시켰다. X세대는 앞선 선배 세대의 정서와 언어를 이해하는 동시에 반항적이고 자유분방한 MZ세대의 생각에도 상당 부분 공감할 수 있는 세대이다. 또 위 세대처럼 성실하고 아래 세대처럼 탈권위적이면서 전 세대를 통틀어 가장 디지로그적인 세대다. 최근 세대 갈등이 20·30 세대와 50·60 세대 사이의 세대 전쟁 양상으로 치닫고 있는 상황에서 두 세대의 특징을 잘 이해하고 조율할 수 있는 40대의 '포용적 리더십', '브릿지 리더십'이 발휘되어야 할 때이다.[7]

가정에서의 상황을 보면 X세대가 부모가 된 지금은 부모와 자녀 간 교감과 소통이 이전 세대와는 많이 달라졌다. 앞선 부모 세대는 "우리 때는 다 알아서 컸지."라는 말이 당연했고 X세대 역시 일정 부분 알아서 큰 세대다. 하지만 X세대 부모는 자녀와의 소통뿐 아니라 정서적인 성장을 함께하며 보수적인 면에서도 어느 정도 융통성을 발휘하며 자녀들의 라이프 스타일을 존중해 준다.

시대와 세대에 옳고 그름은 없다. 하지만 X세대의 가장 큰 장점은 앞선 세대보다 조금은 더 깨어 있는 사고방식이 아닐까 생각한다. 자녀들과의 대화가 익숙하고 능숙한 세대, 자녀와의 거리를 최소화해서 단란한 가정을 유지해 나가는 부모가 바로 X세대이다.[8]

X세대는 가정과 조직에서 모든 세대를 연결하는 핵심 세대이다. 부모 세대는 60·70대, 자녀들은 10대 그리고 직장에선 20·30들과 긴밀히 엮여 있다. 이처럼 모든 세대의 연결고리가 되어 주는 핵심 세대, KEY 세대가 바로 X세대이다.

4
BX세대와 MZ세대의 컬래버레이션

MZ세대와의 컬래버레이션을 위해
BX세대는 무엇을 준비해야 할까?

MZ세대와의 행복한 공존을 위해 선배 세대가 가야 할 길

세대 갈등에 대한 한국리서치 조사, '세대 갈등으로 인해 누가 더 피해를 보는 것 같습니까?'라는 질문에 '나이가 어린 세대'라는 의견이 39%, '둘 다 비슷하다' 37%, '나이가 많은 세대'라는 의견이 21%였다. 세대 갈등을 해결하는 것은 어느 한 세대의 개인적 노력만으로 가능한 일은 절대 아니다. 하지만 선배 세대인 B세대와 X세대의 따뜻한 마음과 선제적인 노력이 함께해 준다면 행복한 공존으로 한 걸음 더 다가갈 수 있지 않을까 생각해 본다.

그렇다면 BX세대는 후배 세대와의 건강하고 행복한 공존을 위해 어떤 마음가짐이어야 할까? 또 그들과의 공통분모를 만들기 위해서는 어떤 노력을 하면 좋을까?

황혼의 청춘 B세대, New Sixty에게...

황혼의 청춘 B세대가 건강하고 트렌디한 60대가 되는 법, 후배 세대와 행복하게 공존할 수 있는 몇 가지 방법을 그들의 특징이 담긴 'NEW SIXTY'로 제안해 보려 한다.

Nest of our society: 우리 사회의 둥지역할 해 주기
Emotion intelligence in Relationships: 관계에서의 감성지능 활용하기
Way of seniority: 길 안내자 되어 주기
Showing a mature adult: 참된 어른의 이상형 보여 주기
Influence of goodness: 선한 영향력을 행사하기
Xenocentricism: 다른 세대의 다른 문화를 이해와 공감으로 받아들이기
Turn on the switch of thought: 생각, 사고의 전환하기
Yes, But: 긍정의 표현 먼저 쓰기

Nest of our society: 우리 사회의 둥지역할 해 주기
Emotion intelligence in Relationships: 관계에서의 감성지능 활용하기

B세대는 지금까지 삶을 살아오며 후배 세대보다 훨씬 더 다양한 경험을 해 왔다. 인생을 앞서 걸어온 선배 세대로서 후배 세대를 품어 주는 우리 사회의 든든한 둥지 같은 역할을 해 줄 수 있는 능력이 B세대에게는 있다. 때로는 후배 세대의 실수와 부족함을 감싸 안아 주는 너그러운 마음가짐을 가지고 그들의 감정과 마음을 깊이 헤아려 줄 수 있는 감성지능을 발휘해 보길 제안한다. 앞으로 이 사회를 짊어지고 나아갈 후배 세대가 힘들고 지치는 순간에 쉬어 갈 수 있는 따뜻하고 포근한 둥지 같은 역할, 선배 세대의 의무이기도 하다.

Way of seniority: 길 안내자 되어 주기

Showing a mature adult: 참된 어른의 이상형 보여 주기

이화여자대학교 석좌교수인 최재천 교수의 행보는 자주 이슈가 되곤 한다. 최근 SNS에서 화제가 된 사진이 한 장 있다. 국립생태원장 시절 어린이에게 상장을 전달하면서 눈높이를 맞추기 위해 무릎을 꿇고 상패를 전달하는 장면이 담긴 사진이다[9].

동물 행동학을 연구하는 최재천 교수는 상대방이 사람이든 동물이든 존중하는 언어를 써야 한다고 말한다. 상패를 전달하며 보여 준 작은 행동만으로도 지위 고하를 막론하고 상대를 존중하는 모습을 느낄 수 있다. 우리 B세대도 내가 더 윗사람이고 나이가 많은 세대라는 권위 의식을 조금 내려놓고 후배 세대에 대한 존중의 모습을 담은 세련된 어른이 되어 보자.

Influence of goodness: 선한 영향력을 행사하기

선한 영향력을 미칠 수 있는 방법은 다양하다. 종교적, 도덕적 가치에 바탕을 둔 기부가 될 수도 있고, 미래 세대와 소외 계층을 위한 사회적 투자도 방법이 될 수 있다.

MZ세대들이 인생의 멘토로 여기는 밀라논나. 온라인 콘텐츠 창작자이자 패션디자이너인 그녀의 책 〈햇빛은 찬란하고, 인생은 귀하니까요〉는 2021년 8월 발간 이후 판매 부수 6만 부를 돌파하며 베스트셀러가 되었다. 그는 이 책으로 발생하는 인세를 만 18세가 되어 아동복지시설을 퇴소해야 하는 보호 종료 아동의 자립을 위해 쓰겠다고 했다[10]. 이처럼 선배 세대가

선한 영향력을 실천할 수 있는 방법은 사회 시스템의 역할도 크겠지만 가장 중요한 건 당사자들의 마음가짐일 것이다.

대단하고 거창한 일이 아니어도 괜찮다. 지역사회 발전에 기여할 수 있는 재능기부도 방법 중 하나다. 내 마음가짐이 어떠한가에 따라 긍정적 영향력을 행사할 수 있는 방법은 우리 생활 곳곳에 숨어 있다. 이러한 작은 노력이 모이고 모이면 세대 간 공감대를 형성하는 사회적 분위기가 조성될 것이고 세대 간 신뢰 회복도 점진적으로 가능해질 것이다.

Xenocentricism: 다른 세대의 다른 문화를 이해와 공감으로 받아들이기
Turn on the switch of thought: 생각, 사고의 전환하기

앞서 이야기한 밀라논나는 한 신문기자와의 인터뷰에서 이렇게 말했다.

"살아 보니까 외제 차 사는 것보다 중요한 건 내 자식들 가슴에 '회복 탄력성'을 남겨 주는 거더라. 아이가 어떤 환경에서도 툴툴 털고 일어나 사회를 향해 뚜벅뚜벅 걸어갈 능력. 아이 내면에 이 에너지를 심어 주는 건 양육 기간 외에는 할 수가 없다."

"연봉이 아무리 높아도 남이 주는 건 월급이다. 월급 조금 더 받아도 빌딩 못 사고, 재벌 안 된다. 월급쟁이는 그냥 월급쟁이다. 그러니 너무 버겁지 않은 그 상태를 즐겨라. 너무 버거운 연봉을 받으면 불철주야 그것에 매달려야 한다. 매달리지 말고 자기 숨통 트이는 삶을 살아라[10]."

그의 인터뷰 답변 내용을 보면 조금 더 먼저 살아온 인생 선배의 따뜻한 마음은 물론 하루하루 열심히 살아가는 후배 세대에 대한 무한 지지와 공감이 느껴진다. 우리도 후배 세대에 대한 부정적 생각과 선입견을 조금 내려놓아 보자. 각자의 삶에 최선을 다하고 있는 그들에 대한 이해와 공감의 폭을 조금 더 넓혀 가려는 노력 또한 해 보자.

Yes, But: 긍정의 표현 먼저 쓰기

삶을 살아오며 했던 반복적인 경험들은 내 삶의 기준이 되고 신념이 된다. 우리는 이런 기준과 신념을 가지고 누군가를 판단하는 잣대로 쓰는 경우가 많다. 본인의 주관적 기준을 앞세우기 시작하면 상대방의 그 어떤 상황도 이야기도 볼 수 없고 들을 수 없게 된다. 혹시나 지금까지의 내 모습이 그러했다면 이제는 조금 달라져야 한다. 소통과 관계에 있어서 내 의견과 다르고 내 기준에서 벗어난다 하더라도 우선은 "Yes!!". '그럴 수 있다'고 인정하고 그 후에 조금 천천히 "But."이라고 나의 의견을 덧붙여도 늦지 않다. 다짜고짜 하는 "No!!"는 우리가 꼭 피해야 할 관계의 걸림돌이다.

젊은 중년 X세대, YOUNG FORTY에게...

젊은 중년 X세대, 조금 더 세련되고 합리적인 어른이자 선배가 되려면 어떤 모습이어야 할까? 그들의 특징이 담긴 'YOUNG FORTY'로 함께 생각해 보자.

Yesterday: 어제의 나 돌아보기
Open mind: 열린 마음으로 마주하기
United: 통합과 결합을 위한 공동체 의식
Network: 탄탄한 조직망 구축하기
Grap hands: 조용한 그만두기 속 인재 잡기
Fuel: 칭찬의 연료 넣어 주기
Occasional observation: 때로는 관찰자가 되어 보기
Relief of psychological: 심리적 안전감 심어 주기
Teaching VS. Learning: 가르치기 VS. 배우기
Yield of the highest: 최고의 산출량 향상을 위한 리더십

Yesterday: 어제의 나 돌아보기
Open mind: 열린 마음으로 마주하기

'개인주의적이고, 현실에 만족하지 못하고, 자신만의 길을 간다'고 많은 언론에서 이야기 했던 X세대의 모습은 요즘 시대의 신세대인 MZ세대의 모습과 매우 유사하다. 사회가 변하고 조직문화도 변한 것이 사실이지만 X세대의 본질은 변하지 않았다. 여전히 자유분방함을 추구하고 구속을 싫어하며 소비를 즐기는 젊은 중년들이다. 그 얘기는 누구보다 후배 세대에 대한 이해도가 높은 세대가 바로 X세대일 것이라는 거다. 후배 세대를 바라보며 '어제의 내 모습', '과거의 내 모습'이라는 생각을 가지게 되면 그들에 대한 마음의 문이 조금 더 열릴 것이다. 그러면 분명 우리는 그들을 조금 더 수용적인 마음으로 보듬고 이해할 수 있게 될 것이다.

United: 통합과 결합을 위한 공동체 의식
Network: 탄탄한 조직망 구축하기

X세대의 포용적 리더십이 필요한 지금!!
X세대는 B세대와 함께 생활하며 집단주의를 경험했고 그 덕에 공동체의 가치를 잘 알고 있다. 함께한 시간 덕분에 선배 세대인 B세대에 대한 이해가 어렵지 않을 것이다.

또 그들은 20대에 신세대라는 호칭을 들으며 개인의 개성과 자유를 주장했던 때가 있기 때문에 MZ세대에 대한 이해도 크게 어렵지 않을 것이다. 공동체 가치와 개인의 자유를 모두 존중할 줄 아는 세대가 바로 X세대이다. 이러한 X세대의 역할은 사회적으로 매우 중요하다. 갈등과 대립으로 점철된 우리 사회에 꼭 필요하고 중요한 세대라는 인식을 가지고 선·후배 세대 양측의 가교역할을 반드시 해야 한다.

Grap hands: 조용한 그만두기 속 인재 잡기
Fuel: 칭찬의 연료 넣어 주기

최근 미국 MZ세대 직장인들 사이에서는 '조용한 그만두기(Quiet quitting)' 열풍이 불고 있다고 한다. 최소한의 일만 하며 소극적 태도를 취하고 회사에 소속감을 느끼지 않고 거리를 두며 개인 생활에 집중하는 업무 태도를 말한다[11].

다른 세대에 비해 소속감이 낮고 인정욕구가 강한 MZ세대들에게 '인정'과 '칭찬'이라는 방법은 만족감을 높여 줄 수 있는 좋은 방법이다. 글로

벌 여론조사업체 갤럽은 설문조사 결과를 토대로 MZ세대는 BX세대와 비교해 더 많은 인정을 받고 싶어 하는 성향을 보인다고 분석했다. MZ세대는 다른 세대에 비해 기업에서 칭찬을 자주 받을수록 소속감이 강해지고 직장 만족도도 높아진다고 한다. 회사와 상사가 인정하는 태도를 취하면 자신이 존중받는다고 느낄 뿐 아니라 자신의 가치를 높게 평가하고 있다고 느껴 직장에서 더욱 활발하게 업무를 할 가능성이 커진다는 것이다[12].

조용한 퇴사를 막을 수 있는 '인정'과 '칭찬'이라는 연료를 적극 활용 해보기를 권한다.

Occasional observation: 때로는 관찰자가 되어 보기
Relief of psychological: 심리적 안전감 심어 주기

조직 구성원 간 솔직하게 의견을 제시하거나 본인의 부족한 부분이 드러나도, 무시하거나 불이익을 받지 않을 것이라는 믿음을 '심리적 안전감'이라 한다. 이러한 심리적 안전감은 상호 신뢰와 존중을 공유하는 건강한 공존을 위한 조직문화의 핵심 동인이 된다.

포용력 있는 리더라면 때로는 조용한 관찰자가 되어 조직 내 심리적 안전감이 필요한 사람이 누구인가를 살피고 관찰할 필요가 있다. 그 후 먼저 손을 내밀며 다가가 주어야 한다.

머릿속에 우리 조직 내 후배들을 한 명 한 명 떠올려 보자. 나의 따뜻한 관심이 필요한 후배는 누구일까? 누군가가 떠오른다면 조금씩 천천히 다가가 보자.

Teaching VS. Learning: 가르치기 VS. 배우기
Yield of the highest: 최고의 산출량 향상을 위한 리더십

    2016년 미국 작가 할 엘로드가 쓴 자기계발서 제목이기도 한 '미라클 모닝'은 이른 새벽에 일어나 나만의 시간을 가진 후, 이를 SNS에 인증하는 활동을 뜻하는 용어다. 얼핏 보면 과거에 유행했던 '아침형 인간'과 비슷해 보이기도 한다. 그런데 MZ세대에 따르면, 요즘 유행하는 미라클 모닝이 과거의 아침형 인간과는 다른 개념이라고 한다. 그들이 새벽부터 눈을 뜨는 건 단지 열심히 일하고 성과를 내기 위해서가 아니라, 세상에서 가장 소중한 '나 자신'을 아끼고 돌봐 주기 위해서라고 한다[13].

    우리는 여기서 후배 세대에게 '리추얼'이라는 것을 배울 필요가 있다. 리추얼은 '의식적인 절차, 의례'라는 뜻을 가지고 있다. 조금 더 의미를 담아 해석해 보면 무의식적으로 행하는 습관이 아닌 의지와 지속성이 담긴 활동을 의미한다. 대표적으로 미라클 모닝, 하루에 물 2L 마시기, 10,000보 걷기 등 삶에 활력을 불어넣는 일상적인 행동들이 이에 해당한다. 이러한 리추얼을 반복적으로 실행하면 생활 속 루틴이 되고, 루틴이 누적되면 좋은 습관으로 자리 잡는다.

    그렇다면 이제부터 리더십이라는 영역에 리추얼을 적용해 보자. 의지와 지속성을 가지고 반복적인 리더십 훈련을 하면 후배 세대를 향한 우리의 리더십은 한층 성숙해질 것이다. 이렇게 변화된 리더십은 최고의 팔로워를 내 곁에 세워 줄 것이고 팔로워들의 업무 산출량, 업무 성과 향상에 도움을 줄 것이다.

MZ세대 알아보기

지금까지 BX세대가 걸어왔던 길을 되돌아보며 앞으로 나아갈 길을 함께 고민해 보았다면 이제부터는 MZ세대의 이야기를 들어 보자. 그들에 대한 더 깊은 이해와 공감이 가능해질 것이고 그들과 더 행복하게 공존할 수 있는 방법을 배우게 될 것이다.

TOUCHING 터칭
—

04
챕터

MZ는 이렇게 걸어갑니다

한 세대에만 머물러 있는 세대는 없다! 한국 사회의 뜨거운 관심의 대상 MZ세대는 이제 세대 전환의 기로에 서 있다. 요즘 것들의 대명사인 'MZ세대'로 불리는 그들을 M세대와 Z세대로 각각 이해하고, 다른 세대와 함께 걸어갈 미래를 그려 본다.

1
세대 전환의 준비가 필요한 M과 Z

M과 Z는 왜 세대 전환의 준비를 해야 하는지 살펴보자.

뜨거운 관심의 대상, MZ세대

한국 사회는 MZ세대에 대한 관심이 어느 때보다 뜨겁다. 언론 기사뿐만 아니라 기업 마케팅, 투자 동향, 소비자 트렌드 조사, 심지어는 정치에서도 MZ가 언급된다. 특히 2022년 대선 당시 젊은 세대의 표심을 언론에서 집중시키면서 'MZ세대'에 관해 많은 사람들이 관심을 가지게 되었다. MZ세대는 밀레니얼 세대(Millennial)와 Z(Generation Z)세대의 합성어로 우리나라에서만 쓰는 세대 구분 용어이다. 두 세대에 대한 특징과 개념은 미국과 영국에서 나왔지만, M과 Z를 합쳐서 부르지는 않는다.

*이하 밀레니얼(Millennial) 세대를 M세대로 표기

가장 처음 MZ세대라는 용어를 사용한 곳은 20대 전문 연구기관 '대학내일 20대 연구소'가 2018년 11월 발간한 보고서 '트렌드 MZ 2019'이다. 이 보고서에서는 MZ세대를 1980년~2004년생으로 정의했다. 이후 언론과 각종 마케팅자료에서 'MZ세대'가 새로운 세대를 대표하는 용어로 자주 쓰이며 확산됐다[1]. 그 이후 각종 미디어에서는 기존 다른 세대와 구분되는 M

세대와 Z세대의 특성을 바탕으로 두 세대를 하나의 'MZ세대'로 묶어서 이야기한다.

하루에도 'MZ세대'를 제목으로 한 기사가 수십 개 이상 쏟아진다. 호기심을 자극하는 제목으로 클릭을 유도하는 한국 언론 특성상 대부분의 기사는 유독 두 세대를 묶어 'MZ세대' 단어를 오남용 하고 있다. 'MZ세대'라는 용어가 미디어나 마케팅, 언론에서 너무 많이 언급되다 보니 MZ세대에 대한 특징들이 당연한 것처럼 인식됐다.

사회적 세대 개념으로 MZ세대의 일반적인 특성으로 이해할 순 있어도 두 세대를 하나로 묶어서 규정하고 일반화하는 것은 주의해야 한다.

MZ세대를 하나로 묶어서 불러도 괜찮을까? 'MZ세대론'의 긍정적인 부분과 부정적인 부분에 대해서 살펴보자.

'MZ세대론'을 바라보는 두 가지 시각

일상생활에서 일반 사람들은 물론, 'MZ세대'라고 불리는 젊은 세대들도 이러한 용어를 평소에 잘 쓰지 않는다. MBC 예능 '라디오 스타'에서 MZ세대의 아이콘이라는 수식어가 부담스럽지 않냐는 MC 김국진의 질문에 이영지는 이렇게 답했다.

"MZ세대는 알파벳 계보를 이어 가고 싶은 어른들의 욕심이 아닐까요? 왜냐하면 젊은 세대들은 본인이 MZ세대라는 걸 전혀 모르거든요."

실제로 한국리서치가 2022년 2월 25일~28일 진행한 '한국 사회의 세대 구분 방식'에 대한 인식조사 결과에 따르면 사람들이 생각하는 MZ세대의 범위는 16세~31세로, 사실상 M세대 후반과 Z세대만을 MZ세대로 인식하고 있다. MZ세대에 대한 정의와 사람들이 실제 생각하는 MZ세대의 범위에 차이가 있다는 조사 결과는 MZ세대라는 명칭이 당사자들의 의견은 반영하지 않은, 필요에 맞게 합쳐지고 정의 내려진 것이기 때문일 것이다[2].

MZ세대론에서 중요한 것은 이를 이해하고 해석하는 부분이다. 부정적인 시각으로 전문가들은 이러한 세대론들이 자칫하면 다른 세대를 거부하거나 차별하는 도구로 쓰일 수 있다는 점을 우려한다. 지나치게 '다른 특성'만을 강조하다 보면 오히려 편견과 오해가 발생할 수 있고 서로를 이해할 수 있는 부분이 줄어들 수 있다는 것이다.

그렇다고 부정적으로만 볼 것은 아니다. MZ세대론은 '서로가 서로를 이해하는 도구'로 활용할 수 있다. MZ세대는 사회를 주도하는 선배 세대의 상대 개념으로 해당 세대 구성원의 일반적 특성을 이해하기 위해서는 필요하다. 그리고 MZ세대가 젊은 세대를 대표하게 되면서 후배 세대의 목소리에 힘이 실리게 되는 긍정적인 면도 존재한다. 후배 세대의 목소리가 다른 세대에 어떤 긍정적 영향을 주는지 살펴보자.

선배 세대로 진입한 M과 알파를 후배로 맞이할 Z

이 책에서는 MZ세대를 '특성적 세대'로서 1981년~1995년에 태어난 'M세대'와 1996년~2010년에 태어난 'Z세대'로 구분한다.

주류 세대로서 관심의 중심에 있던 MZ세대도 시대의 변화에 따라 세대

전환의 기로에 섰다.

M세대의 시작인 1980년대 초반 출생자들이 40대에 진입했고, 나머지 M세대의 대부분도 30대가 되었다. M세대로 불리는 이들은 조직에서 관리자로, 리더로 근무하면서 사회적 세대인 '선배 세대'에 진입했다.

앞에서 언급한 '한국 사회의 세대 구분 방식' 설문조사 결과에 'MZ세대' 범위에 들어가는 연령에 대한 응답에 따르면 16세~31세를 MZ세대로 본다고 했다. 이것은 40대로 진입한 M세대가 선배 세대로 접어들었다는 내용과 통하는 부분이다.

새로운 주류인 Z세대도 2011년 이후에 태어난 떠오르는 신세대 알파를 후배 세대로 맞이할 준비를 해야 한다. 단순히 Z세대의 다음 세대가 아닌 완전히 새로운 세대로 떠오르고 있는 알파 세대에 대한 관심과 이해가 필요하다.

앞장에서 살펴본 것처럼 세대를 구분하는 것은 서로가 서로를 이해하는 측면으로 활용해야 한다. 이를 통해 후배 세대와 선배 세대에 대해 이해하고 더욱 열린 마음으로 수용하려는 노력이 필요하다. 세대 간 오해와 갈등을 풀기 위한 첫 단추는 서로에 대한 이해이다.

각 세대는 서로를 이해하기 위해 얼마나 노력하고 있을까? 한국리서치가 2022년 2월 25일~28일 진행한 여론조사 결과를 보면 연령대별로 세대를 이해하기 위한 노력에 온도 차이가 느껴진다[3].

청년 세대는 중·장년 세대를 이해하기 위해 노력한다. 29%
중·장년 세대는 청년 세대를 이해하기 위해 노력한다. 45%

청년 세대는 중·장년 세대를 이해하기 위해…

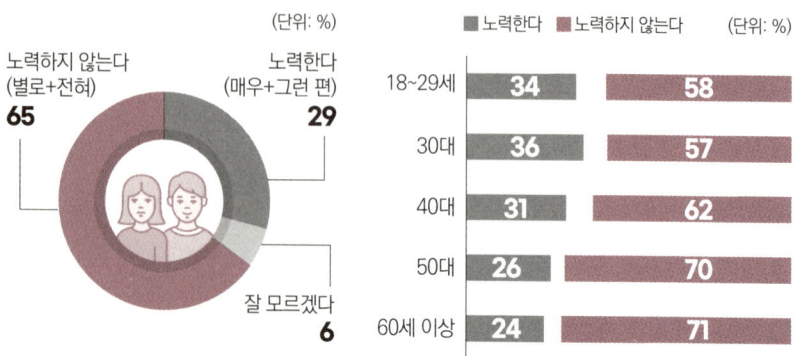

중·장년 세대는 청년 세대를 이해하기 위해…

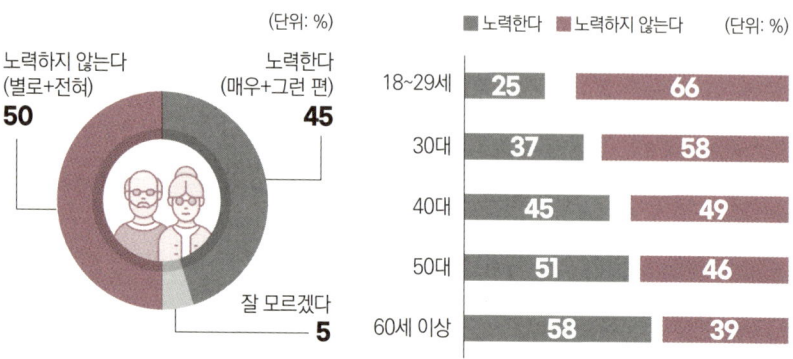

질문: 다음 각각에 대해 어떤 의견이십니까?
표본 수: 1,000명
조사기간: 2022. 2. 25~28

한국리서치 정기조사 여론속의 여론(hrcopinion.co.kr)

    20대와 30대는 청년 세대가 중, 장년 세대를 이해하기 위해 노력한다는 응답도, 반대로 중·장년 세대가 청년 세대를 이해하기 위해 노력한다는 응답도 낮아 전 세대의 노력이 부족하다는 입장이었다. 50대와 60세 이상에서는 과반 이상이 중·장년 세대가 청년 세대를 이해하기 위해 노력한다고 답한 반면, 청년 세대가 중·장년 세대를 이해하기 위해 노력한다는 응답은 25% 수준에 그쳤다.

이 설문조사 결과에 따르면 40대 이상의 선배 세대는 후배 세대를 이해하기 위해 노력하는 반면 후배 세대는 노력하지 않다고 생각한다는 것을 알 수 있으며, 30대 이하의 후배 세대는 선배 세대를 이해하기 위한 노력이 부족하다는 것을 스스로 느끼고 있다는 것을 알 수 있다. 그렇다면 이제는 후배 세대도 선배 세대를 이해하기 위한 노력을 해야 하지 않을까?

M세대는 B세대의 자녀이자 X세대의 후배로서 영향을 받았고, Z세대는 X세대의 자녀이자 M세대의 후배로서 그들의 영향을 받았다. 서로가 영향을 주고받으며 살아가기 때문에 한 세대를 이해하기 위해서는 다른 세대도 함께 이해해야 한다.

일부는 같고, 일부는 다른 M과 Z

MZ세대는 다른 점도 많지만 MZ세대 전체가 유사한 경향을 띠는 경우도 많다. 특히 디지털 세대인 만큼 온라인을 자유자재로 활용해 자신들의 목적을 달성하는 데 자연스럽다는 점이다. SNS상에서 해시태그를 통해 사회적 챌린지나 캠페인에 동참하는 것이 대표적인 예이다. 주로 활동하는 플랫폼은 서로 다를 수 있지만, 온라인 플랫폼을 활용해 목적을 달성하는 특성은 같다. 집단의 가치보다 개인의 가치를 우선하는 점, 끈끈하고 친밀한 관계보다는 느슨한 연대를 추구한다는 점, 불확실한 미래의 성과보다는 소소하고 확실한 성취를 중요하게 생각하는 점, 재미를 추구하면서 사는 점도 유사하다.

자신들 삶의 가치 향상을 위한 것에 기꺼이 소비하고, 절약이나 저축보다는 지금 누릴 수 있는 일상의 행복에 아끼지 않고 지갑을 연다. 디지털 기기에 익숙하고 정보 검색을 잘하다 보니 제품을 구매할 때 가격 비교와 소비자 리뷰 등을 꼼꼼하게 살피는 것도 유사하다.

구체적인 방법과 방식은 다를 수 있지만 전반적인 가치관은 B세대와 X세대를 비교했을 때에 비해 M세대와 Z세대는 서로 비슷한 면이 있다[4].

그렇지만 M세대는 M세대이고 Z세대는 Z세대다. M세대와 Z세대 사이의 유사성이 있지만 과도하게 일반화하거나 남용하는 것은 주의해야 한다. 세대 구분은 세대 간의 특성을 좀 더 잘 알아 가기 위함이므로 시대적 흐름과 사회적 배경 안에서 살펴봐야 한다.

이 책에서는 MZ세대의 공통적인 특성과 M세대와 Z세대 각각의 특성으로 구분하여 생각하려고 한다. 그렇다면 M세대와 Z세대는 어떤 부분이 다르고, 유사한지 자세히 알아보자.

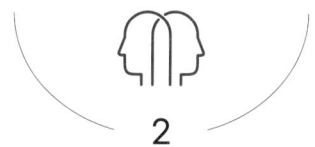

2

합리의 세대, M세대

현실적 성취와 공정이 중요할 수밖에 없는
M세대의 걸어온 이야기를 들어보자.

M세대가 자라 온 세상

"알면 이해되고, 이해하면 사랑하게 된다."라는 말은 동물학자 최재천 교수의 유명한 말이다. '요즘 것들'로 주목받은 M세대는 선배 세대에게는 이해가 안 되는 후배 세대였다.

'요즘 세대는 이해가 안 된다'는 것은 M세대가 지닌 기존 세대와 확연히 다른 특성이 낯설기 때문일 것이다. 낯설어서 불편하다면 우선 그 세대를 알아 가는 것이 필요하다. 최재천 교수의 말처럼 알면 이해되고, 더 나아가 애정을 가지게 될지도 모른다. M세대가 어떻게 자라고 살아왔는지, 경제·사회·문화에 어떤 영향을 주었는지 알아보자.

1981년~1995년 태어난 M세대는 대체로 B세대의 자녀들이다. 저 출산 시대에 태어나 핵가족이 일반화된 세대이다. 가정 형편의 이유로 원하는 공부를 하지 못했다고 생각하는 부모들의 영향을 받아 대학 진학률이 높고, 높은 교육수준으로 이전 세대보다 뛰어난 스펙을 갖췄다.

인터넷이 보급되면서 싸이월드, 블로그 등의 1인 미디어 시대에 돌입하였고, SNS가 보편화된 세대이다. 1인 1 휴대전화 시대이며, 스마트폰 시대가 시작된 시기이기도 하다. 이들이 자라 온 유년기는 디지털 격변기이자 본격적인 글로벌 시대가 시작된 때이다.

유년기에 이들은 경제 성장과 디지털 혁명의 혜택을 받으며 자랐다. M세대가 태어난 1980년대부터 1990년대 중반까지 한국은 고성장의 마지막 절정기를 달렸다. 저유가·저금리·저달러의 '3저 호황' 속에 경제는 매년 10% 정도씩 급격히 성장했다. 그리고 1996년에는 '선진국 클럽'인 경제협력개발기구(OECD)에 가입했다.

이들은 '가장 축복받은 세대'로 불렸지만 시간이 지나면서 '부모보다 가난한 첫 세대'로 불리며 상황이 달라졌다. 청소년기에 IMF를, 성인이 되어서는 글로벌 금융위기를 겪었다. 전 세계적으로 고성장의 시대가 끝나고 저성장 시대에 접어든 시기다. 그렇다 보니 사회에 첫발을 딛는 것부터 쉽지 않았다. 2008년 미국 발 금융위기 이후 기업들의 채용이 줄면서 취업난은 한층 더 심해졌다. 1990년대 초·중반 5% 정도였던 청년실업률은 10%대로 높아졌다. 어렵게 취업전선을 통과하자마자 학자금 대출부터 갚아야 했고, 그다음에는 내 집 마련까지 걱정해야 했다. '조금 참고 노력하면 취직되고, 승진하고, 소득은 늘 것'이란 희망이 깨지면서 '헬 조선'이란 자조 섞인 신조어까지 나왔다. M세대는 유례없는 청년실업과 저성장 속에 'N포 세대'(2015년 신조어로, 어려운 사회적 상황으로 인해 취업이나 결혼 등 여러 가지를 포기해야 하는 세대를 뜻하는 말)란 별칭을 얻었다.

선배세대는 M세대의 현실부정(헬조선)과 자포자기(N포세대)를 우려한다. 사실 이들은 일을 제대로 배우고 더 잘 해내고 싶은 열정과 개인적 성취에 대한 의지가 누구보다 강한 세대이기도 하다. 이런 신조어들은 모든 것을 포기하겠다는 것보다 포기해야 할 것이 갈수록 늘어나고 있다는 의미다.

이런 사회적 배경과 시대적 현상들은 이들에게 다른 세대와는 다른 독특한 특징을 만들어 줬다. 곽금주 서울대 심리학과 교수는 "M세대는 고성장에서 저성장, 아날로그에서 디지털로 급변한 한국 사회의 과도기를 거친 사람들"이라며 "당차고 자기중심적이면서도 불안과 자조에 시달리는 양면성을 지니고 있다."라고 설명하기도 했다[5].

M세대들은 어떤 다른 특징들을 가지고 있는지 알아보자.

내가 세상의 중심인 세대

M세대의 대표적인 특징 중 하나는 세상의 중심을 '나'로 본다는 것이다. 〈타임〉지는 M세대에 대해 '나, 나, 나 세대(Me, Me, Me Generation)'라고 언급하기도 했다.

M세대는 유년 시절 경제적인 발전에 힘입어 물질적인 풍요를 누리면서 성장하였고 형제자매가 적은 핵가족의 형태로 부모로부터 아낌없는 지원을 받았다.

이들은 개인주의 성향이 강하고 자율성과 개성을 중요하게 여긴다. 즉 선배 세대가 근면성, 안정성, 성실성을 중요한 가치로 여긴다면, M세대는 자기중심적인 사고방식을 바탕으로 자율성, 독립성, 효율성 등을 중요하게 여기는 세대라고 할 수 있다.

이런 환경에서 성장한 탓에 자기 주관과 개인주의적 성향이 강하고 개인의 발전과 자아 성취를 중요하게 여긴다. 개인으로서의 자신에게 관심이 많기 때문에 자신의 일상과 행복, 성장을 중요하게 여기는 것도 특징이다. 나만의 시간과 개인이 추구하는 가치가 중요한 세대로서 '인맥이 자산'이라 여기고 인적 네트워크에 집중했던 B세대나 X세대와는 달리 인맥을 관리할 시간에 나 자신에게 집중하자고 생각한다.

M세대 직장인 B씨는 2019년 대한상공회의소 '직장 내 세대 갈등과 기업문화 종합진단' 설문조사 인터뷰에서 이렇게 말했다. "마음 맞는 사람과 친하게 지내는 것은 당연하지만 모두와 친할 필요는 없다고 생각해요. 안 맞는 사람과 억지로 친해지려 허비하는 에너지와 시간이 아까워요. 인맥 관리할 시간에 나 자신에 집중하고 싶어요.[6]" 선배 세대에게 '퇴근 후 삶'은 업무의 연장이거나 다음 날 일을 더 잘하기 위해 잠깐 휴식을 취하는 시간이었지만, 이들에게는 나에게 투자하는 시간으로 바뀌었다. 또한 M세대는 이전 세대보다 자유롭고 형식에 구애받지 않는 조직 문화를 원하고 지위고하를 막론하고 자신의 의견에 대해 적극적으로 주장하는 세대로 매사에 자신감 있고 확신에 차 있다.

지난 2019년 EBS 캐릭터 '펭수'는 젊은 세대를 중심으로 크게 인기를 끝었다. 귀여운 펭귄 모습을 한 캐릭터 펭수는 "힘든데 힘내라고 하면 힘이 납니까?"라고 말하는 당돌함으로 '직장인들의 대통령'으로 많은 주목을 받았다. 후배 세대가 직장·학교에서 갖고만 있던 생각을 말로 표현해 준 창구였던 셈이다. 펭수는 수시로 자신의 상사인 EBS의 사장 이름을 막 부르는가 하면, 경쟁 회사 사장 이름도 부르면서 밥을 사 달라고 한다. 심지어 자기 때문에 회사가 돈을 벌었으니까 나한테 대우를 잘해 달라고 한다. 이제까지 본 적 없는 신입 사원의 캐릭터인 셈이다. 일부 사람들이 이렇게 버릇없이 굴면 해고된다고 말하면, 해고되면 다른 회사로 가면 된다고 말을 한다. 권위로써 자신보다 어리거나 지위가 낮은 사람을 누르려는 선배 세대에게 할 말을 하고, 아닌 건 아니라고 말한다. 자신들의 마음을 대변해 주고, 자신들의 모습을 닮아 있는 펭수를 M세대들은 마음에 들어 했다.

공정에 민감한 합리의 세대

2021년 주요 대기업을 중심으로 성과급에 대한 이슈가 있었다. SK하이닉스의 4년 차 기술 사무직 직원 C씨가 대표를 비롯한 전 임직원에게 '성과급 산정 기준과 경쟁사보다 성과급이 적은 이유를 명확하게 밝히라.'고 요구하는 메일을 보내 화제가 된 것이다.

많은 언론에서 이러한 현상의 원인을 공정성을 중요시하는 젊은 세대가 성과급에서도 투명한 평가와 공정한 보상을 원하기 때문이라고 분석했다. 2019년 대한상공회의소 '직장 내 세대 갈등과 기업문화 종합진단'에서 직원들이 인식하는 한국 기업의 공정성은 낮은 수준으로 나타났는데 주요 원인이 바로 성과 또는 보상 제도였다[7].

직장인 익명 게시판에 올라온 성과급 논란 관련 주요 기업 직원들의 댓글을 보면 이들의 생각을 엿볼 수 있다.

A기업 직장인
"경쟁사는 성과급 설명회를 가졌는데 우리는 언론에 나고 알았다."

B기업 직장인
"더 받겠다는 것이 아니다. 우리는 투명한 성과급기준 공개가 더 중요하다."

C기업 직장인
"내년에도 열심히 일하면 성과급이 오를 거라고? 그 말을 믿어야 하나?"

D기업 직장인
"임원들은 위기경영 외치면서 본인들 성과급은 최고 수준으로 챙긴다."

E기업 직장인
"임원이 자의적 판단으로 성과급 수준 결정... 성과급 '계산식'을 알려 달라."

업무성과에 대해 투명하게 평가받고 공정하게 보상받길 바라는 마음은 모든 세대가 같을 것이다. 선배 세대에서도 M세대처럼 크게 표출하지 못했을 뿐 같은 욕구를 가지고 있었다.

그럼에도 성과급 이슈가 더욱 크게 주목받고 있는 것은 이들이 가진 투명한 평가와 공정한 보상을 당연하게 생각하는 부분과 조직문화의 환경 변화가 맞물렸기 때문이다.

　장기적인 전망에 따라 현재를 희생하는 선배 세대들과 달리, M세대는 나의 성장과 발전을 위해 더 나은 곳이 있다면 회사를 옮기는 것이 당연하다고 생각한다. 한 회사에 너무 오래 근무하는 것을 무능력의 지표라고 생각하는 사람들도 있다. M세대는 10년 후, 20년 후의 장기적이고 불확실한 보상을 기대하는 것보다 일한 것에 대해 공정하면서도 즉각적인 '현재의 보상'을 원한다.

　M세대가 공정한 보상에 대해 민감한 이유는 뭘까? 이것은 저성장이 지속되는 경제 침체기에 자라난 그들이 봐 온 외부환경과 밀접한 연관이 있다. 선배 세대보다 공정성에 민감하게 반응하는 것은 이들이 훨씬 예민하기 때문이 아니라 이들에게는 공정이 더 직접적인 생존의 문제였기 때문이다. 이른 시기부터 시작된 경쟁과 끊임없는 평가 속에서 자라나 공정이 무엇보다 중요한 규칙이다. M세대는 객관적인 평가를 거치며 엄격한 입시를 치렀다. 그리고 그보다 더 혹독한 취업문을 뚫고 입사한 이 세대들은 공정성이 조직에 요구하는 가장 필수적이고 중요한 가치가 되었다.

　성과급은 '보상'이 아닌 '나의 노력에 대한 정당한 대가'를 의미하는 매우 실용적 개념이다[8]. 내가 노력해서 받는 성과인 만큼 내 노력의 크기에 적합한지 그 합리성을 평가한다.

　지금까지 성과급에 대해 "그래서 얼마를 준다는 거야?"라며 결과에 관심을 가졌다면, M세대들은 "그래서 어떤 기준으로 준다는 거야?"라며 보상의 기준이 무엇인지, 나의 예상과 어떤 부분에서 다른지 등을 알고 싶어

한다.

이들에게 공정이란 능력주의의 다른 표현으로 능력에 따른 차등이 공정하다고 생각한다. 개인의 능력이 족벌주의, 연공서열 등의 가치에 비교해 훨씬 더 공정하다고 여기고 자신들의 업무 능력과 성과에 비해 납득이 안 된다고 생각되는 성과급에 강하게 반발한다.

고위공직자 자녀의 부정 입학 논란이나 공공기관의 정규직 전환 논란 등에 분노하는 것도 능력에 의한 결과를 기대하는 기본 가치를 침해하는 사건이기 때문이다.

선배 세대들은 조직을 떠나 자신의 모습을 따로 생각하지 않았고, 조직의 기준에 맞춰 사는 것을 당연하게 생각했다. 급여나 승진과 같이 직장에서 결정하는 사안에 대해 그냥 받아들이는 분위기였다. 그러나 M세대는 현재 몸담고 있는 조직을 평생직장으로 생각하지 않으며 얼마든지 이직이 가능하다고 생각한다. 조직은 M세대를 중심으로, 문제라고 생각하는 사안에 대해 목소리를 높여 이의를 제기하는 문화로 변해 가고 있다. M세대가 추구하는 공정은 절대적 기준의 평등이 아닌, 자신이 납득할 만한 합리성이 중요하다.

디지털 기반 삶이 익숙한 첫 세대

M세대는 1980년대 개인용 컴퓨터의 소유, 1990년대 인터넷과 휴대전화의 도입, 2000년대 스마트폰 시대 개막이라는 디지털 환경의 변화 과정

속에서 살았다. 청소년기부터 인터넷을 사용해 IT 기술과 SNS 등에 친숙하고 능숙한 첫 세대이다. 학창 시절 MP3 플레이어 출시, 삐삐, 시티폰, 휴대전화, 스마트폰으로의 모바일 기기 변신을 직접 경험하고 다양한 기술 출현을 연속적으로 경험했다. 그렇다 보니 M세대는 새로운 기술에 대한 거부감이 적은 편이고 혁신기술을 적극 사용하는 세대가 되었다. 어릴 때부터 인터넷으로 세상을 '접속'하고 정보탐색, 구매, 게임, E-메일, 커뮤니티 활동 등 다양하게 활용한다. 즉, 디지털 세상은 이들에게 일상생활 자체이고, SNS를 통해 정보를 공유하고 소통하는 것이 당연하고 편하다.

또한 인터넷 기반 커뮤니티 채널을 경험해 지금도 커뮤니티적인 특성이 계속되고 있다. 앞에서 다루었던 성과급 논란이 있을 때 온라인 소통이 일상인 이들은 침묵하지 않고 블라인드, 잡플래닛, 카카오톡 오픈채팅 같은 SNS로 이슈를 공론화했다. 계열사 간, 업종 간 디지털 연대를 하며 경영진을 공개적으로 압박하는 등 자신들의 의견을 표출했다. 이를 계기로 삼성, LG전자, 현대자동차, 네이버 등에서는 사회 전반을 뒤흔드는 이슈를 시작으로 기업에서 사무직 노조까지 설립됐다.

공론화가 필요한 이슈에 대해 오프라인 집회와 시위에 대한 일반적인 모습이 바뀐 것은 2016년 이화여대 학생들의 미래 라이프 대학 설립 반대, 구의역 스크린도어 사건에 대한 추모이다. M세대의 온라인 태그 연대의 힘은 이전과는 다르면서 효과적이었다. 가장 큰 차이는 온라인에서 논의가 시작되고, 누구나 쉽게 참여하면서, 온라인으로 널리 빠르게 확산시켰다는 것이다. 정해진 시간과 장소에 모이지 않아도 자신의 SNS에 참여 인증을 올리는 방식으로 다수의 참여를 이끌었고 추모와 분노의 여론을 확실히 드러낼 수 있었다[4].

온라인으로 정보 검색 및 콘텐츠를 직접 만들고 멀티미디어를 활용하는 데에 능숙하기 때문에 비판과 저항에 머물지 않고 온라인을 활용해 대안을 만들 줄도 안다. 개인과 단체, 기업과 사회에 책임 있는 경영과 행동을 요구하고 자신들의 목소리를 SNS를 통해 적극적으로 표현하고 있다.

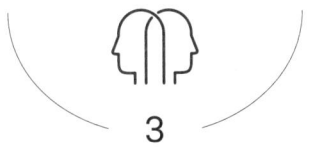

3
가치의 세대, Z세대

M세대와 또 다르게 살아가는
Z세대의 진짜 이야기를 알아보자.

대한민국의 Z세대

　Z세대는 1996년~2010년에 태어난 세대로 Y세대(밀레니얼세대)의 뒤를 잇는 세대이다. 새로운 주류 세대인 Z세대는 그냥 '좀 더 유별난 요즘 애들'이 아니다. MZ세대로 같이 묶여서 불리지만 바로 위 세대인 M세대와는 태생부터 사고방식과 라이프스타일이 다르다. 일부 전문가들은 Z세대와 M세대의 차이가 M세대와 X세대의 차이만큼 크다고 말한다. 그 배경에는 M과 Z의 부모 세대와 IT 기술발전, SNS 활용, 세계 경제 등 사회경제적 상황이 골고루 있다. Z세대와 M세대가 서로 다른 가장 큰 이유는 부모 세대가 서로 다르기 때문이라는 의견이 다수이다.

　Z세대는 X세대(1966년~1980년 태어난 세대)의 자녀 세대이다.
　Z세대의 부모들은 발해를 꿈꾸던 '서태지와 아이들'로 대표되는 X세대가 대부분이다. X세대는 '나' 중심적이며 개성을 존중하고 자신의 주장을 솔직하게 표현하기 시작한 첫 세대라 할 수 있다. 우리나라 역사에서 가장 진보적인 세대로 기억될 만한 X세대의 특성은 그들의 자녀에게 자연스럽

게 전달됐다. 어느 세대보다 개성이 뚜렷한 Z세대는 개인주의, 다양성 추구, 일과 삶의 균형을 중요하게 여기는 가치로 표현하는 등 X세대가 꿈꾸던 자유롭고 진보적인 가치관을 고스란히 물려받았다. 제품의 소유보다 공유, 상품 자체보다 경험, 활발한 SNS 활동과 수평적 인간관계로 정의되는 특징은 자칫 M세대의 가치관과 비슷하지만, Z세대에서 훨씬 더 두드러지는 이유는 전혀 다른 성향을 지닌 부모가 바탕에 있기 때문이다[9]. 일과 삶의 균형을 생각하기 시작했던 X세대는 가족과 함께하는 시간이 많았다. 산업화의 중요한 역할을 했던 B세대 아버지가 M세대 자녀에게 소원했던 것과 비교된다. M세대가 부모 세대에게 저항의 마음을 가지고 있다면, Z세대는 부모의 성향과 가치관을 당연하고 자연스럽게 받아들인다.

이들은 1990년대 경제 호황기 속에서 태어났지만, M세대와 달리 한 번도 호황기 혜택은 누려 보지 못한 세대다. 청소년기에 글로벌 금융위기를 겪고, 저성장·저고용·저금리 '3 저 불황'이 정착된 시기를 살아가고 있다. 사회적으로도 경제적으로도 양적 성장과 진화를 거듭하는 시기는 당분간 오지 않을 것이라는 전망이다. 부모 세대가 2008년 금융위기로 인해 경제적 어려움을 겪는 것을 보고 성장했기 때문에 안정성과 실용성을 추구하는 특징이 있다. 이러한 사회경제적 배경은 Z세대의 삶 전반에 영향을 주었다. 그들은 브랜드보다는 개성과 실속을 중시하고, 소비를 할 때도 '남에게 어떻게 보일 것인가'보다 '스스로에게 얼마나 큰 만족감을 줄 수 있는가'를 기준으로 여긴다.

디지털의 아이들, 디지털 네이티브

이들은 아날로그와 디지털 문화가 혼재되어 있는 환경에서 성장한 M세대와 달리, 어린시절부터 디지털 환경에서 성장한 '디지털 네이티브(Digital Native · 디지털 원주민)'라 불린다. 2000년 초반 정보기술(IT)발전과 함께 성장한 이들은 유년 시절부터 인터넷 등의 완성된 디지털 환경에서 자라 아날로그 환경을 체험하지 못한 첫 번째 세대다.

M세대가 디지털이 익숙한 세대라면, Z세대에게 디지털은 일상이고 삶인 것이다. 이들은 일찍이 디지털을 경험한 부모 세대의 영향으로 IT에 대한 이해도 자체가 높은 편이다. Z세대는 스마트폰을 사용하면서 자라난 세대로 의사소통의 주된 통로 역시 휴대전화가 크게 차지한다. 트렌드에 민감하고 즉각적으로 반응하는 성향으로 동영상, 웹툰, 게임 등 멀티미디어 콘텐츠 관련 앱 이용 비중이 높다. Z세대 트렌드의 근원지는 SNS이다. 틱톡, 인스타그램, 트위터, 유튜브, 트위치 등은 Z세대가 많은 시간을 보내며 사용하는 대표적인 앱들이다. 텍스트보다는 이미지로 소통하며, SNS를 통해 주로 정보를 취득하는 특성이 있다. 일상생활이 온라인에 연결된 세대답게 다양한 SNS를 사용하며 남들과 공유하는 것을 좋아한다. 주변 지인이나 학교 친구들 외에도, 해시태그 등으로 취향이 통하는 사람들을 찾고 정보 등을 공유하며 관계 맺기를 한다.

Z세대는 관심사를 자신의 SNS에 공유하고 콘텐츠를 생산하는 데 능숙하다. 이들은 재미있는 영상을 발견하면 단순히 공유하는 것이 아니라, 친구들과 또는 부모님과도 함께 챌린지 영상을 찍으면서 즐긴다. 콘텐츠를

소비하는 동시에 생산하는 주체가 되는 것이다[4]. '챌린지'처럼 영상을 통해 목소리를 내는 것에 머물지 않고, 댓글과 게시글 등 SNS를 이용한 다양한 방법으로 양방향 소통을 한다. SNS 활용이 능숙한 Z세대는 어떤 현상이나 이슈에 대해 의견을 내는 것에도 자연스럽다. 이런 부분들로 인해 기업은 기획 및 유통, 홍보 등의 과정에 젊은 세대 고객을 참여시키고 있다. 더 나아가 이들의 의견이 제품이나 굿즈 출시에 반영되는 경우도 많다. 최근 식품업계는 젊은 세대를 대상으로 소비자들의 의견이 반영된 조리법을 적극 반영한 '모디슈머(Modisumer)' 마케팅을 하고 있다. 모디슈머는 수정하다(Modify)와 소비자(Consumer)가 합쳐진 용어로 업체가 제공한 기존의 제품을 본인의 개성에 맞게 재창조한 방식으로 즐기는 소비자를 뜻한다.

자취생 B씨는 자신이 평소에 해 먹는 간편한 레시피를 SNS에 공유하면서 인기를 끌었다. 기업들은 자취생 B씨와 같은 소비자들이 SNS상에 올려 화제를 모은 레시피를 착안해 제품을 출시하기도 한다. 농심은 소비자들 사이에서 유행하는 레시피를 활용해 카레와 너구리를 혼합한 '카구리'를 출시하였다. 오뚜기는 컵라면으로 만든 볶음밥 레시피가 화제된 것을 활용한 간편식 제품인 '진라면 볶음밥'을 출시했다. 맛과 비주얼에 재미의 요소를 더한 '모디슈머' 마케팅은 Z세대를 중심으로 당분간 계속될 전망이다.

ESG 가치 소비를 실천하는 Z세대

형편이 어려운 어린 형제에게 치킨을 무료로 제공한 치킨집 사장 이야기가 화제가 된 적 있다. 형제에게 대가 없이 치킨을 만들어 주고, 이후에도 찾아온 동생을 미용실에 데려가 머리까지 잘라 주었다는 사실이 SNS상에서 이슈가 되었다. 사연에 감동한 사람들이 이른바 '돈쭐'('돈'과 '혼쭐'을 결합한 신조어로 돈으로 혼내 준다는 의미) 내 주겠다며 주문이 폭주했다는 이 사례는 선한 영향력을 보여 주는 회사나 가게에 소비자들이 어떻게 반응하는지를 잘 보여 주고 있다. 가심비, 미닝아웃(소비를 할 때 신념·Meaning을 적극적으로 드러내는·Coming out 줄여 Meaning out이라 부름), 돈쭐 등의 단어는 젊은 소비자들이 SNS에 자주 쓰는 말이다. 제품 구입 시 가격만큼이나 사회적 영향과 심리적 만족을 중요시하는 새로운 소비 트렌드인 'ESG'가 Z세대 일상의 일부가 됐다는 분석도 나오고 있다.

ESG 가치 소비란 환경·인권 보호 등 공익적 의미를 담은 제품에 자신의 가치를 부여하고, 이런 가치에 높은 만족감을 주는 제품이나 서비스를 적극적으로 소비하는 것을 말한다. 이들에게 중요한 것은 단순한 브랜드가 아니라 기업의 경영 가치이다. 기업이 사회 문제에 책임감을 가지고 행동해야 한다는 생각이 제품구매의 한 가지 기준이 된 것이다.

휴대전화에 익숙한 Z세대는 SNS를 통해 자신의 가치 소비 경험을 공유하고, 시장과 산업의 트렌드에 영향을 주고 있다. 이들은 SNS를 통해 각종 이슈에 능동적으로 참여하고 있다. 사회적으로 문제가 있는 상품에 대한 불매 운동을 벌이거나 기존 브랜드를 대신할 방안을 추천하는 등의 영향력을 행사한다. 소비를 통해 자신들의 신념을 표현하는 '가치 소비 트렌드'는 앞으로 더욱 강화될 것으로 보인다[10].

대한상공회의소 'MZ세대가 바라보는 ESG 경영과 기업인식 조사'에 따르면 Z세대의 94%는 기업이 사회와 환경에 미치는 영향에 따라 그 회사에서 일할지 여부를 결정한다고 답했고, 89%는 사회 환경적 이슈에 관심을 갖는 기업의 상품을 구매하겠다고 밝혔다[11].

ESG는 최근 한국 사회의 시대정신으로까지 이야기되고 있는 이슈 중의 이슈로, 일시적 유행이 아니라 지속 가능하게 전개될 가능성이 높다. 대한민국의 미래의 주역인 M세대와 Z세대가 뜨겁게 호응하고 있다는 사실만 보더라도 그렇다. 특히 환경에 대한 생각은 지금 당면한 우리 모두에 대한 이야기라고 느낀다. 친환경은 이제 생존을 위한 일이며, 일상의 사소한 일에서부터 챙겨야 하는 의무라 여기고 이 의무는 제품과 서비스를 판매하는 기업에도 요구한다. 예를 들면 모든 매장에서 플라스틱 제품 사용을 최소화하겠다며 종이 빨대를 사용했지만, 플라스틱으로 만든 MD 상품을 거의 매달 판매하는 글로벌 커피 전문점을 향해 비판의 목소리를 내는 것이다. 또 오너 '갑질'로 사회이슈의 중심에 있는 기업을 불매하고, 조금 손해를 보더라도 약자를 위한 제품을 생산하는 기업을 응원한다. '공정'과 '정의'를 중요하게 여기는 Z세대는 기업들의 ESG 마케팅 홍수 속 진정성을 민감하게 짚어 낸다.

온라인에서 더 많은 시간을 보내는 Z세대는 인터넷 사용 환경을 바꾸어 친환경을 실천하는 '디지털 환경 보호'를 실천하고 있다. 불필요한 메일은 완전히 삭제하고 광고성 스팸메일을 차단하며, 컴퓨터 화면의 밝기를 조금 어둡게 하는 것이 바로 그 예이다. 완벽한 환경주의자가 아니더라도 괜찮다는 생각으로 일상 속에서 하나둘 친환경을 위한 재미있는 도전을 하고 있다. 환경을 위해 많은 것을 포기하거나 바꾸지 않아도, 나의 행동이 세상을 바꿀 만큼 대단한 일이 아니라도 괜찮다. Z세대는 모두가 같은 마음으로 작은 부분이라도 실천한다면 변화를 가져올 수 있음을 믿는다.

Z세대가 이렇게 가치소비인 ESG에 주목하는 이유는 미래 지향적인 특성이 한몫한다. 선배 세대는 과거, M세대는 현재, Z세대는 미래에 초점을 둔다. 선배 세대는 과거의 경험과 향수로 살아가고 M세대는 현재의 행복을 위해 기꺼이 돈과 시간을 쓴다. Z세대는 현재의 행복도 중요하지만 이에 못지않게 미래를 준비해야 한다고 생각한다. 자신들의 미래는 스스로 책임져야 한다는 것을 알고 준비하는 세대이기 때문이다.

나다운 관리력으로 '갓생'을 꿈꾸는 세대

직장인 A씨는 매일 아침 일어나면 물 한 잔 마시고 스트레칭을 하고, 주변 사람들에게 하루에 3번 이상 감사의 표현을 먼저 한다. 특별할 것 없어 보이는 행동들이지만 A씨에겐 꼭 지켜야 할 습관이 됐다. 모바일 앱을 통해 매일 인증도 한다. 자신과의 약속을 지키기 위해 행동마다 5만 원의 참가비를 걸었기 때문이다. 커뮤니티에서 2주 동안 활동을 인증하면 예치금을 돌려받을 수 있고, 추가적인 '상금'까지 받을 수 있다. A씨는 "5분도 걸리지 않는 소소한 습관이지만 주도적으로 시간을 활용한 것이 만족감을 준다."라며 "하루하루 달라지는 모습을 스스로 느끼고 있다."라고 했다.

소소하지만 건강한 일상을 만들기 위해서 매일 작은 습관들을 SNS에 인증하는 '습관 형성 챌린지'가 확산되고 있다. 불확실한 먼 미래를 걱정하기

보단 오늘 하루를 알차고 스스로 뿌듯하게 지내는 것이 목적으로, 최고를 표현할 때 쓰는 접두사 '갓(God)'과 인생을 합친 단어인 '갓생 살기'가 Z세대의 트렌드다. Covid-19 확산으로 대면 활동이 줄어들고, 재택근무가 일상화된 것도 '갓생 살기' 열풍에 한몫했다. 사람들 간의 만남이 제한되면서 스스로의 루틴을 만들어 온전히 '나'에게 집중하는 분위기가 만들어졌기 때문이다. 특히 길지 않은 시간이라도 효율적이고 의미 있게 보내길 원하고, SNS를 통해 무엇인가를 '인증'하고 '공유'하는 욕구가 강한 Z세대의 특성과 잘 맞아떨어진다. Z세대가 말하는 '갓생'은 이전의 자기계발의 의미와는 좀 다르다.

이전에는 부수입 창출이나 미래를 준비하기 위해 자기계발을 했다면 요즘은 스스로 긍정할 수 있는 것이라면 무엇이든 가능하다. 이들의 '잘 살았다'의 기준은 다른 사람이 아닌 본인 스스로 정하는 것이다. 물 자주 마시기, 야식 끊기, 하루 30분 걷기 등 익숙하고 소소하지만 나다운 관리력인 '갓생'은 불확실한 세상에서 자신을 지켜 내려고 하는 '자기 돌봄' 성격이 강하다. 스스로 자신의 일상을 성실하게 지켜 내기 위해 노력하는 갓생의 열풍은 큰 성공이 어려워진 저성장의 시기에 반복되는 일상에서 자신의 의미를 찾는 경우가 많아진 영향이다[12].

세세하게 계획을 세우지 않아도 쉽고 재미있게, 그리고 친구들과 함께 자신의 일상을 소소하게 공유하는 것도 갓생의 트렌드 중 하나이다. 자신의 일정을 친구, 혹은 같은 목표를 가진 사람들에게 공유하고 이모티콘으로 응원까지 할 수 있는 생산성 앱이나, 다양한 디지털 플랫폼에서 갓생 등의 해시태그를 통해 느슨한 연대감을 느낀다. 이런 트렌드를 활용해 일상적인 활동을 인증하면 보상을 받을 수 있는 서비스들도 덩달아 인기를 끌고 있다. 최근 사회경제적 여건이 쉽지 않음에도 서로의 용기를 북돋아 주며 목표를 달성하기 위한 노하우를 공유하는 Z세대의 삶에 대한 열정을 느낄 수 있는 부분이다.

4

BX 그리고 알파와의 컬래버레이션

높아진 사회적 감수성으로
다양한 세대와 함께 살아갈 미래를 그려 보자.

사회적 감수성으로 살아갈 세상

"제32회 도쿄 비장애인 올림픽 한국 방송 KBS의 모든 중계방송을 마칩니다." 2021년 도쿄올림픽 폐막식 중계방송에서 KBS 이재후 아나운서의 마무리 멘트가 감동을 주면서 온라인상에 화제가 됐다. 도쿄 패럴림픽 개막을 자연스럽게 알리고, 장애인과 비장애인의 인식에 대해 화두를 던졌기 때문이다. 이 아나운서의 방송 직후 트위터에는 '비장애인 올림픽'이 실시간 트렌드에 오르기도 했다. 장애인과 비장애인에 대한 인식을 다시 생각하게 만드는 단어였다는 반응이 가장 많았다[13].

이런 인식의 변화는 주류와 비주류, 정상과 비정상으로 나누지 않는, 누구도 어떤 차이나 특징만으로 소외당하거나 배척당하지 않고 공존해야 한다는 것을 반영한다.

최근 M세대와 Z세대는 공존을 위해 민감하게 반응하고 다양한 사회 구성원을 이해하려는 특성을 보인다. 전 세계적으로 기상 이변 현상이 나타나고, 쓰레기 문제가 이슈가 되면서 MZ세대는 이제 환경 보호가 생존을 위한 필수라고 인식하게 되었다. 또한 사회에서 소외되거나 상처받는 이들이 생겨나지 않기를 바란다. 다양성을 존중하는 목소리를 불편해하지 않고, 공존을 위해서라면 필수라고 생각하기 시작했다.

과거에는 소외계층에 대한 지원, 지역사회 발전과 같은 문제가 주요 관심 분야였다면 최근에는 다양성 존중과 사회적 책임의 요구까지 커지고 있다. 나와 다른 생각을 갖고 있을 때 그것을 '불편하다'고 받아들이기보다 서로의 감수성이 다르다고 여기는 시대가 온 것이다.

이러한 시대를 바라보는 사회적 감수성으로 MZ세대는 다른 세대를 바라볼 필요성이 있다. 그리고 M과 Z세대와 함께 살아가고 있는 BX세대와 알파세대에 관심을 가지고 학습하려는 인식개선의 노력이 필요하다. 나와 다른 세대의 특성들을 가진 세대를, 나와 다르다고만 치부할 것이 아니라 관심과 학습이 필요한 것이다.

BX 그리고 알파와 함께 만들어 갈 미래

앞서 M세대와 Z세대의 일반적인 세대적 특성들을 그들이 살아온 시대적 배경, 그로 인한 가치관과 생활방식을 중심으로 알아보았다. 이들의 특징들을 보면 이전 세대와 다른 특징들이 있지만 B세대와 X세대의 영향을 받고 자라 완전히 새롭게 태어난 세대는 없다는 것을 알 수 있다. 시대는 연속적으로 이어진 것이기에 출생한 연도로 세대를 나눴다고 해서 편 나누듯이 가를 수는 없을 것이다. 선배 세대와 후배 세대는 같은 시대를 살아가면서 서로 영향을 주고받기 때문이다. 세대론은 그 세대의 전반적인 경향성을 찾고 연구하는 이론이다. 세대의 몇 가지 특징들로 개인을 일반화할 수는 없지만 현재 시점에서 시대를 읽고 세대를 이해하면서 미래를 준비하는 데 참고한다면 도움이 될 것이다.

최근 가정과 조직에서는 물론 경제시장에서도 변화의 중심으로 불리는 M과 Z세대는 관심과 이해의 대상이다. 특히 조직에서는 M과 Z세대를 이해하고 공부하려는 노력들을 해 왔는데, 왜 선배 세대만 MZ세대를 이해하고 공부해야 하는지 모르겠다는 불만 섞인 말이 나오기도 했다. 이제 후배 세대인 M세대와 Z세대도 선배 세대를 우리와 너무 다른 '꼰대'로 치부하지 말고 그들이 살아온 배경과 선배로서의 경험을 인정하고 이해하려는 노력이 필요하다. 살아온 환경과 경험의 차이는 어느 시대에나 있다. 그러므로 특정 주류 세대만을 이해하기보다는 나와 다른 세대에 대한 관심과 학습이 필요하다. 서로를 포용하고 배려하는 사회로 가기 위해서 BX세대와 알파세대 사이의 중간이자 세대의 중심인 M과 Z세대는 브릿지(bridge) 역할을 해야 한다.

"사람이란 본래 자기 말에 귀 기울여 주고, 가치를 인정해 주고, 의견을 물어봐 주는 사람에게 보답하기 마련입니다. 그게 변하지 않는 사람의 본성이에요." 와튼스쿨 MBA에서 20년간 최고 인기 강의를 하고 있는 스튜어트 다이아몬드(Stuart Diamond)의 〈어떻게 원하는 것을 얻는가〉에 나온 말이다.[14] 스튜어트 다이아몬드 교수의 말처럼 자신의 가치를 인정해 주고 이해하려는 사람에게 마음을 열고 다가가려는 것은 당연할 것이다. 이것은 선배 세대와 후배 세대 사이에서도 마찬가지일 것이다.

2011년 이후에 태어난 진짜 신세대인 알파 세대가 새롭게 떠오르고 있다. 알파세대는 단순히 Z세대 다음 세대가 아닌, 완전히 새로운 세대의 시작이다. 알파세대는 100% 디지털 원주민이자 이미 세상을 놀라게 하는 세대이다. 우리는 앞으로 알파세대와 함께 살아가야 한다. 알파세대의 경우 이제 막 떠오르는 새로운 세대로, 청년기와 성인기로 성장하는 과정에서 사회 환경적인 변화, 가치관의 변화가 나타날 수 있기 때문에 또 다른 특징이 발생할 가능성도 염두에 두어야 한다.

앞서 언급한 것처럼 세대 간의 차이를 줄이는 것은 이해로부터 시작된다. 이해라는 것은 마음속으로 이해하고 받아들이는 '공감'과 머리로 이해하는 '관심'이 있다. M세대와 Z세대는 선배 세대와 후배 세대 사이의 브릿지(bridge) 역할을 해야 하는 중간세대로서 이 두 가지의 이해가 다 필요하다. 선배 세대가 그랬던 것처럼 알파세대에게 '공감'하고 '관심'을 가지며 이들을 후배 세대로 맞을 준비를 해야 한다. 다음 장에서는 알파세대는 어떠한 특성을 가지고 있는지 알아보자.

TOUCHING 터칭

05
챕터

새로운 세대의 등장, '알파'

이 시대를 함께 살아갈 새로운 세대, 알파세대가 나타났다. 선배 세대와는 다른 저성장, 고령화 사회에서 태어나 자라게 된 알파세대는 어떤 특성을 가지고 사회에 나오게 될까? 더불어 선배 세대인 우리가 새로운 후배 세대를 마주하며 가져야 할 올바른 길잡이 역할은 무엇일까? 지금부터 함께 생각해 보자.

1
알파세대의 구분과 사회적 배경

알파세대는 누구이며
어떤 환경에서 자라고 있을까?

시대의 변화에 따른 새로운 세대, 알파

2011년부터 2025년까지 태어나 자라는 아이들에게 '알파세대'라는 이름이 붙여졌다. 관심과 이해의 대상으로 여겨졌던 MZ세대처럼 '알파세대'라는 이름을 갖게 된 새로운 세대를 두고 사회적으로는 이를 또 한 번 이슈화시키며 구분 짓고 있다. 마치 새로운 세대가 올 테니 선배 세대는 긴장감을 가지고 맞이할 준비를 하라는 의미를 전하는 것 같기도 하다.

그러나 각 세대는 시대의 자연스러운 변화 속에 함께 살아가는 사회 구성원일 뿐이다. 이번 챕터에서는 세대의 구분을 위해서가 아닌 우리와 함께 이 시대를 살아갈 알파세대에 대해 알아보려고 한다.

일각에서는 아직 명확한 특성이 나오지 않은 어린 알파세대의 이야기를 다룬다는 것은 너무 성급하다는 의견도 있다. 그러나 알파세대도 수년 후면 사회로 나오게 될 세대이기에 현재의 시대적 배경이나 환경에 근거하여 나타나는 이들의 특성과 현상에 대해 선배 세대가 먼저 알고 이해할 필요가 있다.

다른 어떤 세대보다 선배 세대와의 따뜻한 공존을 준비하는, 우리와 같은 시대를 살아갈 '알파세대'를 소개한다.

알파세대가 살아가는 사회적 배경

알파세대(Generation Alpha)는 '새로이 출현한다'는 의미를 담고 있다. X-Y-Z 이후 마땅한 명칭이 없어서 처음부터 다시 시작한다는 의미의 '알파'라는 명칭을 사용하게 되었고 이는 호주의 사회학자인 마크 맥크린들(Mark Mccrindle)이 2018년 처음 정의했다[1].

현재 한국 경제는 장기적으로 경기 침체기에 접어들었다는 이야기를 한다. 경기 침체를 말하기 위해서는 국가의 생산, 소득, 고용 등 여러 면을 복합적으로 판단하는 경제성장률을 확인해야 한다. 네이버 지식백과에서는 '경제성장률'을 실질 국내 총생산인 GDP의 연간 증가율을 백분율로 나타내서 올해의 실질 GDP가 작년과 비교하여 증가 혹은 감소했는지 확인하는 지표라고 정의한다. 통계청에서 발행한 경제성장률을 확인해 보면 우리나라 경제성장률은 알파세대가 시작되던 2010년 이후 가파른 성장을 멈췄다[2].

통계청 경제성장률 (단위: %)

	1990	2000	2010	2011	2012	2013	2014	2015	2016	2017	2018	2019	2020	2021
경제성장률	9.9	9.1	6.8	3.7	2.4	3.2	3.2	2.8	2.9	3.2	2.9	2.2	-0.7	4.1

표에서 볼 수 있듯 경기 침체 상황에 더하여 Covid-19 여파로 인해 2020년 국내 경제성장률은 마이너스를 기록했다. 새로운 산업을 발굴하지 못한 성장 잠재력 고갈과 매년 2-3%대의 낮은 경제성장률은 후배 세대에게 암울한 미래를 안겨 주게 되었다. 여기에 노동력 약화를 더욱 가속화 시키는 고령화, 저출생 현상이 더해지면서 사회적으로 경제 활력을 떨어뜨리는 심화된 침체기에 알파세대는 태어나 자라고 있다.

이처럼 알파세대는 성장과 발전보다는 인구 감소와 경제 동력이 상실되는 시기를 살아가게 되면서 사회, 경제적으로 부정적인 환경을 자연스럽게 학습하게 되었다. 이것은 지속적인 발전이 있던 시대에 유년기를 보낸 선배 세대와는 조금 다른 가치관을 가지고 성장하게 될 요소로 보인다.

자녀 세대의 가치관이나 경제적 지위를 결정하는 데 있어 부모 세대의 영향력은 크다고 할 수 있다. 특히 최근 들어 부모의 지위가 높지 않을 때 자녀 세대의 사회, 경제적 지위도 높지 않을 것이라는 인식이 팽배해지고 있는데 여기에는 부모의 지위가 자녀에게 그대로 대물림되는 '수저 계급론'이 원인으로 지목되고 있다[3].

사회에서 '수저 계급론'을 몸소 느끼며 살아온 세대는 다름 아닌 알파세대의 자녀를 키우는 대다수의 M세대 부모이다. M세대는 글로벌 금융위기 이후 사회에 진출하여 고용률이 감소하고 일자리의 질이 떨어지는 사회적 부당함을 몸소 겪어 왔다. 사회적 부당함을 자녀에게 대물림하지 않으려는 M세대 부모는 무리를 해서라도 알파세대를 더욱 풍요롭게 양육하기 위한 노력을 하게 되었다. 결국, 개인이 잘 살고, 개인이 잘되는 것에 관심을 크게 기울이며 양육하는 M세대 부모의 영향으로 알파세대는 개인의 행복을 더욱 중요한 가치로 여기며 살아가는 세대가 될 것으로 보인다.

가족의 부가 집중되는 주 소비층 '에잇 포켓' 알파세대

통계청에서 발행한 2021년 출생통계를 보면 합계 출산율은 2015년 이후 반등한 해 없이 매년 감소하고 있다. 또한 출생아 수 합계는 2015년 43만 8,400명이었으나 2021년에는 26만 600명까지 하락한 것으로 발표되었다[4].

[단위: 천 명]

	2012	2013	2014	2015	2016	2017	2018	2019	2020	2021
출생아 수	484.6	436.5	435.4	438.4	406.2	357.8	326.8	302.7	272.3	260.6
합계출산율	1.297	1.187	1.205	1.239	1.172	1.052	0.977	0.918	0.840	0.810

출생률이 낮아지면서 가족에게 태어나는 아이 한 명은 무엇보다 소중한 존재가 되었다. 가족과 친척들의 소비가 한 아이에게 집중되었고, '에잇 포켓' '골드 키즈'라는 신조어로 알파세대를 표현하게 되었다. '에잇 포켓'이란 총 8명의 가족 또는 친척인 부모, 조부모, 외조부모, 이모, 삼촌이 한 명의 아이를 위해 8개의 지갑을 연다는 의미를 담고 있다. 또한 '골드 키즈'란 왕자나 공주처럼 귀하게 키우는 외동 자녀를 뜻하고 있다[5]. 앞서 말했던 저성장 사회를 비웃기라도 하듯 알파세대는 왕자나 공주처럼 부의 집중을 경험하며 살게 되었다는 뜻이다.

얼마 전 조선일보에서 보도되었던 흥미로운 사례가 있어서 소개하려고 한다. 어린이날을 앞둔 어느 날 저녁, O마트 장난감 코너에서 실제 있었던 일이다. 이곳의 추천 상품 코너에 위치한 장난감 가격은 1만 원부터 10만 원대 후반까지 다양했다. 다음 1, 2, 3의 상황에서 알파세대에게 집중되는 '부'를 예상할 수 있다[6].

> **상황1**
>
> 한 아이가 14만 9,900원짜리 쇼핑몰 세트를 골랐다. 아이의 엄마 A씨는 "아이가 레고를 좋아해서 집에 이미 많다."라면서도 "외동이고 맞벌이 부부라 10만 원대 선에서 아이가 원하는 건 웬만하면 사 준다."라고 했다.

> **상황2**
>
> 5살 아들과 함께 나온 아이의 아빠 B씨는 피규어 장난감을 9만 원에 샀다. B씨는 "어린이집에서 인기 있는 캐릭터라 집에 스티커부터 색칠공부, 피규어가 넘쳐나지만 아이가 제일 좋아하는 캐릭터라서 그냥 사 주려고 한다."라고 말했다.

> **상황3**
>
> 4살 조카, 친언니와 방문한 아이의 이모 C씨도 레고 코너 앞에 한참 머물렀다. 조카가 3만 9천 원짜리 움직이는 공룡 모형을 집어 들자 그는 "더 좋은 걸 사 주고 싶다."라며 진열대 위쪽에 있는 고가의 상품으로 눈을 돌렸다. 대부분 10만 원이 훌쩍 넘는 상품이었지만 C씨는 주저없이 조카가 고른 공룡 장난감과 10만 3,900원의 레고 시리즈를 카트에 올렸다.

위의 상황에서 볼 수 있듯 알파세대는 자신에게 아낌없이 투자하는 M세대 부모의 영향과 저출생에 따른 결과로 '골드 키즈'라는 신조어를 만들며 선배 세대보다 더 풍요롭게 자라고 있다.

호주 재무 계획 협회에서는 알파세대가 받고 있는 용돈이 Z세대에 비해 평균 40% 상승했다고 발표했다. 물가 상승률을 감안하더라도 급격히 높은 수치로 오른 것을 알 수 있다[1]. 위에서 언급한 상황과 통계를 조합해 볼 때 아직 어린 알파세대가 소비 시장에서 상당히 큰 영향력을 행사하고 있음을 엿볼 수 있는 부분이며 앞으로 '에잇 포켓'이라는 용어에서 볼 수 있듯 주 소비층으로서의 영향력은 더욱 커질 것으로 보인다.

이전 세대까지만 해도 형제와 대부분의 것들을 나누고 공유하며 살아야 했다면 알파세대는 굳이 소유에 대한 것을 누군가와 공유할 필요가 없어졌다. 대부분 필요한 것은 모두 가질 수 있게 되었고 필요를 느끼기도 전에 가족들이 모든 것을 넘치게 제공해 주고 있다. 자신이 원하면 거의 대부분의 것들을 가질 수 있는 풍요로운 생활 속의 알파세대는 자신의 감정과 가치관을 더 중요하게 생각한다. 자신만을 중요하게 생각하는 것은 알파세대가 성인이 되었을 때 사회와 조직에서 그 어떤 선배 세대보다 이기적인 태도로 업무를 수행할 가능성이 있어 우려되는 부분이다.

장기적인 관점에서 알파세대가 사회의 성장 동력이 되고 타인에게 따뜻한 마음을 가진 세대가 될 수 있도록 선배 세대가 관심을 기울일 필요가 있다. 현재 상황에서 보이는 알파세대가 지닌 특성에 대하여 다음 장부터 자세히 알아보자.

2
알파의 Keyword, Digital + Clean

디지털 친화 세대인 알파세대가
Covid-19를 만나며 새롭게 당면한 이야기

알파세대의 첫 번째 키워드, 'Digital'

Z세대가 디지털을 능숙하게 활용하며 성장한 세대라면 알파세대는 태어나는 순간부터 디지털을 접하고 스마트 기기를 사용하며 성장하는 '디지털 친화 세대'이다. 책을 볼 때에도 책장을 넘기며 보는 것보다 화면을 클릭하여 보는 것이 익숙하고 앱을 선택하여 사용하는 법을 먼저 배웠다. 알파세대는 선배 세대들이 경험했던 전통적인 놀이나 학습의 방법과는 다른 스마트 기기를 통한 세상을 경험하며 자라고 있다. 디지털 문화를 누군가에게 배워서 하게 된 것이 아닌 직관적이고도 자연스럽게 기술을 습득하고 활용하게 된 세대라는 점에서 선배 세대들과는 사뭇 다른 면이 있다.

이처럼 태어날 때부터 디지털에 익숙한 알파세대는 새로운 디지털 흐름에도 빠르게 적응하는 능력을 가지고 있다. 가상과 일상의 경계가 없는 '메타버스', 디지털 세계의 지구화를 뜻하는 '디지털 테라포밍', AR 증강현실을 통한 3D 아바타 '제페토' 등 최첨단 디지털 기술을 익숙하게 사용하고 있다. '제페토' 플랫폼 사용자의 80%가 알파세대라는 것은 이들이 새로운 디지털 시스템을 얼마나 빨리 흡수하고 있는지 보여 주는 단편적인 예다. 또한 틱톡, 유튜브 등의 영상 플랫폼에도 관심을 가지고 광범위하게 디지털을 활용하며 성장하고 있다.

알파세대는 진화된 디지털 시스템을 두려워하지 않고 자연스럽게 활용한다. 현실과 가상의 구분이 모호하고 인공지능과 로봇에 익숙한 세대, 그리고 이를 즐기는 세대가 바로 알파세대이다. 따라서 디지털 친화 세대인 알파세대의 특징을 하나의 키워드로 나타낸다면 'Digital'이라고 할 수 있다. 그렇다면 알파세대가 어떻게 디지털 친화적으로 성장하고 있는지 알아보자.

'메타버스'로 즐기는 알파세대

네이버 지식백과에 따르면 '메타버스'라는 용어는 1992년 발표된 미국의 공상과학 소설인 닐 스티븐슨의 〈스노 크래시〉에 처음 등장하였다. 이 소설에서 주인공 피자 배달원이 아바타로 현실과 가상세계를 오가는 전사이자 영웅으로 활약하였는데 그 가상세계를 '메타버스'라고 이름하였고, 지금까지 계속해서 사용하고 있다.

'메타버스(Metaverse)'란, 초월을 의미하는 메타(meta)와 세계·우주를 뜻하는 유니버스(universe)의 합성어로서 현실과 연동된 3차원 가상세계를 뜻한다. 가상세계에서 게임을 하고 자신을 대신할 아바타를 만들기도 하는 사회, 경제, 문화 활동이 벌어지는 세상이다.

알파세대는 메타버스를 삶의 일부로 여기며 자연스럽게 활용하고 있다. 알파세대가 어떻게 메타버스를 즐기고 있는지 아래의 사례에서 살펴보자.

> 9살 알파세대 D가 가장 즐겨 하는 게임은 마인크래프트다. D는 여름방학 기간에 방학 단기특강 학원에 다니지 않고 코딩 학원을 다녔다.
> 메타버스 게임을 더 다양한 시각으로 잘하기 위해서다. D는 "코딩을 알면 추가 요소를 마음껏 넣어 나만의 게임을 만들 수 있다."라고 말했다. D의 부모는 아이가 좋아하기도 하고 앞으로는 더욱 코딩이 주목받을 것이라 생각해서 메타버스 게임을 하는 것에 반대하지 않는다고 말했다.

위 사례에서 알 수 있듯 알파세대는 코딩을 이용하여 메타버스 게임을 즐기며 메타버스 속 환경에 익숙하다. 이처럼 알파세대는 가상세계인 메타버스를 일상에서 자연스럽게 활용하며 자라고 있고, 게임 산업의 변화까지도 이끌고 있다. 이들은 게임을 단순히 수동적으로 즐기기보다 직접 참여하면서 창조하는 방식으로 새로운 영역을 만들어 가고 있는 것이다.

이처럼 알파세대의 대부분이 메타버스를 삶의 일부로 활용하다 보니 기업에서는 비단 게임뿐만 아니라 다양한 산업에서도 알파세대를 위한 메타버스를 선보이고 있다.

블랙핑크는 2022년 7월에 '배틀그라운드 모바일' 속 메타버스 가상 세계에서 콘서트를 했다. 멤버들이 3D 아바타가 되어 공연을 하면 팬들은 실제 콘서트를 즐기는 것처럼 응원봉을 흔들거나 안무에 맞춰 춤을 출 수 있었다. 또한 공연 중에 '버블 효과'가 나오면 버블을 타고 멤버들에게 가까이 갈 수 있는 상황도 만들어졌다.

단편적으로 K-pop 시장에서 메타버스를 이용하여 다양한 시도를 하고 있는 예인데, 알파세대가 성장 과정에서 하게 되는 놀이 문화는 위의 사례처럼 가상세계를 이용해 스스로 창조적인 자신의 놀이를 만들고 즐기게 될 것임을 더욱 예상해 볼 수 있다.

에잇 포켓 알파세대를 겨냥한 메타버스 관련 소비 산업도 계속해서 이슈가 되고 있다. 메타 커머스 시장이 알파세대를 통해 활성화되고 있다는 이야기까지 나온다. '메타커머스'는 메타버스에서의 경험이 오프라인 소비로 이어지도록 하는 새로운 거래 방식을 뜻한다. 글로벌 시장조사기관 인더스트리아크는 메타커머스 관련 증강현실(AR)과 가상현실(VR)의 시장 규모가 2021년 9억 달러에서 2026년 32억 달러까지 증가될 것이라고 발표했다[7]. 속단하기는 이르지만 이것은 곧 알파 세대가 더욱 메타커머스 시장의 성장을 이끌어 가게 될 것임을 예상할 수 있다.

SK그룹의 인크로스에서 〈미디어 플래닝을 위한 타깃 리포트〉를 통해 메타버스 경험 여부에 대해 조사했다. 조사 내용 중 '메타버스를 경험해 본 적 있는가'라는 질문에 알파세대의 약 94.7%가 이용 경험이 있다고 답한 반면 M세대는 30.9%만이 이용 경험이 있다고 답했다[8]. 이는 대부분의 알파세대가 사용하고 있는 메타버스 플랫폼을 선배 세대에서는 일부만 사용하고 있다는 결과로 해석된다. 알파세대의 관심사인 메타버스에 대해 이제 선배 세대도 관심을 가지고 배워 간다면 서로의 관심사를 이해하는 계기가 될 것으로 보인다.

'AI'와 대화하는 알파세대

2살 아이를 키우는 엄마 M세대 E씨는 AI 스피커를 통해 육아에 많은 도움을 받고 있다. "아기 상어 노래 틀어 줘."라고 말하는 순간 스피커에서는 아기 상어 노래가 나오고 "뽀로로 인성동화 읽어 줘."라고 말하면 스피커에서는 동화가 들려 온다.
이 동화는 AI가 직접 낭독하기도 하지만 엄마의 목소리나 인기 연예인의 목소리를 합성하여 읽어 줄 수도 있다. 똑똑한 AI 스피커 덕분에 엄마 E씨는 노래가 나오는 시간 동안 잠시 청소를 할 수도 있고 품 안에서 떨어지지 않으려 했던 아이가 AI 스피커에 집중하여 동화를 들을 때는 밥을 차리는 일도 가능해졌다.

알파세대의 AI는 위의 사례처럼 생활 속 깊이 스며들어 있다. 최근 업계의 분석에 따르면 AI 스피커에서 가장 활발하게 이루어지고 있는 서비스는 키즈 콘텐츠이다. 어린 알파세대에게 AI가 육아 도우미로서의 역할을 하며 밀접하게 함께하고 있는 것이다. 2021년 4월까지 AI 스피커에서 가장 많이 재생된 음악 장르가 '동요'였다는 조사 결과를 보더라도 AI는 현재 알파세대의 삶에 매우 가까이 있음을 알 수 있다.

아직 글을 익히지 못한 어린 알파세대의 아이들은 음성으로 AI와 대화하여 필요한 콘텐츠를 찾아내고 있다. AI 시스템을 제공하는 회사에서는 고객이 요청하면 필요한 정보가 바로 나올 수 있도록 다양한 콘텐츠 확보를 위해 투자를 아끼지 않고 있다. 갈수록 다양한 콘텐츠가 제공되는 AI에 재미를 느끼며 AI와 함께 살아가는 알파세대가 될 것으로 보인다.

이러한 환경 속에 알파세대는 AI를 놀이와 학습 그리고 소통 수단으로 활용하고 있다.[9] "하이 지니!"라고 말하며 AI를 통해 배우고 AI와 친구가 되어 대화하는 알파세대이기 때문에 이들이 사회에 나오면 그동안 선배 세대가 했던 방식과는 또 다른 모양의 소통 방법이 필요할 것으로 예상된다. 기계와의 일방적 소통과 놀이가 인지와 사회성 발달에 부정적인 영향을 끼칠 것이라는 우려가 있기에 이 부분에 대한 관심 또한 필요해 보인다.

'숏폼'과 '유튜브'로 표현하는 알파세대

> 한 초등학교 교실에서 10살 알파세대 F가 이런 이야기를 했다.
> "얼마 전 여행에서 우리 아빠한테 떡볶이 맛집을 가자고 했더니 네이버를 열어서 찾더라? 이해가 안 돼. 요즘 우리들은 유튜브를 열어서 검색하는 것이 편한데 어른들은 아닌가 봐~"

궁금할 때 검색 채널을 열면 옛날 사람이고 유튜브나 SNS를 열면 요즘 사람이라는 농담이 있는데 위의 사례를 보고 '나도 유튜브를 여는데?'라고 생각했다면 알파세대와 조금은 말이 통할지도 모르겠다. 미디어를 통해 상황을 표현하고 다른 사람들의 이야기들을 찾아 보는 것이 익숙한 알파세대는 이처럼 숏폼과 유튜브를 통해 세상을 본다.

이와 관련하여 얼마 전 국민일보에서 보도되었던 알파세대의 모습을 아래의 1, 2, 3의 상황으로 조금 더 살펴보자.

> **상황1**
>
> 서울에 사는 G는 스마트폰을 켤 때마다 유튜브에 접속한다. 심심해서 보았던 유튜브 시청이 이젠 습관이 됐다. 1인 방송부터 드라마까지 구독하는 채널도 다양하다. 자기 전 연관 동영상을 눌러 보다 1시간 넘게 시청한 적도 있다. G는 "TV는 여럿이 함께 봐야 하는데 유튜브는 내 마음대로 볼 수 있어 편하다."라며 "유튜브를 안 보면 친구들과 말이 안 통할 것 같다."라고 했다.

> **상황2**
>
> H는 4개월째 게임 유튜브 채널을 운영 중이다. 유튜브 코리아는 14세 미만은 가입을 제한하고 있지만 실명인증 절차는 따로 없다. H는 온라인 게임을 하는 장면을 그대로 녹화하는 앱을 이용해서 영상을 업로드하고 있다. 20명 남짓한 구독자는 절반 이상이 같은 학교 친구다. H는 "반 애들이 거의 다 유튜브 계정을 갖고 있다."라며 "영상을 올리면 친구들이 댓글을 남기는 게 재미있다."라고 말했다.

> **상황3**
>
> 지방에서 학교를 다니는 I는 유튜브에서 만난 네티즌과 종종 '반모방'을 즐긴다. '반말 모드 대화방'의 줄임말로 반말을 사용하며 친목을 쌓는 SNS 단체 대화방이다. 유튜브 댓글로 나이와 성별을 밝히면 유튜버가 개설한 오픈 채팅방에 초대된다. I는 '반모방을 하는 사람은 대부분 또래'라며 "구독하는 것을 조건으로 하여 반모방에 껴 주는 유튜버도 있다."라고 설명했다.

위의 상황에서 볼 수 있듯 알파세대의 사소한 일상에는 유튜브가 깊게 깔려 있다.

알파세대는 거의 대부분의 정보 수집을 유튜브에서 한다. 앱 분석 업체인 와이즈앱이 사용자에 따른 유튜브 사용 시간을 조사한 결과 가장 많이 유튜브에 접속하는 세대는 다름 아닌 알파세대였다. 알파세대에게 유튜브는 단순히 보고 듣는 것을 넘어 광범위한 학습 공간이자 다양한 소통을 하는 곳이다.

알파세대는 동영상 중에서도 '숏폼' 동영상을 선호한다. 숏폼 동영상의 대표적인 예는 15초에서 3분짜리 짧은 동영상을 제작하고 공유하는 '틱톡'이다. SK그룹 인크로스에서 조사한 결과에 따르면 알파세대의 40.4%가 숏폼 동영상을 선호한다고 응답했다. 자기가 하고 싶었던 이야기를 숏폼 동영상에 담아 SNS처럼 이용하고 있는 모습을 엿볼 수 있다[10].

이처럼 사진이나 글자보다 동영상에 익숙한 알파세대는 대부분의 선배 세대가 희망했던 것과는 다른 직업을 희망하게 되었다. 유튜브 크리에이터, 웹툰 작가, 프로게이머 등 디지털 중심적이면서 스스로 성과를 낼 수 있는 일을 선호하게 된 것이다. 성인이 된 알파세대는 조직에서 선배 세대가 하고 있는 업무들을 좀 더 빠르게 처리하며, 업무를 시각화하여 만들어 가는 능력이 뛰어날 것으로 보인다. 나아가 조직은 홍보, 마케팅 등 다양한 디지털 관련 업무에서 새로운 시도와 도전도 가능할 것으로 예상된다.

알파세대의 두 번째 키워드, Covid-19로 인한 'Clean'

'Digital'이라는 하나의 키워드로 표현하던 알파세대에게 또 다른 키워드를 안겨 줄 만한 주요한 상황이 생겼다. 바로 Covid-19이다. 이전에 경험해 보지 않았던 익숙하지 않은 신종 바이러스는 이 시대를 함께 사는 모든 세대를 당혹스럽게 했다. Covid-19로 인해 전 세계적으로 모든 사람들은 2020년 이후 새로운 삶의 경험을 하게 된 것이다. 이와 같은 환경에 선배 세대는 마스크를 쓰고 거리 두기를 하는 모습으로 조금씩 상황에 적응해 가기 시작했지만 알파세대는 선배 세대들보다 조금 더 혼란스럽고 새로운 상황을 겪어야 했다.

2020년 이후 태어난 알파세대는 태어나자마자 집 밖에 한 번 나오지도 못하고 집 안이 모든 세상인 것처럼 지내게 되었다. 학교에 입학하거나 졸업을 해야 하는 2013년 이후의 알파세대는 선배 세대 모두가 경험했던 입학식과 졸업식이라는 학교의 주요 행사들을 경험하지 못했다. 학교에 다니는 알파세대는 집에서의 '비대면 수업'에 익숙해져야 했고 소풍이나 소소한 학급 행사 또한 경험하지 못했다. 왁자지껄 시끄럽던 놀이터와 키즈카페에는 아이들이 사라지고 고요함만 남았다. 이와 더불어 마스크를 쓴 사람들의 표정을 읽고 말해야 하는 것은 어린 알파세대에게 처음 접하는 어려움으로 다가왔다.

이처럼 알파세대는 유년 시절에 경험하지 않아도 될 환경들을 Covid-19를 통해 경험하게 되면서 새로운 특징을 지니게 되었다. 바로 'Clean'이다.

Covid-19 유행 초기에 미디어에서 나오는 메시지는 실로 두려웠다. 감염 시 폐가 손상되고 심한 경우 사망에 이를 수 있다는 말에 거의 대부분의 사람들이 공포에 떨어야만 했다. 이런 공포심은 알파세대의 부모인 M세대에게 더 강력하게 작용했다. 건강에 대한 투자를 아끼지 않는 M세대답게 자녀인 알파세대를 보이지 않는 바이러스로부터 안전하게 지키려고 했다. 코로나 이전에 비해 코로나 이후 어린이 건강식품의 판매 수치가 월등히 높아졌다는 조사 결과는 M세대 부모가 얼마나 자녀의 건강 관리에 관심을 가졌는지 알 수 있다.

이렇듯 M세대 부모의 영향을 받은 알파세대는 자연스럽게 건강에 대해 관심을 가지게 되었고 더불어 위생과 청결에도 관심을 기울이게 되었다. 유치원이나 학교에서 마스크를 벗는 친구가 있으면 거리를 두며 가까이 가지 않는 모습을 보인다거나 기침을 하는 사람이 지나가면 깜짝 놀라서 손으로 입을 가리는 행동이 알파세대 아이들에게 새롭게 나타나게 된 모습이다. 또한 마스크를 벗지 않으려고 학교에서 급식을 먹지 않는다거나 마스크를 몸의 일부로 여겨서 마스크가 없을 때는 사람을 절대 만나지 않으려고 하는 모습도 있다. 학교가 끝나면 삼삼오오 모여 떡볶이를 나누어 먹거나 거리 두기 없이 어깨동무를 하고 길을 걷기도 했던 선배 세대의 유년 시절과는 조금 다른 모습이다.

이처럼 Covid-19를 유년 시절에 겪게 된 알파세대는 상대방과 나의 영역에 대한 개념이 확실할 것으로 보인다. 또한 건강에 대한 관심은 성인이 되어서도 계속되어 건강보조식품과 건강식에 대한 투자도 아끼지 않을 것으로 예상된다.

알파세대는 청결하지 못한 상황이나 환경에 대하여 거부감을 표현할 줄 아는 세대, 스스로 만족스러울 만한 위생적인 환경을 선호하는 세대, 정리되어 있는 환경을 좋아하게 될 'Clean'세대이다.

부디 알파세대가 환경적인 'Clean'뿐만 아니라 사회적 약자와 조직에서의 어려움을 대하는 시각도 색안경 없이 'Clean'하게 표현할 수 있는 세대가 되길 함께 기대해 보자.

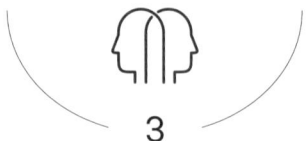

3
알파가 마주한 문제

선배 세대와는 다른 경험으로 인해 나타난 문제들…
해결할 수 있는 방법이 있을까?

알파세대가 당면한 다양한 문제들

앞장에서 살펴본 것처럼 알파세대는 디지털 흐름에 빠르게 적응하고 태어날 때부터 디지털을 사용한 디지털 친화 세대이다. 이는 알파세대가 향후 사회에 나왔을 때 보다 빠른 업무 처리 속도를 보일 것이며, 광범위한 정보를 활용하여 업무에 대한 새로운 도전 또한 가능할 것으로 예상된다. 또한 로봇과 더욱 친숙하게 소통할 수 있게 되어 현재 하고 있는 단순한 업무들을 더욱 효율성 높게 할 수 있을 것으로 보인다.

그러나 이처럼 디지털 친화 세대인 알파세대는 디지털로 인한 어려움 또한 겪을 것으로 예상된다. 선배 세대는 어린 시절 고무줄놀이와 땅따먹기 등 밖에서 하는 놀이에 익숙했다. 그저 놀이로 끝나는 것 같은 이 활동이 선배 세대에게는 다양한 사람들의 감정과 대화에 대해 자연스럽게 이해할 수 있는 환경을 만들어 주었고 나아가 사회성에 대한 학습이 되었다. 그러나 선배 세대와는 다르게 집 안에서 디지털을 사용하며 자란 알파세대는 이전 어떤 세대보다 사람의 감정을 이해하는 능력이 떨어지고 사회성에 대한 문제가 대두될 것으로 보인다. 이는 사회 적응력에 대한 문제로 이어질 수 있기 때문에 조직에서는 알파세대가 조직에 잘 적응할 수 있도록 지금보다 더 다양한 노력을 기울여야 할 것으로 보인다.

또한 인공지능의 친구로서 책이나 글을 읽는 것보다 숏폼, 유튜브 등 영상에 익숙한 알파세대는 글을 이해하고 해석하는 능력인 문해력과 언어 발달 능력이 선배 세대에 비해 떨어지게 되었다. 흔하게 사용되고 있는 단어나 문장에 대한 이해가 어려운 것은 향후 조직 생활에서 큰 소통 문제를 만들어 낼 수 있기 때문에 각별히 관심을 가지고 지켜보아야 할 것이다. 더불어 Covid-19로 인해 심화된 문제까지 알파세대가 당면하고 있는 문제에 대하여 조금 더 알아보도록 하자.

디지털로 인한 문제, 유대인에게서 답을 찾자

알파세대를 대상으로 스마트 기기의 하루 사용량에 대한 설문조사를 했다. 그 결과 하루 평균 3시간 이상 사용으로 Covid-19 이전 16.1%였던 비율이 이후 30.1%까지 급증했다[11].

아이들은 놀이를 하면서 혼잣말을 한다. 놀이를 하면서 중얼거리는 것은 아이의 사고력이나 창의력을 발달시키는 매우 중요한 요소로 손꼽힌다. 그러나 알파세대가 디지털을 이용하는 모습을 잘 살펴보면 다른 역할 놀이를 할 때와는 다르게 입이 움직이지 않는 것을 알 수 있다. 창의적인 생각을 가지기 위해 중얼거리며 놀이하는 것이 왜 필요한지는 입체적이고 창의적인 사고를 한다고 평가되는 유대인들의 이야기에서 엿볼 수 있다.

유대인들은 입체적이고 창의적으로 생각하는 뇌가 발달되었다. 예를 들면 유대인들은 생각의 중심인 'A'를 설정한 후 생각의 시작과 끝을 동시에 바라보면서 중심점 'A'로 문제의 본질을 좁혀 가는 생각을 한다. 이것은 보편적인 사람들이 기-승-전-결로 이루어진 시간의 흐름에 따라 순차적 사고를 하는 것과는 다른 부분이기 때문에 결국 이것이 유대인들을 입체적으로 생각하게 한다는 것이다.

이것에 대하여 하버드 대학에서 연구를 했다. 이 연구를 통해 유대인들이 13세에 성인식을 가지는 것이 입체적이고 창의적인 뇌를 발달시킬 수 있었다고 밝혀냈다. 다른 문화를 가진 사람들과는 다른 성인식이라는 독특한 문화가 어떻게 유대인들을 입체적이고 창의적으로 생각하게 만들었을까?[12]

유대인들은 13세가 되면 성인식을 하는데 조건이 있다. 이 성인식을 통과하기 위해서는 유대교의 경전인 '창세기, 출애굽기, 레위기, 민수기, 신명기'에 이르는 모세오경 '토라' 전체를 암송해야 한다. 유대인들의 성인식은 성인이 되는 자격이 주어지는 것이므로 이 '토라'의 암송은 반드시 필요하고 이것은 유대인들의 언어인 히브리어로 암송해야만 한다. 유대인 아이들은 만 5세에 모세오경을 암송하기 시작해서 놀이를 할 때도, 자기 전에도 시간만 나면 토라를 중얼거리면서 13세 성인식을 할 때까지 외운다.

학자들은 '토라' 암송을 위해 어린 시절을 중얼거리며 지낸 유대인들이 보다 입체적이고 창의적으로 생각하는 특별한 뇌를 만들었다고 말했다. 지구상에서 유대인 전체 인구는 1,700만 명에 불과한데 미국에 사는 억만장자의 40%가 유대인이며 미국 하버드대학과 아이비리그 대학에 다니는 학생 20% 이상이 유대인이고 노벨상 수상자의 30%가 유대인이라는 점은 유대인들의 특별함을 증명한다.

오스트리아 빈 대학에서 50개국 사람들의 평균 아이큐를 조사했을 때 한국인의 아이큐는 106이었고 조사 대상국 중 2위였다. 그런데 유대인들의 평균 아이큐는 94이며 조사 대상 50개국 중 45위였다. 유대인들의 뇌가 뛰어나지 않음에도 불구하고 입체적이고 창의적인 생각을 통해 세계적인 인재가 되는 것은 어린 시절부터 '토라'를 외우기 위해 말을 많이 했던 것이 큰 역할을 한 것으로 보인다[12].

아이들은 창의적인 생각을 할 수 있는 DNA를 가지고 있다. 그러나 이 시대를 사는 알파세대는 디지털을 보며 지내는 시간 때문에 창의적이고 입체적인 생각을 하는 뇌를 거의 사용하지 않고 있다. 창의적이고 입체적인 사고를 하지 못하면 보다 생산성 있는 일들을 하기 어렵기 때문에 향후 알파세대가 사회의 중심이 되어 살아가는 시대에 조직과 사회의 발전에서 어려움이 생길 우려가 있다.

유대인 부모와 자녀 간에 매일 토라를 외우며 상호작용 했던 모습처럼 알파세대는 기계와의 소통을 줄이고 사람과의 상호작용을 더 늘려 가야 할 것이다.

Covid-19로 인해 가속화된 다양한 발달 문제

미국의 한 연구 결과를 보면 아이는 생후 8개월부터 '입술 읽기(lip-reading)'를 시작한다. '입술 읽기'라는 것은 시선(gaze)과 입을 보며 말하는 사람의 언어를 유추한다는 뜻이다. 입술 읽기를 시작하는 이 시기의 아이들은 이런 자연스러운 과정을 통해 시각적 언어 신호에 접근한다. 특히, 문맥이나 단어의 이해가 어려울수록 입술 읽기가 더 중요하게 작용하기 때문에 '유아기 때 입술 읽기를 많이 할수록 언어 능력이 좋아진다'는 연구 결과도 있다.

그러나 유년 시절에 Covid-19 상황을 맞게 된 알파세대는 언어 능력을 향상시킬 수 있는 입술 읽기와 상호 관계 형성에 어려움을 겪게 되었다. 만 2세가 지난 아이들은 마스크 착용 권고 대상이 되면서 한글보다 마스크 쓰는 법을 먼저 배운 알파세대 미취학 아이들은 상대의 입술을 볼 기회가 줄어들게 되면서 자연스레 많은 언어 학습의 기회를 잃게 되었다.

Covid-19가 알파세대의 언어 발달에 어떤 영향을 미쳤을까? 지난해 보육기관 2,656개를 대상으로 실시한 설문조사의 응답자 545명 중 85.9%가 "코로나 마스크 사용이 영유아 발달에 영향을 준다."라고 답했다. 이 중 무려 78.7% 사람들은 "마스크 사용이 언어발달 지연에도 영향을 준다"라고 응답했다[13].

마스크 사용이 장기화되면서 알파세대의 언어 발달이 지연되고 있다는 분석은 계속해서 발표되고 있다. 실제 선배 세대 중 알파세대 자녀를 둔 부모들은 마스크 탓에 아이의 언어 발달이 늦어지고 있는 현상을 몸소 느끼고 있기도 하다.

2021년 4월에 방송된 채널A의 '요즘 육아-금쪽같은 내 새끼'에서 산골 연년생 3남매의 이야기가 방송되었다. 영상에서는 자연 속에서 뛰노는 3남매의 행복한 일상이 그려졌는데 얼마 지나지 않아 동생들을 통제하려고 하는 큰딸의 모습이 비춰졌다. 방에 누워 있던 둘째가 첫째를 옆으로 밀어내려고 하자 첫째가 비키기 않겠다며 둘째의 볼을 꼬집거나 얼굴을 때렸다. 그러고는 엎드려 있는 둘째의 등을 밟고 나가 버렸는데 둘째가 울음을 터뜨리자 "네가 엎드려 있어서 밟았다."라며 되레 화를 냈다. 이 방송에서는 입모양이 보이지 않고 목소리가 명료하게 들리지 않기에 마스크를 쓰는 것이 아이들의 언어 발달에 영향을 미친다고 말했다. 언어 표현을 더 정확히 할 수 있었다면 상대와의 작은 마찰에 폭력적인 행동이 아닌 말로 해결을 이루어 냈을 것으로 생각되는 부분이다[14].

대다수의 학자들은 알파세대의 언어 능력이 떨어진다는 것에 대해 마스크와 Covid-19의 영향이 분명하다고 말하고 있다. 더불어 알파세대의 언어 발달 지연에 따라 정서·사회성 발달 또한 연관되어 문제가 생기게 되었는데 이는 알파세대가 사회에 나왔을 때 조직에서 동료들의 감정을 읽지 못하여 업무적 소통 문제가 생길 가능성이 있는 부분이다.

디지털로 인해 상호작용과 사회성 문제가 대두되고 Covid-19를 지나면서 정서, 사회, 언어적인 복합적인 문제를 보완해 가며 자라야 할 알파세대에게 선배 세대가 조금 더 따뜻한 관심과 애정으로 품어 줄 수 있다면 좋겠다.
그렇다면 디지털과 Covid-19로 인해 인간 고유의 감정 이해 능력을 제한된 상황으로 배우게 된 알파세대를 선배 세대가 어떻게 이끌어 줄 수 있을지 조금 더 이어가 보자.

알파세대에게 답을 주는 '마음 이론'

발달심리학의 이론 중 하나로 '마음 이론'이 있다. 네이버 지식백과에서는 마음 이론의 정의를 욕구, 신념, 의도, 지각, 정서, 생각과 같은 자신과 타인의 마음, 그리고 정신적 상태에 대하여 이해하는 선천적인 능력에 대한 이론이라고 소개하고 있다. 알파세대는 Covid-19를 겪으면서 마음 이론에 대해 선배 세대보다 약한 능력을 가지게 되었고 표정과 상황으로 감정을 표현하거나 읽는 데 어려움을 겪게 되었다. 다음 사례에서 최근 알파세대가 겪는 상호작용에 대한 상황을 엿볼 수 있다.

> 6살 알파세대 J를 키우는 M세대 K씨는 최근 J에게 사람 사이의 관계에 대해 어떻게 가르쳐야 할지 고민하고 있다. 하루는 엘리베이터에서 만난 윗집 할머니가 마트에 다녀오셨다면서 마트에서 산 빵 하나를 J에게 주셨는데 J가 그 자리에서 할머니를 한번 보더니 아무 인사도 없이 다시 핸드폰을 보고 있는 것이다.
> 아이의 엄마 K는 아이 J 대신 할머니에게 감사 인사를 드리고서 집으로 온 후 J에게 어른들을 만날 때에는 인사를 해야 하고 어른이 선물을 주시면 "감사합니다." 인사를 해야 하는 것이라고 말했다. 그러자 J는 "할머니도 먼저 인사하지 않았잖아."라고 하면서 왜 자기가 먼저 인사를 해야 하고 감사를 해야 하는 것인지 알 수 없다고 말했다. 엄마 K씨는 고민을 하다가 친구들 사이에서도 만나면 인사를 하고 선물을 주면 고맙다고 하는 것처럼 사람과 사람 사이에는 꼭 해야 하는 '예의'가 있다고 가르쳤다. J는 '예의'라는 것이 없어도 잘 지낼 수 있다며 자신이 하고 싶은 대로 하는 것이 좋다고 말했다.

선배 세대 대부분은 어른들의 눈치를 살피거나 상황에 대해 느껴지는 분위기, 또는 상대의 표정을 통해 어려서부터 상황에 맞는 적절한 행동을 할 수 있었다. 그러나 선배 세대가 당연하게 느끼며 행동했던 타인과의 상호작용을 알파세대는 학습을 통해 배워서 행동하고 있다.

2장에서 말했듯 알파세대는 선배 세대가 경험했던 입학식, 방학식, 소풍 등 단체 생활에 대한 경험이 줄어들고 혼자 있거나 가족과 함께하는 시간이 늘어났다. 유년 시절 친구와의 다양한 경험은 스트레스와 방황을 완화해 주고 정서적 안정감까지 줄 수 있다. 또한 또래에 대한 경험과 자극은 향후 조직 생활의 적응에도 큰 영향을 미친다는 점에서 꼭 필요하다. 그러나 Covid-19로 인해 타인의 감정을 읽을 횟수가 자연스럽게 줄어들게 되었고 더불어 1-2년간 단체 생활의 부재가 일어났다는 점은 선배 세대가 경험했던 것들을 하지 못하게 된 알파세대에게 어쩌면 당연히 나타날 수밖에 없는 상호작용 문제로 보이기에 안타깝다.

유년 시절에 Covid-19라는 어려운 상황을 보낸 알파세대가 개인주의적인 성향을 더 뚜렷하게 보이며 성장하지 않도록 선배 세대는 긍정적인 방향으로 이들을 이끌어 주려는 마음이 필요하다. 부디 알파세대가 상황에 따라 타인의 감정을 느끼는 '마음 이론'을 잘 이해하고 개발할 수 있도록 선배 세대가 적절한 코칭으로 길잡이 역할을 해 주기 바란다. 그렇다면 훗날 알파세대가 타인을 더 이해하는 마음을 가지고 성장하여 선배 세대와 행복한 공존을 할 수 있을 것이다.

4
다른 세대와 컬래버를 준비하는 알파세대

다른 세대와 공존을 위해 알파세대가 갖추어야 할 모습!
Warm Alpha를 위한 '휴먼 감성'

자라고 있는 알파세대가 가져야 할 모습

 2011년부터 태어나서 자라고 있는 알파는 아직 어리다. Covid-19의 특수한 상황으로 인해 선배 세대와는 조금 더 다른 유년 시절 경험을 가지게 된 것처럼 앞으로 나타날 다양한 사회, 문화적 상황에 따라 알파세대는 지금과 또 다른 성향과 특징을 가지고 성장할 수 있다. 알파세대의 특성은 현재를 기준으로 미래를 예단하는 것이므로 이것이 알파세대를 하나의 프레임으로 구분 짓거나 규정하여 확정하는 것이 아니어야 한다. 또한 세대에 대한 프레임은 또 다른 세대 갈등을 만들 수 있기 때문에 주의가 필요하다. 다만, 알파세대도 이제 수 년 후면 선배 세대와 함께 조직과 사회에서 함께 살아가야 하기 때문에 마지막으로 알파세대에게 필요한 역량 하나를 소개하고자 한다.

 아직은 자라고 있는 알파세대가 가지기 바라는 역량은 사람을 따뜻하게 품고 마음으로 느끼는 '휴먼 감성'이다. 지금까지 다룬 것처럼 알파세대는 디지털 친화적인 삶과 Covid-19로 인해 사람보다 기계와의 소통을 익숙하게 여기며 살아가고 있다. 그러나 알파세대가 디지털을 적절히 활용하면서도 사람과의 관계를 중요하게 여기는 마음을 가지고 성장한다면 선배 세대와 이 시대를 함께 살아가는 데 많은 도움이 될 것으로 보인다. 나아가 사회적으로는 저성장 시대에 보다 생산성과 수익성을 높일 수 있고 개인적으로도 다양한 성과와 성장을 이루어 낼 것으로 보인다.

구글이 진행한 산소 프로젝트라는 연구에서 위대한 경영자가 지녀야 하는 주요 자질 열 가지 중 아홉 가지가 공감, 뛰어난 의사소통 같은 소프트 스킬이었다. 또한 인사 담당자 중 67%는 확실한 소프트 스킬을 가진 지원자라면 역량이 조금 약하더라도 채용하겠다고 대답했다. 결국 알파세대가 사회에 나올 때쯤 조직에서 더욱 요구되는 자질은 '사람과의 관계'와 '공감'인 '휴먼 감성'이 될 것임을 예상해 볼 수 있다[15].

'휴먼 감성'으로 다른 세대와 컬래버를 준비하는 Warm 알파

모 놀이공원에서 실제 있었던 일이다. 공원에 고객으로 방문했던 자폐성 장애를 앓고 있던 한 아이가 퍼레이드 차량이 지나가는 길에 대자로 누워 버렸다.
퍼레이드가 곧 시작할 예정이었기 때문에 아이의 부모와 직원들은 다급하게 그 아이를 일으키려고 했다. 지나가는 길에 그 장면을 목격한 Z세대 직원 L씨는 잠시 망설이더니 그 아이의 옆에 함께 누웠다. 그리고 아이가 보는 하늘을 함께 보며 이야기를 나누었다.
기분이 좋아진 아이는 자리에서 일어났고 그 장면을 목격 중이던 사람들은 퍼레이드보다 직원 L씨의 행동에 뭉클한 감동을 받았다.

알파세대는 빠름에 익숙하다. 조금이라도 시간이 지체되는 일에는 확실한 이유가 필요하다. 빠름의 세상에서 태어난 알파세대에게 어쩌면 당연한 모습이다. 그러나 위 놀이공원의 사례에서처럼 때로는 빠르게 해결하려는 일보다 따뜻한 휴먼 감성으로 해결해야 하는 일들이 있다는 것을 선배 세대는 잘 알고 있다. 그리고 이런 따뜻한 휴먼 감성이 어려운 문제를 넘어가는 해결의 열쇠가 되기도 한다는 것을 우리는 알고 있다.

알파세대에게 디지털로 인해 다양한 문제가 생겼다면서 알파세대의 스마트 기기를 억지로 뺏는다거나 감정을 강제적으로 학습시키는 것은 오히려 악영향을 미칠 수 있다. 장기적인 관점에서 알파세대가 겪는 자연스러운 상황과 환경을 스스로 감각적으로 느끼고 표현해 갈 수 있도록 선배 세대가 알파세대를 더 많은 격려와 사랑으로 이끌어 줘야 할 것으로 보인다.

사람에 대해 따뜻한 마음을 가지게 되는 '휴먼 감성'이 연습을 통해 개선되고 강화할 수 있다는 연구가 있다. 이것은 한편으로는 알파세대를 맞이할 선배 세대에게 긍정적인 기대감을 주는 부분이다. 선배 세대와 조금 더 따뜻하게 이 시대를 함께 살아갈 수 있도록 알파세대에게 아래 다섯 가지의 '휴먼 감성' 연습을 추천한다.

첫째, 지금 하고 있는 일보다 중요한 일에 집중하기
시간을 중요한 일에 더 집중하여 사용할 수 있도록 중독이 있는 상황이 있다면 그것에서 분리되는 규칙적인 시간을 만들고 마음을 다스려 보자.

둘째, 나 인식하기
다양하게 나타나는 삶의 상황에서 자신의 모습을 정확하게 감지하고 나의 행동에 따라 앞으로 나타날 일까지도 생각해 보자.

셋째, 타인 이해하기
'그럴 이유가 있었을 거야'라는 생각을 통해 타인의 상황을 이해하려는 마음을 갖자.

넷째, 가상세계 속 이야기 나누기
디지털 속에서 경험했던 일을 체계적으로 정리하여 효과적인 어휘로 표현하는 연습을 하자.

다섯째, 상황 공감력 가지기
타인과의 관계에서 어려움이 생길 때 상황에 따른 융통성을 가지고 다양한 사고방식으로 생각하면서 공감하는 대화를 하자.

알파세대는 인터넷을 통해 수백 명의 온라인 친구를 가지고 있다. 그러나 그 이면에서는 외로움, 불안, 정체성의 혼란이라는 어려움을 앓고 있다.

사람에 대해 따뜻한 마음을 갖는 것은 우리 내면에서 일어나기 때문에 눈에 보이지는 않지만 장기적으로 보았을 때는 상대뿐만 아니라 스스로의 감정에도 긍정적인 영향을 미칠 수 있다.[15] '휴먼 감성'을 위한 다섯 가지 연습과 선배 세대의 격려가 있다면 알파세대가 보다 건강한 인재로 성장할 수 있을 것으로 보인다.

수년 후 알파세대를 이야기할 때에는 사람에 대한 따뜻함이 있는 'WA(Warm Alpha)'라는 약자로 소개되어지기를 함께 기대해 보자.

BX-MZ-A 우리들의 컬래버를 위하여

아직 어린 알파세대는 선배 세대를 보며 사회적 환경과 관계를 학습하고 있다. 선배 세대가 만들어 놓은 것들을 통해 알파세대가 사회에 나왔을 때 어떤 인재로 성장하며 사회에 어떤 영향을 미칠 것인지에 대해서도 결정될 것이다.

첫 시작에서 언급했듯 세대는 시대의 자연스러운 변화로 인해 함께 살아가는 사회 구성원일 뿐이다. 따라서 같은 시대를 살아가는 모든 세대는 서로를 이해하고 포용하며 공존해야 한다. 앞서 B-X세대와 M-Z세대, 그리고 알파세대의 이야기를 이어 오면서 나와 다른 세대에 대한 배려의 마음을 가지게 되어 모든 세대가 행복한 공존의 시대를 살아갈 수 있기를 바란다. 세대에 대한 편협한 시각이나 '편 가르기' 등 다른 세대를 이해하지 않으려는 이기심과 단절로 표현되는 갈등의 상황들은 이제 완전히 내려놓을 필요가 있다.

그럼 B세대부터 알파세대까지의 특성이 정리된 표를 살펴보며 세대가 행복하게 공존할 수 있는 방법에 대하여 6챕터에서 확인해 보자.

세대 구분 표

구분	B세대	X세대	M세대	Z세대	A세대
출생연도	1955~1965년	1966~1980년	1981~1995년	1996~2010년	2011~2025년
시대상	정치적 격변기, 고도성장	문화적 격변기, 급성장 부작용	글로벌 시대 돌입, 저성장, 취업난	인구감소의 시대, 경제의 양적성장 멈춤	저출생, 저성장, 고령화 가속화 시대
집단 vs 개인	집단주의	집단주의와 개인주의 공존	개인주의 인식	개인주의 강화	개인주의 심화
경쟁의 목적	우리 집단의 성장, 성공을 위한 경쟁	내 행복을 만들기 위한 경쟁	내 평균적 삶을 지키기 위한 경쟁	나만의 재능과 개성을 인정받기 위한 경쟁	나만의 개성과 행복을 위한 경쟁과 부모의 영향
삶의 태도	하면 된다	자유와 개성 추구	합리주의 공정성	공정성 능력지향	직관적인 만족 +온·오프라인 모두에서 만족추구
추구하는 가치	진보	다양성, 개방성 (개인존중)	글로벌 스탠다드 (선진화, 표준화)	인류보편적 가치, 지속 가능성	빠름, 기술 진화
기술 환경	아날로그	아날로그, 디지털 이주민	디지털 격변기 SNS 등 디지털문화에 익숙	디지털 네이티브	디지털 네이티브, 인공지능 시대

TOUCHING 터칭

06
챕터

세대 공존을 위한 뉴 패러다임

같은 그림을 보더라도 어느 방향에서 보느냐. 또는 어떤 기준으로 보느냐에 따라 그림은 전혀 달리 보이고 다르게 해석된다. 우리가 사람을 바라볼 때도 크게 다르지 않다. 다양한 세대가 어우러져 사는 요즘 시대, 나의 기준으로 상대를 바라보고 갈등과 마주할 것인가? 배려와 이해로 서로 공존할 것인가? 선택은 나에게 달려 있다.

세대 차이인가? 시대 차이인가?

한 시대를 살아가는 서로 다른 세대들의 이야기!
세대별 동상이몽을 되짚으며 관점을 전환하자.

서로 다른 세대들을 이해하려는 적극성이 필요한 지금

지난해 서울의 한 카페에서 웹툰 작가 사인회 운영과 관련해서 사과문을 공지했다.

그런데 '심심한 사과'라고 작성된 공지 글을 지루한 사과(謝過)로 잘못 받아들인 젊은 세대들의 다음과 같은 비난 글들이 올라왔다.

"맛없는 사과"
"사과가 심심하다는 게 무슨 뜻인가요?"
"사과하려면 정중하게 해야 하지 않느냐!"

이와 같이 젊은 세대가 단어를 제대로 이해하지 못하는 사례들로 '금일(今日)'을 '금요일'로 이해하거나 '사흘'이 '4일'로, '융통성이 부족하다'라는 뜻의 '고지식하다'를 '지식수준이 높다는 것'인 줄 알았다는 사연도 있다[1].

누구나 자신이 관심 없는 분야면 모를 수 있다. 다만 내가 모르는 단어를 인터넷에 검색하거나 주변에 물어봤더라면 어땠을까? 또는 상대가 모르면 그 단어는 이런 뜻이라고 알려 주려는 마음이 있었다면 이런 논란은 벌어지지 않았을 것이다. 그런 마음보다는 왜 그렇게 표현하냐며 인터넷에 댓글을 달았고 그 글을 본 상대방은 언성을 높였다. 그렇게 서로를 비난하는 논란으로 벌어진 것이다.

서로를 배려하고 상대의 관점에서 이해했더라면 어땠을까 싶다.

그림을 볼 때 같은 그림을 보더라도 어느 쪽에서 보느냐, 아니면 무엇을 기준으로 보느냐에 따라 그림이 달리 보인다. 사람들은 내가 편하고 익숙한 대로 '선택적 지각'을 한다. 다름을 인정하고 바라본다면 어떨까?

선배 세대는 꼰대스러울 수밖에 없는가
(시대에 적응하지 못하는 자가 꼰대)

우리는 보편적으로 나이가 많고 직급이 상대적으로 높은 사람을 꼰대라 부른다. 꼰대 성향이 강한 사람의 특징으로는 '자기 생각에 대한 확신이 강함(58.5%)'과 '나이나 지위로 옳고 그름을 판단(58.1%)'이 가장 많았다.

이어 '후배 세대에게 교훈적인 말투(42.3%)', '충성을 강요하는 태도(40.8%)', '조직의 성과보다는 서열 중시(40.7%)'가 꼰대에게 많이 찾아볼 수 있는 모습이라고 답했다[2].

특히 한국 사회는 나이에 따른 서열화가 강하게 나타나는 문화이다. 자신이 불리할 경우 나이와 지위를 이용하여 자신의 구태의연한 사고방식을 강요하면서 상황을 정리한다.

꼰대의 특성을 보이는 사람들은 다른 사람들이 자신의 생각과 신념에 따라야 한다는 생각을 강하게 가지고 있다. 결국, 꼰대가 되지 않기 위해서는 자신의 의견만이 옳다고 생각하지 않으며, 권위를 앞세워 대우받지 않으려는 열린 자세가 무엇보다 필요하다. 수직적인 위계 구조에 의한 과거 방식을 지향하고 시대 변화에 적응하지 못하는 사람이 꼰대가 된다. 그렇다고 나이와 지위가 높을수록 다 꼰대가 되는 것은 아니다. 또한 꼰대라는 말을 무한 남발하며 색안경 끼고 보는 역 꼰대 현상 역시 문제가 아닐까 싶다[3].

후배 세대는 버릇이 없는가? NO NO!!!

기원전 425년경 소크라테스도 "요즘 애들은 버릇이 없다. 부모에게도 대들고 스승에게도 대든다."라고 말했다고 전해진다. 정말 요즘 애들은 버릇이 없는 걸까? 기성세대는 동서고금을 막론하고 수천 년간 다음 세대인 젊은 세대에 대해 왜 이런 시각을 계속 유지하고 있을까? 바로 세대 차이 때문이다. 선배 세대가 후배 세대의 다름을 받아들이지 못해서다[4].

세계적인 언어인지 심리학자 마이클 토마셀로는 "모든 세대는 그 이전 세대보다는 더 복잡하고 다음 세대보다는 덜 복잡하다."라는 말을 남긴 것으로 유명하다. 세대 내의 다양성은 세대가 거듭될수록 계속된다[5].

세상은 변하기에 세대별 차이가 생긴다. 현재의 후배 세대에게 평생직장을 준다면 이들의 행동은 선배 세대와 비슷할지도 모른다. 하지만, 이제는 평생직장의 개념을 찾기 어렵다[6]. 선배 세대는 자녀를 키울 때 회사에서도 인생에서도 주도적으로 자기 목소리를 내라고 가르쳤다. 그렇게 배운 후배 세대가 조직에 들어와서 가정에서 배운 대로 자기 목소리를 내면서 살고 있다. 당당히 자기 목소리를 내는 후배 세대들이 선배 세대의 입장에 서는 버릇없어 보일 수 있다.

평생직장이 있는 시대 vs 평생직장이 없는 시대

최근 세대 문제가 중요하게 대두되면서 우리는 시대와 세대를 같이 알고 있어야 한다. 서로 영향을 많이 받기 때문이다. 세대는 나고 자란 환경과 사회, 문화적 경험으로 그 세대의 수용 능력이 서로를 이해하는 데 많은 영향을 미친다. 왜 그런 행동을 하는지 서로를 이해하고 해석하기 시작함으로써 갈등의 해결을 찾아보려 한다.

요즘은 신입사원이 사표를 빨리 쓴다. 민간 기업뿐 아니라 공무원들도 사표를 빨리 쓴다. 예전에는 볼 수 없었던 이런 상황들에 대해 선배 세대는 "역시 요즘 애들은 개성은 강한데 끈기가 없구나!", "요즘 애들은 절실함도 없고, 우리 때랑은 다르구나.", "요즘 애들은 약해 빠져서..." 이런 시각으로 보고 있다. 사실 이들이 사표를 빨리 쓰는 이유는 끈기나 절실함이 없어서가 아니고, 회사에 희망이 없어서이다.

미래에 대한 불안감이 높아지면서 후배 세대는 스스로 경쟁력을 높이기 위해 자기 계발에 투자하려는 경향이 강하게 나타난다. 이제는 '평생직업' 보다는 '일'이 대신 들어선 것이다[6]. 그런 의미에서 퇴사를 실패나 퇴보라 생각하지 않고 '새로운 도약'으로 인식하는 경향이 달라진 점이다.

2

후배 세대를 바라보는 마음의 온도

좋은 선배란? 나의 만족과 비전에 충실하고 싶은 후배 세대의
생각 속에서 해답을 찾아보자.

책임감과 워라밸 사이

후배가 저녁 6시 정각에 회사를 나간다. 선배 세대는 이런 모습을 보고 "벌써 가니?" 또는 "칼퇴근하니?"라고 묻는다. 출근과 퇴근은 회사가 정한 규정이다. 근로계약서에 명시되어 있는 근무 시간이다. 퇴근하는 후배에게 '칼퇴'한다고 눈치 주지 말고, "잘 가." 또는 "내일 보자."라고 해 보자. 그리고 '칼퇴'가 아닌 '정시 퇴근'이라 바꾸어 부르자.

휴가 역시 일종의 권리이자, 직장인에게는 또 다른 보너스다. 업무에 지장을 끼치지 않는 선에서 쓰는 것은 문제가 되지 않는다. 목, 금요일 휴가를 이어서 쓰는 후배들을 보며 선배들은 난감해할 때가 있다. 요즘은 반반 차를 인정하는 회사도 있다. 금요일 퇴근 시간이 가까워져 오는 시간 오후 4시에 반반차 쓰며 당당히 직장인의 권리를 찾는 후배 세대이다.[7]

야근에 대한 관점도 우리의 오해를 조금 풀어 보자. 후배 세대는 워라밸을 좋아해서 야근을 싫어한다고 생각하지만, 사실 알고 보면 후배 세대도 야근의 필요성이 느껴질 땐 마다하지 않는다. 야근에 대한 태도를 조사해 보면 후배 세대의 인식은 적어도 절반 정도는 할 일 있으면 해야 한다고 생각한다. 1/3 정도는 야근은 하는데 근무 시간 허용범위에서는 한다. 즉 3명 중의 2명은 야근하겠다는 소리다. 그런데 선배 세대는 왜 후배 세대가 야근을 싫어한다고 느낄까? 이들의 야근에도 색깔이 다르다. 후배 세대는 조직에 꼭 필요해서 야근하고, 그것이 내 성과가 되고 내가 일을 배우는 야근은 마다하지 않는다. 다만 무능한 선배가 일을 잘 못해서 헤매다가 하는 야근은 못 한다는 것이다. 왜 그렇게까지 일을 만들어서 야근해야만 하냐는 것이다.

평생직장이 아닌 평생수입원을 이야기하는 후배 세대에게 직장도 일종의 도장 깨기를 한다는 말이 있다. '네카라쿠배당토(네이버, 카카오, 라인, 쿠팡, 배달의민족, 당근마켓, 토스)'라는 말을 들어 봤는가? '네카라쿠배당토'는 이 회사를 순서대로 이직한다는 신조어이다[7].

격식과 자율 사이

"옷이 날개다."라는 말은 '입은 옷이 좋으면 사람이 달라 보인다.'를 뜻한다. 그런데 옷차림 참견은 불편하면서도 민감하기에 해야 한다면 세심하고 조심스럽게 해야 한다. 여기서 말하는 건 일관성 문제다. 같은 옷차림인데 어떤 날에는 그냥 지나치고, 또 어떤 날은 야단치다가 '옷차림' 이야기로 화제를 돌린다든가, A에게 지적한 사항이 B에게는 허용된다든지 하는 식의 불공정은 문제가 된다. 복장 규정에서 강제성보다 중시되는 것이 일관성이다.

지금 필요한 것은 상대방에 대해서 '금지사항'을 정확히 알려주는 것이다. 어떤 복장이 가능한지, 어떤 복장을 조심해야 하는지에 대해서 구체적으로 정해 놓는 사내 규정도 필요하다. 조직의 특성에 따라 복장 허용의 범위가 다를 수 있기에 사전 교육과 공지를 할 필요가 있다.

옛말에 인사하면 관계가 부드러워진다는 말이 있다. 정말 인사하면 관계가 부드러워질까? 그렇다면 대우받으려고만 하지 말고, 선배 세대가 먼저 다가가 편안하게 아는 척해 주는 것은 어떨까? 인사성 바른 사람이 사회성도 바르고, 일도 잘한다고 하던데, 그렇게 중요하면 선배 세대가 먼저 인사하면 어떨까? 후배 세대에게 무조건 모르는 사람에게도 먼저 인사하라고 하는데, 해 본 사람들은 알 것이다. 이런 상황이 얼마나 어색한 것인지. 인사해도 안 받아 주면 더욱 어색하다. 몇 번 인사해도 안 받아 주면 인사하기 싫어진다. 다음엔 피하고 싶어진다.

그리고 승진자들이 돈을 걷어 팀원들에게 승진 턱을 내는 문화를 가진 조직이 있다. 평생직장이 없는 요즘 시대에 굳이 이렇게까지 해야 하나 싶다. 팀 규모가 크거나 작거나 이런 허례허식을 누가 만들었는지 궁금하다. 사실 승진한 것은 내가 열심히 일했고 공을 인정받아 승진한 건데 다른 사람에게 대접하고 감사해야 하는지 잘 모르겠다. 감사 인사를 하는 것까지는 그렇다 치지만, '음식이 저렴하니', '자리가 어떠니'라는 말까지 듣는 것은 불편하다. 굳이 이런 허례허식을 따라야 하는지 모르겠다. 승진 턱에 대한 부담이 앞서 승진 못 하겠다.

관심과 간섭 사이

팀원과 중요한 프로젝트가 끝났다. 무언가 해 주고 싶다는 마음이 들면 퇴근을 빠르게 시켜 주면 된다. 후배들 고생했는데 그냥 보내기 미안하고 무언가 해 주고 싶은 마음이 들면 금전적 지원을 해 주면 된다. 술, 고기 먹고 동기부여가 되던 시대는 지났다. '한우 오마카세' 정도면 모르겠지만, 그게 아니라면 지금 하는 회식이 즐거운 회식인지 생각해 봐야 한다.

상공회의소에서 실시한 세대별 조사에 따르면, '원활한 업무수행과 소통을 위해 팀빌딩 활동이 필요한가'라는 질문에 절반 이상이 조직 내 팀빌딩 활동이 필요하다고 답했으나, '소통을 위한 가장 효과적인 수단이 회식이다'는 질문에 그렇다고 답한 사람은 14.5%에 불과하며 세대별로도 큰 인식의 차이를 보이지 않았다[8].

동기부여가 되기 위한 회식이 필요하다. 전제조건은 선배들 기분 좋으라고 하는 회식이 아닌 조직문화에 이바지하기 위한 것. 즉, 조직 구성원들 동기부여하기 위해 회식을 하는 거다. 그럼 회식을 하려면 회식장소는 조직 구성원들이 좋아하는 곳으로 가라. 회식을 갔는데 후배들이 그 장소에서 사진 찍고 SNS에 올리면 성공한 거다. 하지만 SNS 올리는 그런 거 본 적 없으면 그 회식은 반성해야 한다. 소주에 삼겹살이라도 새롭고 재미있는 곳은 많다. 그런 곳을 가야 "역시 우리 회사가 달라졌다."라는 말이 나오는데, 회식하면 늘 같은 곳에 가서 나누는 대화도 똑같다. 회식문화가 많이 바뀌었다고 하지만, 회식하면 반기는 사람은 없어 보인다. 99년 11월 8일 경향신문을 보더라도 '후배 눈치 보는 회식, 상사는 괴로워'라고 실린 것을 보면 그때도 회식은 불통을 감내하며 버텨야만 하는 업무의 연장선이었던 것

같다. 회사에서 이제까지 회식비를 대준 이유는 조직문화에 이바지한다고 해서 비용을 지불 해 준 것이다. 그런데 변함없이 늘 똑같은 회식이라면 조직문화를 망치고 있는 건 아닌지 한번 생각해 봐야 한다. 조직 구성원들은 회식문화를 새롭게 발굴시켜야 한다. 회식하면 재미있고 즐거워서 할 만한 방식으로 같이 어울릴 방법을 찾을 테고 그래야 회사에서도 회식비 주는 것을 아까워하지 않을 것이다.

혹시 '싫존주의'라는 말 들어 보았는가? '싫존주의'는 선배 세대보다는 후배 세대가 많이 쓰는 말이다. 현대사회가 추구하는 다양성을 반영한 신조어로, 불만을 당당히 드러내는 현상이다. 젊은 세대의 솔직하며 직설적인 모습을 반영하고 있는데 후배 세대가 싫어하는 그것마저 존중해 달라는 말이다.

후배 세대는 어떤 누구도 상대방의 나이를 묻지 않는다. 상대방의 직업도 궁금해하지 않는다. 상대방이 돈을 얼마나 버는지도 관심 없고, 취미 때문에 모였으면 취미만 이야기한다. 이런 모임은 보통 시즌제로 운영되고 나이 상관없이 대하다 보니 모두가 존칭을 사용한다. 나이 상관없이 서로 동급으로 대하는 부분이 선배 세대에게 필요한 태도일 수 있다.

과거의 관성에 익숙한 사람들은 이런 생각을 한다. '내가 여기서 한참 높은 사람이고, 돈도 많이 번 사람인데 생색도 못 내는군...' 이런 생각을 하면 모임에 못 나간다.

선배 세대는 불특정 다수와 보편적으로 인맥을 쌓는 것을 좋아한다. 하지만 후배 세대는 시간 낭비, 에너지 낭비라 생각해서 정말 친밀한 사이 몇 명만 만들고 나머지는 그냥 모르는 사이가 된다. 불필요한 술자리 역시 원치 않는다. 또한 혼밥과 혼술이 점차 보편화되어 가고 있다. 그런데 회식하는 것이 좋을까? 생각해 봐야 한다.

비전과 인내 사이

대 사직 시대(The Great Resignation)라는 말이 있다. 사표를 내는 사람들이 엄청나게 늘었다는 뜻이다. Covid-19 팬데믹 시기엔 일자리가 없는 것이 사회적 문제였지만, 이제는 일자리가 있어도 가지 않는다고 한다. 또는 조용한 사직(사표를 내지는 않지만, 직장에서 할 수 있는 최소한의 일을 하는 것을 의미)을 워라밸, 부업, 취미생활을 한다. 선배 세대는 젊은 직원들을 보면서 혀를 끌끌 찬다. '나 젊을 때는 안 저랬는데...'

신입사원 교육에서 사장님과 차 한잔하면서 신입사원의 포부를 듣는 시간이 있었다. 사장님은 이야기를 듣던 중 똑똑하고 발표도 잘하는 한 신입사원에게 "자네는 임원이 될 친구야, 잘해 보게."라며 덕담을 건넸다. 그러자 그 신입사원은 "저는 이 회사를 그렇게 오래 다닐 생각이 없습니다."라고 답했다고 한다.

카페테리아에서 음식을 먹고 있던 부장님 앞에 신입사원이 앉게 되었다. 그런데 앉자마자 이어폰을 귀에 꽂는 게 아닌가. 당황한 부장님이 그 날 있었던 일을 블라인드에 올리자 '젊은 직원이 당연한 것을 부장님은 왜 그래요?, 불편하게 하지 마세요.'와 같은 댓글이 달렸다.

직장에 관한 생각이 다르지만, 사람들은 자기 입장에서만 생각한다. 자기 회사 다닐 때만 생각하고 행동한다. '예전엔 안 그랬어.' 이렇게 접근하지 말자. 요즘은 3개월 차도 세대 차이가 난다.

또 한 사례로 신입사원의 "저희 회사의 복지는 어떤가요?"라는 질문에 "우리는 자녀가 결혼하면 자녀 학자금 지원이 있네."라는 답이 돌아왔다. 그러자 신입사원이 말했다. "저는 결혼할 생각이 없는데, 자녀 학자금이 무슨 의미가 있나요?"

이제는 복지 역시 조직 구성원들에 맞추어, 그들이 좋아할 수 있도록 '나노 복지'를 해 줘야 한다[9].

흥미가 중요한 후배 세대에게 회사는 어떤 의미일까? 회사는 돈 받고 일하는 곳이지만 즐겁게 일하고 싶은 마음이 있다. 후배 세대는 신바람 나게 일하는 방법, 일하는 재미를 일깨우기 위한 것을 생각한다. 선배 세대는 나를 버리면서 일하는 것이 진리였다면 후배 세대는 나를 지키며 일해야 한다고 당당히 말한다. 후배 세대는 자라 오면서 원하는 것은 기다릴 필요 없이 즉각적으로 주문해 누리며 살아왔다. 원하는 프로그램이 있으면 인터넷으로 바로 시청하는 환경에서 살아왔다. 모든 것을 기다리지 않고 바로 찾고 누릴 수 있는 것이다. 이러한 환경으로 인해서 시간과 노력이 필요한 '직장 내에서의 인간관계' 또는 '업무 만족도'를 얻는 데 어려움을 겪게 된다면 이들은 어떻게 할까? 기존 선배 세대가 해 왔던 것처럼 도제식 교육을 이야기하며 단순히 버티라고 한다면 어떤 반응을 보일까? 후배 세대는 이러한 방식은 불확실성만 높이기 때문에 실력을 몸에 장착하는 것만이 살길이라고 생각한다. 그렇다 보니 지금 위치와 승진보다는 프로젝트에 참여하는 것에 대해서 자기 능력보다 과도한 욕심을 내는 경우가 있다. 해 보지 않은 길, 가 보지 않은 길에 대한 도전으로 인한 경우가 있으면서도 이력 실패에 대한 두려움도 가지고 있다. 해 보지 않은 일에 대해 두려움을 느끼는 것은 지극히 정상적이란 것을 알려줄 필요가 있다.

후배 세대가 겪는 성장에 대한 갈증이 그저 시간이 지나면 해결될 문제라고 선 긋기 전에 생각해 봐야 한다.

소속감보다는 개인의 만족감, 상사에 대한 충성보다는 일의 의미가 중요한 후배 세대는 이상과 현실의 부조화가 일어나는 조직이 불합리하고 불편하다.

적극성과 효율성 사이

태어날 때부터 인터넷이 익숙한 디지털 세대인 후배 세대는 '다시 보기', '미리 보기'를 통해 목적지를 분명히 하고 공부했다. 반복 학습이 가능한 온라인 공부로 학생이 강사를 선택하고, 표본 강의를 들어 보며 내 입맛에 가장 잘 맞는 강의를 선택했다. 이렇듯 후배 세대는 늘 선택의 주도권이 본인에게 있었고 이야기할 수 있었다.

인터넷 세대인 후배 세대는 태어날 때부터 이렇게 매뉴얼에 맞추어 명확하게 진행되었던 것들이 익숙하다. 게임부터 학습까지 모든 것이 매뉴얼

이 있어야 이해가 된다. 그렇다 보니 매뉴얼 없이 오랜 시간 참고 앉아서 답을 찾는 것이 익숙지가 않다. 모험과 도전보다는 시행착오를 최대한 줄이자는 좌우명으로 살아온 후배 세대 입장에서는 조직에서의 업무처리부터 난관에 봉착한다. 팀장님의 암호 같은 애매모호한 업무지시가 떨어졌다. 의중을 해석하고 고민해서 보고서를 가져갔다. 팀장님은 "물어보지도 않고 마음대로 했다."라며 꾸중만 한다. 이번에는 지난번처럼 쓴소리 듣지 않기 위해 물어봤더니 "그것 하나 모르냐... 언제까지 알려줘야 하냐..."라고 한다. 선배 세대로부터 "일단 해 봐. 해서 가져오면 봐 줄게."와 같은 두루뭉술한 지시에 후배 세대는 거부감이 든다. '일단'은 세상에서 제일 거부감이 드는 단어이다. 명확하지 않은 지시로 같은 일을 여러 번 반복하기 때문이다[4].

상공회의소에서 업무에 대한 열정을 조사해 본 결과 '일을 제대로 배워 보고 싶다'라는 물음에 20대는 93.6%, 30대는 92.6%, 40대는 92.8%, 50대는 90.9%가 '그렇다'고 답했고, '일을 잘하고 싶다'라는 물음에 20대는 93.6%, 30대는 93.5%, 40대는 95.2%, 50대는 96.1%가 '잘하고 싶다'고 답했다. 결과에서 보듯이 후배 세대도 역량을 인정받고 성장할 기회를 원한다[8].

후배 세대가 쉽고, 같은 것을 여러 번 물어본다고 이들의 열정이 없다는 오해는 멀리하자. 후배 세대는 정답이 있는 것에 맞추어 지내온 터라 정확하게 한 번에 끝내야 한다고 생각하고 있는 것이다. 이들에게 알려 줄 것은 공부처럼 한 번에 끝나는 것이 아닌 지금 하는 일이 단순 반복적이더라도 앞으로 하는 일이 왜 하는 것이며, 어떻게 연결이 되고, 어떤 자세를 가져야 하는지를 알려 줘야 한다. 전체적인 배경이 무엇이 문제고, 뭘 잘못했는지 구체적으로 교정해 주면서 후배 세대를 위해서 말을 하는 것이라는 신뢰가 전제되어야 한다.

과거에는 '친하게 잘 어울리고, 야근 안 시키고, 말 잘 통하고 술 잘 사주고, 문제 생기면 해결해 주는 선배'가 좋은 선배였다면, 현재는 '업무지시와 피드백을 빠르게 명확하고 구체적으로 하고, 성장할 수 있게 해 주는 선배'가 지금의 후배 세대가 생각하는 좋은 선배다. 요즘 시대의 좋은 선배상은 후배를 성장할 수 있게 해 주는 선배이다.

3
선배 세대를 바라보는 마음의 온도

좋은 후배란? 나의 비전보다 헌신을 미덕으로 삼았던 선배 세대의
속사정 속에서 해답을 찾아보자.

책임감과 워라밸 사이

2019년 기업 910곳의 리더들을 대상으로 한 '구조조정 대상은 누구인가'에 대한 조사에 따르면 구조조정 대상 1위로 꼽는 직원은 '근무태도가 불성실한 직원' 52.3%이었다. 이어서 '개인 실적이 부진한 직원' 18.2%, '높은 연봉을 받는 직원' 7%, '실적이 부진한 직원' 18.2%, '인사고과가 낮은 직원' 5.7%, '비정규직 직원' 3.2% 순이었다. 선배 세대는 '일 못하는 직원, 험담하는 직원'보다 '근태가 불성실한 직원'을 더 싫어한다고 응답했다[2].

가족을 위해 일한 선배 세대는 자신의 삶을 돌볼 시간이 없었다. 그들의 삶을 포기하며 살고 싶지 않았지만, 일터에서 생존하기 위해서는 일과 삶의 균형을 지키며 일하기란 쉽지 않았다.

선배 세대는 지각했을 때 사무실에서 느껴지는 싸늘한 공기, 볼펜 하나 떨어져도 소리가 크게 날 것같이 조용한 사무실에서 느껴지는 시선이 두려었다. 그런 날은 서류를 옆구리에 끼고 복사해 오는 척하거나, 의자에 카디건을 걸어 놓고 잠깐 화장실에 다녀온 척하거나, 화장실에 미리 숨겨둔 슬리퍼를 신고 잠시 밖에 다녀온 척하며 들어오는 등 다양한 위장 전술을 쓰곤 했다. '근무태도가 조직 생활에서 중요하다.'라고 생각했기 때문에 했던 성의 있는 행동이다. 왜냐하면 그들은 IMF의 금융위기 속에서 사회생활의 어려움을 겪었고, 컴퓨터 기술과 인터넷의 발달로 디지털을 경험했다. 아날로그로 시작했으나 대학이나 사회에 진출하며 디지털이라는 낯선 환경을 경험했고 새로운 환경에도 부지런히 적응해냈다. 모든 과제를 기존과는 다르게 컴퓨터로 다루는 새로운 도전이었다. 그러다 보니 새롭게 도전하는 생존전략은 조직에 순응하고 개인의 경쟁력에 몰두하는 새로운 면모를 보이는 것이었다.

어찌 보면 이 위기를 기점으로 수직적이고 보수적인 조직에서 사회 경험을 시작했으며, 직장을 다닐 때는 주 5일제가 적용되기 전으로, 토요일도 근무하였다. 평일 저녁은 회식과 야근을 번갈아 하면서 바쁜 생활의 연속이었다. 이때 나온 말이 '월화수목금금금'이었고, 개인 생활도 없이 회사에 충성을 다한 만큼 출세가 보장되었다. X세대 선배들의 삶은 개인보다는 회사 생활 위주로 흘러갔다. IMF 이후 하루하루가 바쁠 수밖에 없었고, 그 당시 부서의 후배 세대로서 많은 업무를 배워 가고 알아 가며 생활했다. 선배 세대는 IMF라는 직격탄을 맞으면서 조직 내에서 성숙함을 가지게 되었고, 조직에서 바로 위 세대들과 합을 맞추어 일하며 많은 성과를 냈던 자부심이 있다. 그렇다 보니 과거의 경험을 들려 주려는 '라떼는 말이야'라는 말을 자주 하게 되는 것이다.

격식과 자율 사이

"직장에선 기본예절을 갖춰야지." 사무복은 근무태도를 반영한다. 사람들의 행동은 옷에 따라 조금씩 변한다. 옷차림에 따른 사람들의 행동을 알아보기 위해 옷에 대한 선입견이 없는 아이들을 대상으로 실험해 보기로 했다. 5살 유치원 생들에게 하루는 턱시도를 다른 날은 편안한 복장을 입히고 관찰했다. 편안한 복장을 입힌 날은 아이들이 정말 편안하게 뛰어놀고 장난도 잘 치고, 밥 먹을 때도 많이 흘리며 먹는 모습을 볼 수 있었다. 그런데 턱시도를 입은 날은 평상시와는 달리 의젓해진 모습을 볼 수 있었다. 왜 아이들의 행동에 차이가 나는 것일까? 신경정신과 전문의 이상일 박사 말에 의하면 평상시에 TV나 잡지에서 본 턱시도 차림의 사람들이 멋있게 보이고 점잖게 보이는 모습을 학습함으로써 그 모습이 사회적 학습효과가 된 것이라고 한다.

일본의 한 택시회사 역시 고급스러운 기사 복을 택시 기사에게 입혔더니 놀랍게도 아주 거칠고 불친절했던 기사들이 그 옷을 입은 뒤로 신사처럼 점잖게 변했다고 한다. 이렇게 옷차림은 사람의 행동을 변화시킨다. 최근 들어 기업마다 자율복장 바람이 거세다. 민간 기업은 물론 공공기관까지 권장하고 있다. 수직적 위계를 무너뜨리고 수평적 문화를 위해서란 명분에는 동의하지만, 머리와 가슴이 따로 노는 게 현실이다. 아무리 자율복장이라 하지만, 반바지에 슬리퍼로 고객을 만나는 것은 조금 생각해 봐야 하지 않을까 싶다. 편안하게 비즈니스를 한다는 측면에서는 좋을 수도 있지만, 한편으로는 정신적 긴장감 없는 듯한 모습이 보인다. 같은 사람도 예비군 옷을 입었을 때랑 정장을 입었을 때 걷는 태도 역시 달라지는 모습을 볼 수 있다. 옷차림은 전략이라는 말처럼 선배 세대는 상사가 사무실에 걸어두고 사시사철 입었던 감색 작업복 점퍼를 기억한다. 그때는 왜 그 옷이 싫었는지. 내 상사들은 옷을 못 입는 게 문제였는데 요즘 친구들은 옷을 개성 있게 잘 입는다. 잘 입진 않아도 단정하게라도 입었으면 좋겠다[4]. 갑자기 미팅이 잡히거나 중요한 자리에 가는데 복장으로 곤란했던 적이 있다 보니 복장에 대해 생각해 봐야 할 것 같다.

선배 세대가 직장 생활을 하던 그때는 회사에 기여하는 것이 곧 나의 성장에 기여하는 것이었다.

근로계약서라는 것이 존재하지만, 선배 세대는 근무시간 전에 미리 출근해서 차 마시고 여유 있게 업무를 미리 파악해 놓고 일을 했다.

공동체 사회이다 보니 실수 없이 근무하자는 바람이다.

관심과 간섭 사이

회사의 성장이 나의 성장이다. 그것이 선배 세대이다. 과거 조직에서 귀에 못이 박히도록 공과 사를 구별하자고 강조했던 이유는 그만큼 공과 사를 구별하기가 쉽지 않았기 때문이다. 선배 세대는 늘 "우리가 남이가?" 하고 선창하면 "아이다." 할 때 무언가 뜨거운 게 가슴에서 솟아오르곤 했다. "이게 술이 가?" 하면 "아이다 정이다." 하면 말 그대로 술잔에 정이 담겼다[3]. 우리의 정서와 맞닿아 히트했던 광고 하나가 떠오른다. '말하지 않아도 알아요. 눈빛만 보아도 알아요.' 사적인 정이 돈독할수록 일도 잘된다는 게 선배 세대의 보편적 정서다.

"사적 관심으로 관계의 다리를 놓아라." 조직 생활에서 마르고 닳도록 들은 이야기다. 가정사나 주말 이야기를 스몰토크 주제로 삼아 딱딱한 분위기를 풀어야 인간미가 있다고 생각했다. 집들이, 자녀의 돌잔치, 부모의 환갑, 초상까지 생애 주기를 함께하며 챙겨준 사람들은 우리의 직장 상사였다. 직장동료 간의 친한 정도를 표현할 때 "그 집 숟가락부터 신발 개수까지 다 안다."라는 관용적 표현을 쓰는 것이 그 증거이다. 전통적 조직의 직장 상사는 공적, 사적으로 다양한 지혜와 정보를 전수해 주는 멘토 역할을 자임했다. 직장 상사들의 인생 경험담을 100% 곧이곧대로 듣다가 부작용이 나는 경우도 적지 않았다.

예컨대 결혼을 막 한 직원에게 해 주는 조언이 있었다. "신혼 초반에 주도권을 잡아야지, 이 시기를 놓치면 평생 고생한다."라는 말을 하며 술을 거하게 먹여 늦게 귀가하도록 하는 것이다. 또는 같이 밤늦도록 술을 마시다 직장 상사의 집에 찾아가 2차를 하거나 또는 1박 하고 오는 실례가 직장 생활에서 일종의 통과의례였다. 사적으로 얽힌 정은 선배 세대로서 어려운 지시를 할 때 윤활유 작용을 했다. 일이 꼬이면 "힘들지만 어쩌겠냐? 너 아니면 내가 누구한테 말하겠어." 선배 세대가 어려운 부탁을 할 때 하는 말로, 관계로 푸는 것이 가능했던 시대였다. 서로에 대해서 속속들이 알고, 일상생활까지 모두 파악하고 있었던 덕분이다. '퇴근 후 딱 한 잔'이 '또 한 잔'을 부르며 새벽까지 이어지는 경우도 적지 않았다.

선배 세대 입장에서는 먹는 것을 고를 때도 되도록 통일한다. 취향에 대해서 질문하는 것도 질문받는 것도 익숙하지 않다. 말하기 전에 눈치껏 알아서 해 주며 다 같이 통일하는 것이 좋고 편했다. 그렇다 보니 제일 좋아하는 메뉴는 '아무거나'라는 말까지 나왔다. 식당에 가서도 가장 빠르게 나오거나 동료와 같이 먹을 수 있는 것을 시킨다. 일행과 같이 먹기 시작해서 같이 일어나는 게, 통일된 음식을 시키는 것이 조직의 눈치코치 적응 지수라고 생각한다[4].

비전과 인내 사이

'상사를 모시는 것'을 조직 생활에서 꼭 지켜야 할 것으로 여겼지만, 요즘엔 수평적 조직문화 바람이 불면서 평등하게 변해 가고 있다. X세대 선배는 위로는 삶의 연륜이나 경험, 최고의 인맥을 가진 386세대를 모시고 있다. 아래로는 일과 삶의 균형을 삶의 과제로 삼고 있는 밀레니얼을 모시며 살고 있다. 후배 세대는 어려서부터 주입식 수업과는 다른 토론식 수업을 많이 접했기 때문에 논리적 사고를 훈련했고, 네트워크도 강해서 무조건 선배 말 들으라고 했다간 온라인 여론에 뭇매를 맡기 십상이다[4].

선배 세대는 일단 몸으로 부딪치고 맨땅에 헤딩하는 것이 익숙했다. 선배 세대는 집단주의 성향이 강하고, 주말 근무, 반복되는 야근에 대해 크게 거부감이 없었다. 선배 세대는 개인의 삶보다는 조직을 위한 희생을 당연하게 여겼다. 그러나 개인주의 성향이 강한 후배 세대는 빈번한 야근, 불필요한 회식으로 사생활이 침해당한다고 여긴다. 후배 세대는 일에 대한 합리적 대우, 유연한 근무시간, 자유롭게 쓸 수 있는 휴가를 원하고 있으나 이렇게 후배 세대 입맛에 맞는 업무환경과 조직을 가진 기업은 드물다.

국내 한 기업의 조사(2013~2015년 평균 야근 횟수에 따른 퇴직 인원 비율에 관한 조사)에서 야근 횟수가 많아질 때, 퇴사하는 비율이 젊은 세대일수록 뚜렷하게 높아지는 것으로 나타났다. 예컨대 주 3, 4회 야근할 때 사원 직급 퇴직률은 부장 직급 퇴직률보다 14배나 높았다. 사원 직급이 부장 직급보다 평균 퇴직률이 높은 것을 감안한다 해도 매우 높은 수치다.

또한 올해 대한상공회의소와 맥킨지에서 발표한 '한국 기업의 조직 건강도와 기업문화 진단 보고서'에 따르면 야근에 대한 부정적 인식이 50대보다 20~30대에서 10% 가량 높게 나타났다. 최근 방영된, 젊은 직장인의 퇴직 풍토에 대한 다큐멘터리에서도 국내외 유명 대기업에 근무한 젊은 직장인들이 비합리적 집단 문화에 반발하고 있음을 보여 줬다[8].

미국의 벤처 투자가 메리 마커의 지난해 '인터넷 동향 보고서'에 따르면, 밀레니얼 세대에게 가장 중요한 것은 '높은 금전적 보상'이 아니라 '의미 있는 일'이라고 한다. 한국도 유사한 현상이 나타난다. 올해 한국경영자총협회가 펴낸 보고서에 따르면, 1년 내 퇴사하는 신입사원들의 퇴직 사유에서 '조직 및 직무 실패'(49.1%)가 '급여 및 복리후생'(20.1%)보다 훨씬 높게 나타났다. 밀레니얼 세대들은 일의 의미나 가치를 인식하고 흥미를 느끼면 주말 시간도 반납할 만큼 몰두하고 헌신하는 태도를 보이기도 한다[9].

밀레니얼 세대는 의미 있고 가치 있는 일을 선호하다 보니 지금 하는 업무가 단순하거나 가치 없다고 생각되는 일은 하지 않으려는 성향이 있다.

그런데 이제 일을 시작하고 배우는 젊은 직원들이 해야 할 일은 제쳐둔 채 '의미 있고 경력에 도움되는 일'만 하려다 보니 조직에서 갈등을 일으킨다는 지적도 있다.

적극성과 효율성 사이

요즘 후배 세대는 당돌하고 거칠 것이 없다. 팀 회의를 하는 데 많은 질문을 쏟아낸다.

선배 세대가 후배 세대일 땐 능력 부족으로 보일까 봐 선배 세대에게 질문하는 것조차 조심스러웠는데, 요즘 후배 세대는 안색 하나 안 변하고 하나부터 열까지 다 물어본다. 질문에 일일이 답하는 선배 세대가 진땀 빼는 모습도 종종 보게 된다. 어쩌면 선배 세대는 일하는 것보다 업무지시가 더 어렵다. 선배 노릇을 하기도 쉽지 않다. 후배 세대에게 업무를 전달하고 나면 업무 피로도가 배가 되는 느낌이다. 내 일도 태산인데 업무 목표와 배경, 기대하는 역할과 심지어 보고서 형식까지 모든 일에 방향 지시를 해 주어야 하다 보니 누가 일하는 건지 모르겠다. 거기에다 이 일을 왜 자기가 해야 하는 거냐고 반문하는 후배 세대에게 당위성까지 설명해 주어야 하다 보니 여간 어려운 게 아니다.

과거 선배 세대는 일하면서 설득은커녕 설명도 없이 하라면 하는 환경에서 살았다. 주도적으로 일할 욕심은 1도 못 냈던 선배 세대이다. 눈치껏 맥락을 이해하며 어깨너머로 배웠던 선배 세대로서는 후배 세대에게 기준을 어떻게 줘야 하는지 난감하다. 상사의 지시에 군말 없이 따르는 걸 미덕으로 여겼던 선배 세대의 시각으로 보자면, 모든 일의 방향 지시를 해 줘야 하는 젊은 직원들은 조직 분위기와 업무 능률을 해치는 '오피스 빌런(Office villain-직장의 골칫덩이)'에 해당한다. 직장인들이 꼽은 최악의 오피스 빌런 유형 1위는 책임회피형, 궁예형, 외골수형, 질문봇형 순으로 나왔다.[10] 하지만 2018년 밀레니얼 세대들에 대해 다룬 저서 〈90년대생이 온다)를 출간한 임홍택 작가는 이들을 싸잡아 '문제 사원'이라고 낙인찍는 것은 잘못이라고 주장한다. 그는 10월 12일 진행한 인터뷰에서 "전체의 권리를 주장하는 건지, 나만의 특별한 권리를 내세우는 건지를 가려내 그들을 명확히 구분해야 한다."라고 말했다. 과거에는 질책하는 방법으로 동기부여 시켰었는데, 그건 그때 선배 세대에게는 먹혔지만, 지금 후배 세대에겐 잘 안 먹힌다. 오히려 칭찬이 동기부여에 효과적일 수 있다.

4
공존을 위한 마음의 온도 조절

서로를 바라보는 인식의 전환이
공존을 위해 해야 할 우리의 숙제이다.

자연스러운 갈등 현상

우리는 같은 시대를 살아가면서 출생 시기에 따라 시대적 경험의 차이로 사람과 세상을 다르게 느끼며 표현해 왔다. 후배 세대는 선배 세대가 '따분하다. 고리타분하다. 알지도 못하면서 자신이 살아온 시대의 것만 강요한다.'라고 생각한다면, 선배 세대는 후배 세대를 '고생을 모르고 자라서 편안함만 추구한다.'라며 단정 짓는다.

같은 시대에 살고 있지만 누군가는 아직 산업화 시대에 머무르고 있고, 누군가는 최첨단 시대를 살고 있다. 동시대를 살지만 생각과 기준이 다를 수 있다. 이렇게 다른 것이 정상이다. 같아야 한다고 하는 것이 넌센스다. 서로가 다른 것을 인정하고 문제를 풀어야 한다[4].

오랫동안 해 왔던 행동들은 관성이 되어 쉽게 바꾸지 못한다. 관성과 변화의 싸움이 세대 갈등이라는 것으로 변질되어 드러난 게 요즘 이슈이다. 우리는 세대 갈등을 이렇게 봐야 한다. 선후배가 싸우는 게 아닌, 선후배가 같은 팀이 되어 조직이 가지고 있는 일하는 방식의 문제, 과거의 관성과 싸우는 것이라고 말이다. 이렇게 봐야 갈등을 자연스럽게 받아들이고 갈등을 줄일 수 있지 않을까 싶다. 무조건 선배는 후배를 가르치고 교정해야 하는 대상으로 여기고, 후배한테는 선배 말 잘 들으라고만 한다면 둘 사이가 봉합이 안 된다. 모든 갈등 해결의 출발점은 상호존중에서 시작한다.

조직은 일은 수직으로 관계는 수평적인 구조 속에서 서로 경쟁해서 더 좋은 성과를 만들어 주는 곳이다. 수평화라고 위아래 없애고 버릇없고 서로 다투는 조직을 만들려는 게 아니다.

시대 변화가 세대 간 인식 차이로 이야기되는 것이 필연적이다. 갈등을 완전히 없애는 것은 불가능한 일이며, 특히 세대 갈등은 동서양을 막론하고 어느 곳에나 존재했다[11]. 세대 갈등은 피할 수 없는 것이다 보니 적절한 수준에서 관리해야 할 필요가 있다. 무엇보다 후배 세대에게 성공한 경험을 제공하는 것이 중요하다. '직업에 보람을 가져라'는 말보다 보람을 느낄 수 있는 환경을 제공해 주는 것이 더 효과적인 방법이다.

회사는 친목 단체, 동창 모임이 아닌, 자아실현을 하고 그에 따른 성취감을 느끼는 집단이다. 나이가 능력으로 평가받아서는 안 된다. 그렇다고 선배 세대와 후배 세대가 서로 싸우라는 건 아니다. 우리는 조직에서 '세대 갈등' 하면 선배가 어떻게 하면 후배를 혼낼까? 후배는 어떻게 하면 선배를 공격할까를 궁리한다. 이렇게 하면 조직의 존폐도 어려워질 것이고 세대 갈등만 더욱 심해질 뿐이다. 우리에게 필요한 관점은 위계 구조로 지내왔던 과거의 조직문화와 새로운 조직문화가 부딪히는 것으로 보는 것이다. 후배 세대도 얼마 지나지 않아 어김없이 더 젊은 후배 세대를 맞이하게 될 것이다. 그때 선배 세대가 과거에 자신에게 했던 말과 행동을 생각해 보면 왜 그렇게 말을 했는지 이해하게 될 것이다. 그리고 선배들의 말을 똑같이 따라 할 수도 있다. '요즘 애들 버릇없다고'말이다[4].

'닭이 먼저냐?, 달걀이 먼저냐?'라는 질문이 무의미한 것처럼 조직과 개인의 성장에 우선되는 것은 없다. 개인은 조직원으로서 의무를 다하고, 조직은 개인이 성장할 배경이 되어 주는 선순환이야말로 우리가 추구해야 할 미래이다. 서로 다른 세대가 최우선으로 하지 말아야 할 행동은 선배 세대가 후배 세대에게 '줄임말 신조어 쓰고 노는 것 좋아하고 이기적인 세대'라 하고, 후배 세대는 선배 세대에게 '나이 서열 따지고 과거 방식을 고집하는 꼰대 같은 세대'라고하는 이런 부정적 프레임을 버리는 것이다. 계속해서 세대는 변화하고 진화하고 있다는 것을 기억해야 한다.

공존하기 위한 배려와 이해

평소 우리가 만나 왔던 사람들을 보자. 어떤 사람은 가족이라는 울타리 안에서 만나 왔고, 어떤 사람은 회사에서 쭉 우리 곁에 가까이 있었던 사람들이 될 것이다. 이들과의 관계에서 우리의 입장이 아닌 그들의 입장에서 이해하고 배려하는 태도를 갖자.

2022년에 TV에서 방영된 드라마〈슈룹〉, 드라마 속 중전 임화영(김혜수 분)의 모습이 눈에 띄었다. 때로는 무모할 정도로 저돌적이지만, 대체로 인간적이고 지혜도 있고 최고의 리더십을 발휘하는 캐릭터로 그려졌다. 슈룹은 우산의 옛말이다. 드라마 제목처럼 중전 임화령은 왕을 쥐고 흔들려는 신하들과 대립하는 왕 이호를 보호하는 우산이자 대군과 후궁들, 그 왕자들의 든든한 우산이 되고 있다. 몇 가지 장면을 살펴보자.

첫째, 세자 경합 전에서 최종 후보에 오른 직급이 낮고 어린 후궁이 권력에 눈이 멀어 중전에 대한 유언비어를 퍼뜨렸다. 중전은 그 후궁의 직급을 중궁전 나인으로 낮춰 일을 시키고, 어느 누구도 후궁 근처에 가서 일을 돕지 못하게 한다. 오랜만에 힘든 일을 하다 침전에 잠들어 버린 후궁을 보고 "몸이 고달프니 마음의 시름이 잊히더냐? 자네가 정3품 소용이 된 것은 주상의 아들을 낳아서만이 아니라 어미로서 왕자를 잘 돌보라는 책임이 주어진 것이다."라며 따뜻하지만 단호한 조언을 한다.

둘째, 아들이 역모에 해당하는 잘못을 했을 때도 노발대발하는 것이 아니라 "내가 앞서 걷는 것이 아니라 먼저 가 본 길을 가르쳐 주는 것이다."라는 가르침을 주며 이해시킨다.

셋째, 친정의 세도를 등에 업은 후궁이 친자확인을 한다면서 약품에 이물질을 섞어 결과를 왜곡시켜 중전이 난처한 상황이었다. 그런 상황에도 중전은 당황하지 않고 그렇다면 같은 약품으로 친자확인을 한 번 더 해 볼 것을 제안한다. 중궁을 난처한 상황에 빠트린 후궁도 친정아버지와 같이 친자 검사를 해 보자고 하며, 지혜롭게 대안을 제시한다.

넷째, 왕세자 경합에서 승패의 관건을 쥔 성균관 유생들은 외부와 차단한 상태에서도 대비 측에서 벼슬과 부를 약속받은 부친들의 전갈을 갖가지 방법으로 몰래 전달받고 판단이 기울어졌다. 중전은 직접 들어가 확실한 증거를 찾았음에도 왕에게는 찾지 못했다고 말했다. 대신 유생들에게 "흔들리지 않는 고집과 패기를 기대했다. 장차 이 나라를 이끌어 나갈 유생들이 어째서 주인이 될 기회를 팔아 버리느냐?"라며 유생들의 가슴에 정의에 대한 불꽃을 끄집어냈다. 상대의 약점이 드러나고 명확한 승기를 잡고도 이를 이용하기보다는 상대가 바른 판단과 선택을 할 기회를 주며 상처를 기꺼이 보듬는 중전의 카리스마는 절로 탄복하게 한다. 홀로 앞서는 리더가 아닌 함께 가는 진정한 리더로서 자기 사람을 만들어 가고 있다[12].

우리 조직에서도 선배 세대는 후배 세대를 대할 때 그들만의 길이 있다는 것을 인정하며 나와 다른 방향을 고민하는 후배를 믿어 주고, 그들이 성공하게 도와주는 태도가 성과다. 드라마에서만 가능한 일은 아니라고 믿고 싶다. 대부분의 후배 세대는 자신을 믿어 주고 극대화할 수 있는 힘을 주는 선배 리더십에 뛰어난 팔로워십으로 응답한다[11].

'일하면 급여를 준다'가 아니라 업무를 통해 개인이 성장하고 조직도 성과를 내는 스포츠 구단과 프로선수처럼 윈윈(WIN-WIN)의 관계로 전환해야 한다.

최근 몇 년 사이 우리 사회는 제 4차 산업혁명을 화두로 산업의 변화가 심해지고 이에 따라 조직에서는 유능한 인재를 더 많이 필요로 하게 되었다. 여기서 유능함이란, '어떤 일을 남들보다 잘하는 능력'을 뜻하는 것으로 유능함과 무능함의 차이가 더 이상 나이와 직급으로 해결되지는 않는다. 과거에는 오래 일한 사람이 유능하기가 쉬웠다면, 현재는 좀 다르다. 앞으로의 세대는 입사 1, 2년 차가 선배 세대보다 유능할 수 있다. 그렇기에 우리는 그들의 능력을 인정하고 수용할 수 있어야 한다. 과거의 관점이라면 절대 그럴 수 없다. '20년 차의 호봉이 얼마고 그 사람이 해 온 경험이 얼마인데…' 그렇게 본다면 갈등 해결의 실마리를 찾기 힘들다. 요즘 기업은 필요에 따라 단기 계약을 맺고 임시직으로 인력을 충원하고 그 대가를 지급한다[11]. 우리는 세대 간 유기적 협력(cooperation)과 평화로운 화합(cohesiveness)을 실현해야 한다. 세대 갈등보다 세대 공존을 통해 더 합리적인 방법을 모색해야 한다. 선배 세대와 후배 세대가 윈윈(WIN-WIN) 할 수 있는 프로그램을 사회에 확산시켜 세대 갈등을 최소화할 수 있도록 서로 노력해 나가야 할 것이다[13].

다음 챕터에서는 우리 모두가 세대 공존하기 위해 프로답게 소통할 수 있는 솔루션을 제공한다. 세대 공존 소통법, TOUCH 전략에 대해 알아보자.

TOUCHING 터칭

—

07
챕터

세대공감, 프로소통러!

각기 다른 경험을 한 다양한 세대가 공존하고 있으며, Covid-19로 인한 온라인 시대로의 급격한 변화는 세대 소통을 더욱 어렵게 만드는 계기가 되었다. 이 시대를 함께 살아가는 우리는 서로의 따뜻한 노력이 필요하다. 서로를 이해하는 노력을 담은 터치(TOUCH)의 기술을 알아보도록 하자.

시대 소통, 공존을 위한 세대 TOUCH의 기술

다양한 세대의 공존과 온라인 시대로의 급격한 변화로 인해
소통이 단절된 세상에서 온기를 주고받는 터치(TOUCH)의 기술이 필요하다.

시대를 아우르는 프로소통러가 필요하다!

다양한 세대가 어우러져 살아가는 현재 '세대 간 소통'이 중요하다고 말하지만, 그 방법을 제대로 알고 실천하기란 여간 어려운 일이 아니다. 하지만 가끔 주변을 살펴보면 나이와 상관없이 누구와도 소통을 잘하는 프로소통러를 보곤 한다. 이들이 가진 능력은 무엇일까? 최근 젊은 층의 많은 사랑을 받고 있는 '배우 윤여정'과 앞서 소개된 '유튜버 밀라논나'의 경우를 살펴보면 알 수 있다. 왜 MZ세대는 그들에게 열광하는 것일까?

첫째, '내가 어른이야!' 하는 권위를 앞세우기보다는 상대를 존중하는 태도를 보인다.
둘째, 자신의 위력을 내세우기보다는 지식과 경험을 토대로 조언한다.
셋째, 무엇보다 자기 생각을 전달하기에 앞서 상대의 처지에서 '진심 어린 공감'을 한다.

후배 세대 역시 프로소통러가 되기 위한 자세가 필요하다.

첫째, 자신들의 문화만 정답인 듯 내세우지 않아야 한다.
둘째, 선배 세대의 지식과 경험을 존중해야 한다.
셋째, 선배 세대가 살아온 궤적과 그들이 일군 문화에 관해 관심을 가져야 한다.

마치 연인의 사랑법처럼 서로의 노력이 필요한 것이다. 만약 한쪽에서만 좋아하고 노력한다면 쉽게 지치고 만다. 함께 소소한 감정을 나누고 서로에 대한 배려와 관심을 가지고 양쪽 모두 애써야 한다. 어려운 문제를 풀기 위해서는 개념의 이해와 기초공부가 필요한 것처럼, 각 세대와 원활한 소통을 원한다면 그들을 세밀히 공부하는 자세가 필요하다. 이런 작은 노력이 모인다면 이 시대를 살아가는 우리 모두 프로소통러가 될 수 있다. 이 책에서는 이를 터치(TOUCH)의 기술로 정의했다.

전화받는 포즈를 취할 때 어떻게 하나요?

한동안 이 질문이 '선배 세대와 후배 세대'를 나누는 대표적인 예시로 화제가 됐다. 집 전화가 사라지고 휴대전화가 더 익숙한 후배 세대는 손가락을 쭉 펴 휴대전화를 잡는 듯한 모양을 만든다. 반면 집 전화사용을 했던 선배 세대는 엄지와 새끼손가락을 펴 '수화기' 모양을 만든다. 각 세대가 느끼는 '익숙한 경험'의 차이다. 이처럼 같은 세대를 산 사람들은 경험하는 소통 수단과 이를 사용하는 방법도 비슷하다. 선배 세대는 휴대전화를 '연락을 취하는 편리한 방법' 정도로 여긴다면, 후배 세대는 '게임, 동영상 시청, 그 외 나에게 편리한 기능을 사용'하는 것으로 단순히 연락의 수단이 아닐 수 있다. 세대에 따라 같은 커뮤니케이션 채널이라도 세대에 따라 각기 다른 방법으로 사용하면 소통의 어려움은 훨씬 더 커질 수 있다. 실제로 대학 내일 20대 연구소가 발표한 보고서를 살펴보면 같은 커뮤니케이션 채널을 사용하더라도 사용하는 기능이 서로 달랐다. Z세대는 다른 세대에 비해 '대화 내용 캡처(53.4%)', '투표(50.5%)', '보이스톡(50.2%)' 등 메시지와 관계없는 기능을 많이 사용하였고, M세대는 다른 세대에 비해 '사진 공유(77.5%), 연락처 공유(46.5%)' 등 공유 기능을 많이 사용했다. 또한 X세대는 채팅 내 부가 기능을 적게 이용하는 것으로 나타났다. 이처럼 각 세대가 경험한 것이 달라 생기는 가치관의 차이뿐만 아니라 세대 간의 커뮤니케이션 수단 이용 격차로 인해 소통의 방식까지 달라 세대 간 소통의 벽을 허물기란 쉽지 않다.

이렇다 보니 선배 세대는 이따금 "요즘 젊은 것들은 일은 안 하고 온종일 휴대전화만 쳐다보고 있어."라고 말한다. 반대로 후배 세대는 "부장님이 계속 전화해서 도통 일을 할 수가 없어."라고 말한다. 두 상황 모두 각자 일을 효율적으로 해결하기 위한 휴대전화 기능을 사용하는 것일 수 있다. 그런데 서로의 '휴대전화 사용' 배경에 대한 이해가 없다면 오해만 쌓이게 된다. 이 또한 서로를 이해하는 작은 노력, 터치(TOUCH)의 기술이 필요한 이유다.

언택트시대, 따뜻한 터치(TOUCH)의 기술이 필요하다!

Covid-19는 온라인 시대로의 급격한 변화를 가져왔다. 그로 인해 업무뿐만 아니라 사회의 많은 양상이 비대면으로 옮겨지면서 소통의 단절을 낳았고, 세대 갈등은 더욱 심각해졌다. 학교는 비대면 원격수업을 진행했고,

회사는 재택근무로 전환되었다. 물론, 시간적인 효율성으로 생활에 편리함을 주기도 했지만, 이로 인한 걱정스러운 시선도 있다. 학교생활은 학업뿐만 아니라 친구와 선생님 등 다양한 관계 속에서 서로 배려하고 존중하며 협력과 소통의 기술을 자연스럽게 익히게 해 준다. 그런데 비대면 원격수업이 길어지면서 다양한 관계 속에서 경험하던 이러한 부분이 어려워지는 것은 아닌지 우려 섞인 반응이다. 이런 우려는 조직에서도 별반 다르지 않다. 사무실에서 함께 일하며 선배 세대와 관계를 맺고 그들의 경험을 통해 업무를 배웠다. 또한 휴식 시간에 소소한 이야기를 나누고 업무 스트레스를 해소하는 등의 자연스러운 경험들로부터 멀어지고 있다. 이와 같은 문제들이 반복되면 선배, 동료와의 유대감을 만들기 어렵고 소통의 과정에서도 문제를 만들 가능성이 크다. 그래서 시대의 흐름에 따른 언택트 업무 방식을 취하더라도 가끔은 대면할 수 있는 방식을 통해 접촉의 기회를 만들어 가는 것이 필요하다.

언택트 시대의 문제는 바로 '소통의 단절'이다. 사람을 직접 대면하는 일이 줄어들다 보니 소통과 공감을 할 수 있는 기회조차 부족하게 된 것이다. 혹시 제품이나 서비스에 문제가 있어서 콜센터에 전화를 해 본 경험이 있는가? 연결과 동시에 AI 응답 기계가 사람을 대신해 받는다. 물론 간단한 문제는 안내에 따라 처리할 수 있지만, 가끔은 부가 설명이 필요한 때가 있다. 모든 것을 기계가 처리할 수 없고, '처리됐다' 하더라도 뭔가 아쉬움이 남는다. 그런데 상담원은 연결이 되면 가장 먼저 나의 상황과 불편함에 '공감과 위로'를 전해 준다. 이후 처리되는 과정에서도 현재 상태에 대한 '체크'를 받으며 안도감을 느낄 수 있다. 이처럼 사람과의 소통이 단절된 세상에서 온기를 주고받는 터치(TOUCH)를 주목하는 것은 어쩌면 당연한 일인지 모른다.

아무리 디지털 기술이 발전하고 기계가 많은 것을 대체하는 시대라 할지라도, 사람들은 '사람들과의 접촉을 통한 온기'를 그리워한다. 실제로 AI 스피커를 통한 감성 대화 1위는 '사랑해'라고 한다[1]. 김난도 교수는 〈트렌드 코리아 2021〉에서 "인공지능이 빠르게 발달하더라도, 사람의 마음을 다루는 영역만큼은 인간을 대체하지 못할 것이다."라고 말했다. 이는 우리가 비록 비대면, 언택트 시대를 살아가고 있지만, 인간적인 공감과 소통이 중요하다는 것을 의미한다. 이런 시대를 살아가는 우리가 진정한 프로소통러가 되기 위해서 알아야 할 터치(TOUCH)의 기술은 어떤 것들이 있는지 알아보자.

2

선배 세대에게 필요한 TOUCH 기술

선배 세대에게 필요한
TOUCH(Tinier, Open mind, Untact, Compliment, Hearty)의
기술을 알아보자.

전화 한 통이면 될 일을 왜 문자로 주고받을까?

후배 세대 A씨는 선배의 전화가 오면 전화기를 들고 있다가 끊어질 때까지 바라만 본다. 그리고 끊어진 후에 문자로 왜 전화하셨는지 물어본다. 선배 세대 B씨가 볼 땐 전화 한 통으로 전달하면 될 것을 왜 문자를 여러 차례 주고받는지 답답할 노릇이다.

이따금 선배 세대는 답답함을 호소하며, "요즘 것들은 버릇없이 문자로 통보를 해! 중요한 얘기는 직접 찾아오든지 전화로 설명해야지!", "보고를 카톡으로 하고 심지어 사표도 카톡으로 보내더라니까!"라며 볼멘소리를 한다. 반대로 후배 세대는 전화받는 것이 큰 스트레스다. 그들의 고민 중 하나로 '걸려 오는 전화를 일부러 피한 적 있다'고 말할 만큼 '콜포비아'(전화 call과 공포증 phobia의 합성어로 전화 통화를 꺼리는 현상을 말함) 현상을 호소하는 사람들이 많아지고 있다[2]. 실제로 한 예능 프로그램에서 그룹 샤이니 키는 "갑자기 걸려 온 전화는 대부분 안 받는다. 문자는 그 사람이 얘기하면 내가 생각을 할 수 있는데 전화는 내가 즉석에서 뱉은 말을 책임져야 하잖나?"라며 전화에 대한 두려움을 표현했다[3]. 이는 몇몇 연예인들만의 사례가 아니다. 구인 구직 전문 포털 알바천국이 조사한 바에 따르면 MZ세대 2,735명을 대상으로 조사한 결과, 29.9%가 '콜포비아를 겪고 있다'고 답했다. 후배 세대는 전화 통화를 할 때의 긴장감과 불편함 때문에, 문자나 메신저를 전화 통화보다 선호한다고 말한다. 어려서부터 카카오톡이나 문자로 소통하는 방식이 익숙한 그들에게 어쩌면 당연한 일일지도 모른다. 그런데다 설상가상으로 익숙하지 않은 수직적인 조직문화와 상명하복의 지시까지 겹쳐서 당혹스러울 것이다. 마음의 준비도 없이 울리는 전화벨은 그야말로 공포인 셈이다. 전화에 대한 후배 세대의 생각을 정리해 보면 아래와 같다.

첫째, 내 공간과 시간을 침해당하는 느낌이다.
둘째, 상대의 질문에 바로 답하는 것이 매우 곤혹스럽다.
셋째, 통화 시 가끔 찾아오는 어색한 정적이 부담스럽다.

이러한 현상을 김성윤 문화사회연구소 연구원은 '텍스트나 이모지에 비해 통화는 상대적으로 감정 소비와 집중을 많이 해야 하니 그 피로를 줄이기 위해 문자 소통을 원하는 것'이라고 말했다[3]. 선배 세대는 그냥 전화로 이야기를 전한 것일 수 있겠지만, 후배 세대는 업무에 긴장감을 더해 피로감을 쌓이게 한 행동일 수 있다는 것이다. 게다가 Covid-19로 인해 비대면 문화가 일상으로 자리 잡으면서 대면, 전화 통화 또한 불필요한 것이라고 인식하게 된 것이 '콜포비아'를 더욱 심화시켰다고 지적한다. 이러한 시대를 살아가는 선배 세대에게 필요한 소통법은 무엇일까?

선배 세대에게 필요한 TOUCH의 기술

1. 문자와 텍스트에 서운해하지 않기

'어디 버릇없이 문자를 해! 직접 와서 설명하거나 전화로 얘기해야지!'라는 생각을 내려놓는다. 앞서 설명한 후배 세대의 특성을 이해하고 텍스트가 더 효율적인 상황에는 유연하게 대처하는 것이 필요하다. 후배 세대의 경우 메신저와 문자에 더 익숙하기에 전화 통화가 어렵고 실수라도 한다면 더 큰 두려움을 느끼게 된다. 만약 실수가 발생했다면, 엄격하게 대하기보다는 개선점을 부드럽게 전달해 보자. 이러한 분위기가 만들어진다면 의사소통 문제도 해결할 수 있을 것이다.

2. 지시사항 요약해서 전달하기

전화는 기계라는 수단을 통해 전달되기 때문에 전달력이 떨어질 수 있다. 너무 장황하게 설명하거나 한 번에 많은 내용을 전달할 시 집중도가 저하되고, 주변 환경에 따라 통화상태가 좋지 않을 수도 있다. 하여 간단한 내용은 통화로 지시하되, 내용이 길어진다면 문자나 텍스트로 정리해서 전달하는 것이 효율적이다. 문자를 작성할 때도 너무 많은 내용을 한 번에 줄글로 작성하면 이해도가 저하될 수 있으므로 지시사항을 요점별로 정리하여 리스트 형태로 전달하는 것을 추천한다.

3. 간단한 이모티콘 스티커 사용으로 감정 전하기

비대면 소통의 한계인 감정표현은 이모티콘을 사용하여 극복한다. 가끔은 아무 글자 없이 이모티콘 자체만으로도 많은 것을 전달할 수 있다. 대학내일 20대연구소에 따르면 Z세대는 윗사람과 대화할 때 말끝에 '이모지'를 사용하며 다른 대화 상대나 아랫사람과 대화할 때는 이모티콘 스티커를 선호한다고 하는데, 이를 역이용하는 것이다. MZ세대와 소통할 때, 특히 감정 표현에 익숙하지 않다면 이모티콘 스티커를 활용해 부드러운 분위기를 만들어 보는 노력을 해 보자.

이모지
출처: 구글 이미지

이모티콘 스티커
출처: 카카오 이모티콘샵

요즘 친구들은 조직 생활에 대한 기본을 모를까?

옆 팀에 지원을 해 줘야 하는 상황이다.

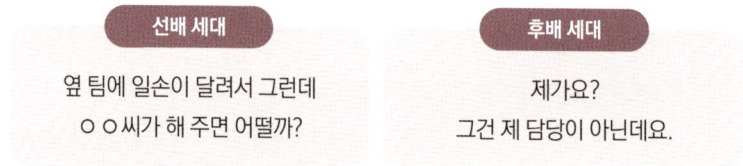

선배 세대
옆 팀에 일손이 달려서 그런데
○○씨가 해 주면 어떨까?

후배 세대
제가요?
그건 제 담당이 아닌데요.

이와 같은 상황에 당혹스러움을 금치 못했다는 선배 세대의 이야기들을 종종 들을 수 있다. 이에 대해 선배 세대는 "요즘 것들은 정도 없고 참 개인적이야!"라고 지적한다. 정말 후배 세대가 인간미가 없고 정이 없는 것일까? 그들 또한 그럴 만한 이유가 있을 것이다. 선배 세대는 경제 고도화 시기에 조직 생활을 하며 한국의 새로운 부흥기에 벅찬 가슴으로 매우 분주하게 일했다. 회사는 날로 성장하고 정년이 보장되니 회사를 열심히 다니는 것이 당연했다. 그래서 야근도 불사하고 승진을 위해 노력하며 회사와 나를 위해 열심히 일했다. '내가 몸담은 곳이 안전해야 나의 안전도 보장될 것이다.'라는 생각에 더욱 열의를 불태웠을 것이다. 그렇게 열심히 일하다 보면 승진도 하고 매달 받는 월급으로 적금도 붓고 집도 사고 안락한 미래가 보장됐다. 하지만 요즘은 어떤가? 취업조차 어렵고 취업을 했다 하더라도 그곳이 나를 책임져 주지 않는다는 것을 알기에 '평생직장'의 개념도 없어졌다. 한 가지 일로는 생존이 어려운 시대이다 보니 조직에 대한 충성도가 낮아지고, 조직보다는 개인의 시간과 개발에 집중할 수밖에 없는 것이다.

특히 후배 세대 중 Z세대는 더욱 치열한 학창 시절을 보냈다. 여전히 취업의 문턱이 높다 보니 대학교 1학년 때부터 놀지 않고 스펙 관리를 해야만 했다. 학점, 동아리, 봉사활동, 인턴, 대외활동, 자격증 등 모든 것이 스펙이니 어느 하나 허투루 할 수 없는 그야말로 전쟁 같은 대학 생활을 했다. 내 밥그릇을 지키기 위해 차려진 밥상에 숟가락 하나 얹는 사람들을 경계해야만 했다. 그래서 팀 프로젝트에서 각자의 역할을 다하지 않으면 가차 없이 이름을 삭제하기도 했다[4]. '정이 없다'라고 생각할 수 있겠지만 오히려 이렇게 하는 것이 서로를 위한 것이고 예의라고 생각한다. 상황이 이렇다 보니 '내 것'과 '네 것'의 명확한 선을 지키는 것이 익숙하고, 실리를 따질 수밖에 없으며 명확한 역할과 책임을 요구하는 이유이기도 하다. 그러니 '내 일이 아닌 것을 해야 하나? 혹시나 이로 인해 다른 사람에게 피해가 가면 어쩌지?' 하는 생각을 하게 되어 "제 일이 아닌데요."라는 말로 표현하는 경우가 생기는 것이다.

선배 세대에게 필요한 TOUCH의 기술

1. '감히! 나에게 토를 달아?'라는 생각하지 않기

'요즘 것들은 그냥 넘어가는 법이 없어! 상사가 시키면 시키는 대로 해야지 토를 달아? 감히! 나에게 도전하는 건가?' 하는 생각을 하지 않는다. 그들은 명확한 업무 분담을 위한 확인을 한 것일 뿐이다. 후배 세대는 자신의 의문점을 해소하기 위해 질문하고 자유롭게 의사 표현하는 것이 익숙하다. 선배 세대의 경우 한 학급에 60~70명이 함께 지내다 보니 선생님이 학생들에게 지식과 정보를 일방적으로 통보하는 커뮤니케이션이 효율적이었을 것이다. 관심이 없는 것이 아니라 한 명 한 명에게 질문을 하며 양방향 소통을 하기엔 환경적으로 제약이 따랐다. 학생들 또한 '선생님 말씀이 곧 법이다.'라는 생각으로 시키는 대로 따랐을 것이다. 하지만 요즘은 한 학급이 20명 남짓이다보니 각자의 생각은 어떤지, 느끼는 점은 어떤지 질문하고 소통할 수 있다. 학생들 또한 자유롭게 생각을 이야기하고 의견을 나눌 수 있는 분위기가 익숙하여 궁금한 점은 눈치 보지 않고 손을 들고 질문하고 자신의 궁금증을 해소하는 것이 매우 자연스럽다. 이러한 것을 의사소통의 방식이라고 받아들인다.

2. 업무의 배경 설명과 구체적인 지시

조직 내에서 이루어지는 커뮤니케이션의 채널을 살펴보면 상사는 반복된 회의를 통해 업무의 배경과 진행하는 이유, 목적을 상세히 알고 있다. 하지만 이 내용을 후배들에게 공유하지 않고 "그냥 너는 하라는 대로 해!"라고 일방적인 지시만 하게 된다. 또는 '내가 배경을 알고 있으니까 후배들도 알고 있겠지?' 하는 생각으로 넘겨짚는 경우도 있다. 이를 지식의 저주

(Curse of Knowledge)라고 한다. 한마디로 말해 '내가 아는 것을 상대도 알겠지?' 하는 생각이다. 이런 식의 소통법은 커뮤니케이션의 오류를 만들 수 있고, 무엇보다 후배 세대가 '내가 왜 이 일을 해야 하지?' 하는 의문을 가지게 된다. 이에 구체적이고 명확하게 지시하는 방법을 정리해 보았다.

SMART하게 지시하는 방법

- **Specific** — 원하는 결과물을 그림 그리듯이 구체적으로
- **Measurable** — 성과는 어떻게 측정할지
- **Aligned** — 왜 이런 프로젝트를 하며 회사의 큰 그림과는 어떻게 연결되는지
- **Relevant** — 우리 부서 업무와는 어떤 관련성이 있는지
- **Time-bound** — 언제까지 무엇을 해야 하는지

3. 야단치지 말고 피드백하라

'야단을 치는 것'과 '피드백을 하는 것'을 헷갈리면 안 된다. 간혹 후배의 잘못된 행동에 화를 주체 못 하고 감정을 쏟아내는 경우가 있다. 이럴 경우, 원인이 된 문제는 해결되지 못하고 서로 감정만 상하는 상태가 된다. 야단을 치는 것은 '상대의 잘못된 행동을 지적'하게 된다. 설사 그것이 옳은 말이라고 해도 '지적'에 대해 방어기제가 작동해 '변명'을 하게 되고, 감정은 감정대로 상한다. 여기서 중요한 것은 '내가 이만큼 화가 났다'를 표현하는 것이 아닌 이 상황의 문제가 무엇인지 앞으로 어떻게 해결했으면 좋을지를 전달하는 것이다. 이때 활용할 수 있는 방법이 'I-Message 소통법'(나를 주어로 하여 상대방의 행동에 대한 자신의 생각이나 감정을 표현하는 대화 방식)이다.

I-Message = 사실 + 영향(이유) + 감정

    I-Message로 피드백을 했다 하더라도 전체적인 방법에 대해 생각해 봐야 한다. 꾸중만 듣고 끝났다면 안 좋은 감정으로 기억에 남을 것이다. 그래서 칭찬(Compliment), 비판(Criticism), 칭찬(Compliment) 순으로 마무리한다. 사람은 모든 것을 기억하는 것이 아니라 가장 마지막의 기억이 남는다는 '최신 효과'를 적용하는 셈이다. 업무 피드백을 했다고 계속 불편한 관계로 남을 수는 없지 않나. 피드백은 냉철하되, 관계는 유연하게 만드는 방법을 적용해 보자.

무슨 말만 했다고 하면 꼰대라는데 대체 어떻게 가르쳐?

후배의 속사정

요즘 선배와 대화 시간이 스트레스다. 틈만 나면 자신이 살아온 인생사와 무용담을 줄줄 읊는다. 처음에는 이것도 간접경험이라 생각하고, 배울 점이 많다고 생각도 했지만 계속되는 '라떼 스토리'에 취할 지경이다.

선배의 속사정

> 후배랑 친해지고 싶어서 옛날에 내가 경험했던 일, 실수한 일 이런저런 얘기를 해 줬다. 친근하게 농담도 하고 이것저것 물어보기도 하고, 일부러 유행하는 줄임말도 외워서 타이밍을 봐서 써 보려고 노력한다. 그런데 후배는 기분이 별로인 것 같아서 눈치가 보인다.

"후배 눈치 보느라 무슨 말을 못 하겠네!", "뭐만 했다고 하면 꼰대라는데 그럼 도대체 후배는 누가 가르쳐?"라며 선배 세대는 불만을 토로한다. 처음부터 일 잘하는 신입사원은 없는데, 가르쳐야 하는데 어떻게 하면 좋을지 답답할 것이다. 도대체 후배 세대는 왜 일도 제대로 할 줄 모르면서 선배 이야기도 듣기 싫어하는 것일까?

좋든 싫든 자주 듣는 이야기는 한 사람의 가치관 형성에 큰 영향을 미치게 된다. 선배 세대는 어떤 말을 자주 듣고 자랐을까? 특히 형제자매가 많았던 집의 장남이나 장녀는 "네가 우리 집 기둥이다! 네가 잘돼야 한다!"라는 말을 귀에 못이 박힐 만큼 듣고 자랐을 것이다. 그러니 삶의 목적이 전투적이고 '성공해야 한다.'라는 생각에 선배들의 말 한마디도 새겨들으며 '이 또한 약이 되는 소리다. 하나라도 놓치지 않고 배워야지!' 하며 수긍했을 것이다. 반면 요즘은 어떨까? "네가 좋아하는 것, 네가 재밌는 일을 찾아서 즐기면서 살아라!"라는 말을 듣고 자랐다. 그렇다 보니 '나는 내가 좋아하고 즐거운 일을 해야지!' 하는 생각이 자리 잡혔을 것이다. 그런데 막상 회사에 들어와 보니 내가 좋아하지도 않은 일을 해야 하는 순간도 있고, 재미도 없고 의미도 없게 느껴진다. 그러니 선배가 하는 말 한마디도 '내가 왜

저 소리를 들어야 하지?' 하는 마음이 생길 수 있다. 그렇다고 신입사원에게 무조건 중요하고 재밌는 일을 맡길 수도 없는 노릇이다. 따라서 선배는 작은 일에도 이 일의 의미와 영향력에 대해 자세히 얘기해 줄 필요가 있다. 후배 세대는 자신이 흥미가 있고, 의미가 있다고 생각하면 시키지 않아도 열심히 한다.

선배 세대에게 필요한 TOUCH의 기술

1. 조언하고 싶다면 문제 해결 중심으로!

조언한답시고 후배 세대는 관심 없는 자신의 경험담을 늘어놓는다면 상대는 지칠 것이다. 진심 어린 조언을 하고 싶다면 문제 해결을 위한 방법을 제시하는 것이 좋다. 그다음 무엇이 어려운지, 그것을 해결하려면 어떤 도움이 필요한지 함께 고민하며 해결해 나가는 방향성을 고민해 보는 것이다. 이때 말하는 어투도 중요한데 딱딱한 표정과 경직된 말투, 권위적인 자세로 말하는 대화법은 누가 들어도 기분 좋을 리 없다. 상대가 존중받지 못한다고 느끼게 해서 오히려 반감을 사기 쉽다. 실제로 '권위적인 어투'는 취업사이트 사람인에서 실시한 '직장인들이 직장 생활에서 비호감이라 느끼는 말투' 조사에서 1위를 차지했다. 진심 어린 조언을 하고 싶다면 문제 해결을 위한 구체적인 방법을 포함하여 간결하고 친절하게 설명해야 한다.

2. 끼어들기 금지!

선배 세대는 후배 세대의 고민을 잘 들어준다고 말한다. 하지만 대부분 상대의 이야기를 '제대로', '끝까지' 듣기도 전에 자신의 기준으로 판단해 버린다. '내 경험으로는~, 내 생각엔 말이야~'라는 식의 듣는 사람이 지레 짐작으로 판단을 하게 되면 더 이상의 소통은 불가능해진다. 잘 들으려면 끼어들기가 아닌 유연한 사고로 상대의 생각을 있는 그대로 받아들이는 공감과 수용의 자세가 필요하다.

3. 권위적인 표정과 제스처를 버려라!

나이가 들어 가면서 감정표현에 인색하게 된다. 그에 따라 표정도 점점 굳게 된다. 비언어 표현 중 감정이 가장 잘 드러나는 것이 표정이다. 당신이 선배라면 후배와 이야기할 때, 어떤 표정을 짓고, 어떤 제스처를 취하고 있는지 살펴봐야 한다. 만약 당신 앞에 선배가 팔짱을 끼고 미간을 힘을 주며 나를 보고 있다면 어떤 생각이 드는가? '내가 뭘 잘못했나?' 하는 생각이 들 것이다. '얼굴 표정과 피드백 상관관계 실험'에서도 알 수 있다. A그룹은 부정적인 성과에 대해 피드백하는데 고개를 끄덕이며 미소를 짓는 긍정적인 신호를 전달했다. B그룹은 긍정적인 성과에 대해 피드백하는데 얼굴을 찡그리고, 눈을 가늘게 뜨는 부정적인 신호를 전달했다. 실험 결과 B그룹은 긍정적인 성과에도 불구하고 A그룹보다 자신의 성과를 부정적으로 인식했다. 후배 세대에게 긍정적인 표정과 제스처로 비언어적인 지지를 보내보자.

3
후배 세대에게 필요한 TOUCH 기술

후배 세대에게 필요한
TOUCH(Tender words, On faced, Union, Confidence, Humble)의
기술을 알아보자.

비대면으로 소통하면 더 효율적인데 왜 굳이 대면으로 해야 해?

디지털 기술의 발전과 Covid-19로 인해 비대면 업무가 빠르게 정착됐다. 비대면 회의, 비대면 진료까지 일상생활의 대부분이 비대면으로 이뤄질 만큼 이제는 시대적 흐름으로 자리 잡았다. 회사에서의 재택근무 전환은 후배 세대에게 큰 호응을 얻었다. 불필요한 준비시간과 이동시간을 최소화하여 효율적으로 근무할 수 있었기 때문이다. 반면 선배 세대는 이러한 형태의 근무와 소통방식이 익숙하지 않고, 직접 얼굴 보고 만나야 일이 진행된다고 생각한다. 하지만 후배 세대는 온라인으로도 충분히 일이 진행될 수 있다고 생각한다. 선배 세대는 '대면력'에 강하다면 후배 세대는 '서면력'에 강하다[5]. 그렇다고 해서 후배 세대가 '대면'의 협업을 무조건 싫어하는 것은 아니다. 대면 소통이 중요하다는 것은 충분히 알고 있지만 모든 사람과 모든 업무를 대면으로 할 필요성을 못 느낀다는 의견이다. 어떤 것이 맞고 틀렸다는 것은 아니다. 상황에 따라 좀 더 효과적인 소통 방법을 취하는 것이 필요하다.

후배 세대의 경우 앞서 설명한 '콜포비아'와 같은 현상이 지속된다면 대인관계와 업무 등 직장생활에 부정적인 영향을 미칠 수 있다. 물론 문자와 텍스트로 업무를 처리하되 상사의 피드백이 필요한 사항, 중요한 보고사항, 문자로는 전달력이 떨어질 수 있는 꼭 필요한 일에는 전화 통화나 대면을 하는 것이 좋으므로 '콜포비아'를 극복하기 위한 노력이 필요하다.

후배 세대에게 필요한 TOUCH의 기술
1. 전화 통화에 익숙해지기

가족이나 부모님과 같이 편한 사람들과 자주 통화하며 '전화 통화'에 익숙해지는 것이 좋다. 이후 상대적으로 부담이 덜한 전화를 일상에서 시도하며 연습해 본다. 그리고 업무상 중요한 통화 업무를 해야 한다면, 미리 시나리오를 작성해서 다양한 상황에 대비할 수 있도록 가까운 사람과 통화 연습을 해 보는 것도 좋다[6].

2. 사전에 전달 사항 정리하기

전화를 걸거나 대면을 하기 전에 이야기할 사항을 미리 정리해 두면 많은 도움이 된다. 전달 사항과 요점, 예상 질문에 대한 답변을 짧게 메모해 두면 전화 통화나 대면 시 긴장을 완화할 수 있다. 사전 시나리오를 작성해 연습하되 너무 시나리오에만 의지할 경우, 예상치 못한 상황에 대응하기 어려워질 수 있으니 전달해야 할 요점을 키워드 중심으로 요약해 전달하는 연습을 하는 것이 도움된다. 긴 내용을 전달해야 할 때는 먼저 상대방 이메일로 내용을 정리해 전달한 후 전화해 본다[6]. 전해야 할 말을 깔끔하게 정리하는 효과도 있고, 상대방과 효율적인 대화를 이어갈 수 있다.

일하기도 힘든데 눈치까지 살펴 가며 말해야 해?

> 직장인의 유일한 낙인 점심시간이다. 오랜만에 팀원 모두 함께 식사했다.
> **사장** 먹고 싶은 것 시켜. 나는 짜장!
> **부장** 이 집은 짜장면이 최고야! 나도 짜장!
> **신입** 저는 잡탕밥이요!
> 순간 정적이 흐르며 여기저기 헛기침 소리가 들린다.

위와 같은 상황에 놓이게 된다면 아마 '눈치 없는 신입'이라는 소리를 듣게 될 것이다. 우리는 경험적으로 "저도 짜장면이요!"라고 답변해야 한다는 것을 안다. 왜 이런 현상이 일어날까? 문화인류학자 에드워드 홀(Edward T. Hall)은 동양과 서양의 문화를 연구하면서 대조되는 핵심 요소를 '고맥락 vs 저맥락'으로 구분하여 설명했다. 한국어는 언어의 표면적 의미로 해석하면 안 되고, 상대방과의 관계와 주변 상황 등을 고려해 문맥에 따라 해석해야 한다는 것이다. 즉, 맥락과 상황에 따라 '눈치껏' 해석해야 한다. 같은 한국인끼리도 서로 다른 의미의 한국어를 구사한다. 여자는 고맥락 언어, 남자는 저맥락 언어를, 나이가 들수록 고맥락 언어를 구사한다.[7]

선배 세대일수록 고맥락 언어를, 후배 세대일수록 저맥락 언어를 사용하는 데는 우리가 경험한 바가 다르기 때문이다. 고맥락 사회일수록 집단이 공유하는 경험이 많다. 그래서 긴밀한 유대관계를 바탕으로 전체적인 흐름과 일이 진행되어 가는 형세에 따른 '눈치'를 보게 되었고, 상사의 완곡한 표현에 '알아서 눈치껏' 해내는 것에 익숙한 것이다. 반면 저맥락 사회의 대표적인 예로 미국을 생각해 보자. 다인종이 모여 살며 각기 다른 언어를 구사하다 보니 비교적 함께 공유할 수 있는 경험이 적을 수밖에 없다. 각기 다른 문화와 가치 때문에 어지럽지 않으려면 상황에 따라 바뀌지 않는 명확한 기준이 필요했고, 권리, 합리성 등이 매우 중요한 가치로 자리 잡았다. 여기서 주목할 점은 우리나라도 기존의 전통적인 '고맥락 사회'에서 서양의 '저맥락 사회' 쪽으로 변해 가고 있다는 것이다. 상황이 이렇다 보니, 상사가 "알아서 해 봐!"라고 하면 "알려 준 적도 없는데 어떻게 알아서 하나요?"라며 반문하게 된다. 이런 생각들로 업무를 진행하는 데 서로가 당황스러울 것이다. 결국 해답은 선배 세대, 후배 세대가 서로의 언어 체계를 이해하는 데 있다.

후배 세대에게 필요한 TOUCH의 기술
1. 선배 세대의 함축적 표현에 익숙해지기

선배 세대가 사용하는 완곡하고 함축적인 표현을 이해해 보는 것이다. 물론 쉽지는 않다. 하지만 '왜 이 상황에 저런 말씀을 하셨을까?', '혹시 내가 놓친 부분은 없을까?'라고 스스로 질문해 보는 것이다. 가장 좋은 듣기는 '상대가 말하지 않은 것까지 듣는 것'이라고 한다. 만약 선배가 "됐네. 나가 보게!"라고 했다면 진짜 나가는 것이 아니라 그 말을 할 때의 표정, 제스처, 어조, 침묵의 의미, 전에 있었던 상황 등을 살펴 의미를 생각해 보는 것이다. 선배의 말에 호기심을 갖고 항상 '왜'라는 물음표를 달아 본다.

2. 집중하고 메모하는 습관을 가져라.

함축적인 표현을 쓰는 선배 세대의 말의 의미를 파악하는 것은 어렵다. 따라서 정확한 의미와 내용을 파악하기 위해 집중하는 습관을 갖는다. 예를 들어 선배가 업무 지시를 하려고 열변을 토하고 있을 때 후배가 눈만 깜빡깜빡하고 있으면 어떨까? '내 말을 잘 듣고 있는 건가?', '잘 이해하고 있는 건가?' 하는 생각이 들 것이다. 좋은 경청은 상대방이 이런 의문을 품지 않게 적극적으로 반응해 주는 것이다. '제가 열심히 듣고 있습니다!' 하는 것을 온몸으로 표현하는 것이다. 눈 맞춤, 고개 끄덕임 등을 활용하고, 반복, 강조하는 단어 중심으로 중요한 사항은 적극적으로 메모하는 자세를 취한다. '선배가 말씀하시는 것을 하나도 놓치지 않겠다!'라는 의지를 보여 주는 적극적인 자세를 활용하는 것이다.

"네가 억울하더라도 참아!" 왜 그래야 하죠?

"억울한데 말도 말고 참으라니, 정말 할많하않('할 말은 많지만 하지 않겠다'의 줄임말)이다."라는 게 후배 세대의 이야기다. 내 생각과 의견을 솔직하게 얘기했다가 꾸지람을 받은 적이 있을 것이다. 이는 우리나라에 뿌리 깊게 내린 유교문화 때문에 나이와 직위에 대한 차별이 존재하기 때문이다. 실제로 우리나라는 특정 문화가 위계질서와 권위를 얼마나 존중하는지를 나타낸 지표인 PDI(Power Distance Index, 권력 간격 지수)가 높다. 이로 인해 수평적 의사소통이 더욱 어려워지는 것이다. 반면 후배 세대는 개인을 표현하는 솔직성이 더 높다. 실제로 페이스북을 이용할 때도 선배 세대보다 실명 비율이 더 높다[8]. 속마음을 겉으로 표현해도 될지 말지를 큰 고민하지 않고 대체로 그대로 표현하는 것이다. 그렇다 보니 선배 세대입장에서는 '요즘 것들은 예의가 없다'라고 느끼게 된다. 그렇다고 무조건 참고, 견디라는 것은 아니다. 말콤 글래드웰은 그의 저서 〈아웃라이어〉에서

1997년 괌에 추락한 대한항공 801편 사고의 원인을 한국의 '권위주의적 문화'라고 지적했다. 먼저 사고를 인지한 부기장이 "날씨가 별로네요."같이 공손하게 얘기하는 것이 아니라 "착륙 포기합시다."라고 말했다면 상황은 달라졌을 거라는 부분을 강조한다. 조직에서도 마찬가지다. 후배 세대가 젊은 감각으로 위험 요소나 주변 상황을 선배 세대보다 먼저 인지할 수 있다. 이런 점을 자유롭게 얘기할 수 있도록 수평적인 문화를 만드는 것은 선배의 노력이라고 할 수 있다. 후배 세대 또한 생각과 의견은 전달하되 예의바른 태도로 선배세대를 대하는 데 노력해야 한다. 아무리 맞는 말을 하더라도 "제가 알기로는 그렇지 않던데요, 요즘 누가 그렇게 해요."라고 말하면 어떨까? "네가 뭘 안다고 그래. 하라는 대로 하기나 해!"라는 답변이 돌아올 것이다.

후배 세대에게 필요한 TOUCH의 기술
1. 중요한 것은 존중하는 마음과 자세다.

선배는 괜히 선배가 아니다. 그동안의 많은 시간과 경험을 축적하여 그 자리를 지키고 있는 것이다. 그 시간과 노력, 노하우에 대해 무시하는 태도는 안 된다. 우리가 말하는 태도는 한마디로 '내 마음가짐'을 말해 준다. '선배를 존중하며 훌륭한 직원이 돼야지!' 하는 마음가짐이 자세로 표출이 되는 것이 바로 행동이다. 이러한 태도와 행동이 반복적으로 표현되면 내 습관이 되는 것이고, 타인은 나의 반복적인 습관을 보고 이미지를 갖는다. 이게 우리가 사회생활에서 말하는 '평판'이 된다. 좋은 평판으로 선배 세대와 관계를 맺고 싶다면 존중하는 마음을 갖고 태도로 보여 줘야 한다.

2. 정중한 표현의 방식을 익혀라.

조직 생활에서 상사를 설득하는 것도 개인의 역량이다. 다만 그것을 표현하는 방식의 차이가 크다. 후배 세대는 학창 시절 토론과 토의를 통해 자신의 의견을 자유롭게 얘기하는 것이 매우 자연스러운 일일 것이다. 그렇다 보니 상사의 말에도 바로 솔직하게 자신의 의견을 표현하고 질문하는 것이 당연할 수 있지만, 선배 세대는 그런 모습에 당혹감을 나타낼 것이다. 이때 사용할 수 있는 Yes + But 화법이다. 우선 '네'로 받아들인다. 처음부터 "그런데요!" 하면서 끼어들면 상대방은 감정적으로 '거부당했다'라는 생각이 든다. 그래서 우선 '네'로 답하며 '거부하지 않았어'라는 느낌을 줄 수 있도록 한다. 이후 '그런데'라는 첨언을 하며 내 생각과 의견을 말하는 것이다. 상대는 일단 거부당하지 않았기 때문에 감정이 상하지 않아 뒷이야기를 들을 수용의 자세를 갖게 된다.

회식에 빠진다고 공동체 의식이 없는 게 아니라고요!

> 그동안 팀원 모두 함께 야근하며 고생해서 성공적으로 프로젝트를 끝낸 날이다.
> **상사** 다들 고생 많았어요! 기분이다. 오늘 회식 거하게 쏩니다.
> **후배** 전 선약이 있어서 못 갈 것 같습니다.

회사 생활을 하다 보면 불가피하게 불편한 자리에 함께해야 하는 경우가 생긴다. 선배들과 술을 마시는 건 어려운 일임이 분명하다. 경직된 분위기의 전통적인 회식 문화에 따라 나의 주량보다 많이 마시게 되고, 중간에 자리를 떠나고 싶어도 그러지 못할 거라 생각하니 여간 불편한 일이 아닐 수 없다. 점심시간도 마찬가지다. 왜 잠깐의 자유로운 식사 시간마저 함께 여야 하는 것일까? 딱히 이유는 없다. '우리는 팀이니까', '우리'이기에 무조건 함께해야 한다는 점이 부담스럽다. 그렇다면 선배 세대는 왜 '우리'를 강조할까?

한국인은 오랫동안 유교적 집단주의 문화 속에서 관계를 형성해 왔다. 이를 바탕으로 한 결속력과 충성심으로 한국의 성장을 이루었다[9]. 1997년 외환위기 사태가 닥치자 '나라를 살립시다! 금을 모읍시다!'라는 캠페인이 진행됐다. 이에 코흘리개부터 백발노인까지 모두 하나 된 마음으로 참여했고 경제 위기를 넘어 다시 일어설 수 있었다. 이런 행동은 '나'라는 개인보다는 '나라'를 위한 희생정신에서 출발했다고 볼 수 있다[9]. 이런 일련의 일들을 경험하며 살아온 선배 세대는 '개인'보다는 '집단'의 힘을 더 크게 느꼈고, 함께하면 더 빠르게 성장할 수 있다는 믿음이 생겼다. 그래서 조직에 충성하며 "우리는 하나다!"를 외치며 조직 구성원 간 결속력 강화를 위해 애썼을 것이다. 이와 같은 과정을 비춰 본다면 선배 세대가 왜 '함께, 같이'를 외치는지 조금은 이해가 될 것이다.

후배 세대에게 필요한 TOUCH의 기술
1. 무례하지 않은 세련된 거절

후배 세대는 선배 세대가 기분 상하지 않도록 세련되게 거절하는 방법을 익힐 필요가 있다. 단칼에 거절하기보다는 거절에 대한 이유를 설명하고 대안을 제시할 수 있어야 한다. 서비스 대화법에도 "죄송합니다, 괜찮으시다면..."처럼 '쿠션어'를 사용하여 상대의 마음에 충격을 덜어 준다. 단칼에 'NO'라고 하면 선배의 마음에 큰 충격과 상처를 남길 수 있다. "함께하고 싶은 마음은 굴뚝 같은데요, 집안 행사로 인해 함께하기 어려울 듯합니다. 하지만 다음 회식 자리에는 꼭 참석해서 선배님들과 좋은 시간 만들겠습니다. 이번에는 양해 부탁드립니다."라고 말하면 어떨까? 아마 매몰차게 "안 됩니다. 꼭 참석하세요!"라고 말하지 않을 것이다. 오히려 함께하지 못함에 아쉬움을 표현할지도 모른다.

2. 평상시 대화 속에서 유대관계 형성하기

> **선배** "주말 잘 보냈어요?"
> **후배** "네..."

이런 대화가 오고 가면 어떨까? 선배는 계속해서 질문을 생각해 내야 할 것이고 어느 순간 지쳐서 대화가 종결되고 말 것이다. 대화만 종결되는 것이 아니라 유연한 관계도 맺기 어렵다. 회식 자리가 아니더라도 평상시 대화를 통해 '친밀하다'는 느낌을 받을 수 있도록 적극적인 대화를 이어가자. 선배의 물음에 단답형으로 끝내는 것이 아니라, 답변 뒤에 질문을 통해 대화를 이어 나가는 것이다. 예를 들어 "주말 잘 보냈어요?"라는 질문에 "네."보다는 "네, 잘 보냈습니다. 선배님은 어떠셨어요?" 하고 플러스알파 질문을 붙여 주는 것이다. 상대에게 관심이 있다는 표시임과 동시에 대화에 적극적인 느낌을 준다. 아래와 같이 정리해 보았다.

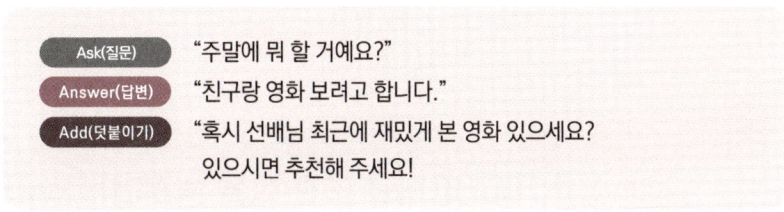

지금까지 선배 세대와 후배 세대에 필요한 TOUCH의 기술을 자세히 알아보았다. 각각의 TOUCH 기술을 아래와 같이 정리해 본다.

4
시대 소통, TOUCH의 양과 질을 늘려라!

소통은 크기가 아닌 빈도를 늘려야 한다.
단순 노출 효과를 통한 질 좋은 TOUCH의 양과 질을 늘리는 것이 필요하다.

소통은 크기가 아닌 빈도를 늘려야!

행복을 말할 때 '크기'가 아니라 '빈도'가 더 중요하다고 한다[10]. 서은국 저자의 〈행복의 기원〉이라는 책에도 "한 번의 큰 기쁨보다 작은 기쁨을 여러 번 느껴야 시련을 이겨 내는 힘이 생긴다."라는 말이 나온다. 휴가도 7박 8일로 한 번에 가는 것보다 2박 3일로 쪼개서 여러 번 나눠 가는 것이 만족감이 더 크다고 한다. 행복의 빈도를 높일 수 있기 때문이다. 소통도 마찬가지다. 1년에 한 번 만나는 친구보다 자주 만나는 친구와 이야기가 더 잘 통한다. 1년에 한 번 만나면 어디서부터 어떤 소재를 어떻게 말해야 하는지 감이 잡히지 않으니 이야깃거리가 줄어드는 것이다. 이처럼 소통은 '한 번에 많이'가 아닌 '짧더라도 자주' 하는 것이 효과적이다.

재밌는 일화가 있다. 대만의 한 남성이 멀리 떨어져 사는 여자 친구의 마음을 사려고 러브레터를 쓰기 시작했다. 직접 만나지는 못하지만, 열렬한 러브레터는 여성의 마음을 움직이기 시작했다. 불과 2년이 넘지 않은 기간 동안 무려 400통의 편지가 배달되었고, 여성은 드디어 결혼을 승낙했다. 그런데 그녀가 결혼한 사람은 편지를 쓴 사람이 아니라, 그 편지들을 열심히 날랐던 우편배달부였다[11]. 이러한 현상에 대해 '단순 노출 효과(Mere exposure effect)'라고 부른다. 자주 보면 정이 들고, 만나다 보면 좋아진다는 것이다. 이를 소통에도 적용해 보자.

실제로 픽사(Pixar)의 경우 '서로 다른 부서의 구성원들이 오가며 마주칠 수 있는 기회를 높이는 사무실을 설계'했다고 한다. 건물의 중앙홀은 전 직원이 하루에도 여러 번 지나는 곳으로 꾸며졌는데, 이는 동료들이 커피도 마시고 바람도 쐬며 자주 접촉하게 한 것이다. 소통의 빈도를 높여 서로 유대감을 갖게 하고 공감할 수 있는 시간적 양과 빈도를 높이는 TOUCH의 기술을 적용한 것이다.

이 시대에 필요한 진정한 웰에이징, TOUCH의 기술

소통의 대화법은 세대를 뛰어넘어 상호커뮤니케이션 예절에 속한다고 할 수 있다. 최근 '웰에이징(Well-aging)' 개념이 주목받고 있는데, 이는 단순히 오래 살기보다 건강하고 아름답게 늙어 간다는 의미다[12]. 흔히들 웰에이징의 방법으로 노화 방지를 위한 건강한 식습관과 운동을 말하지만, 신체적인 웰에이징만큼 마음과 태도의 웰에이징도 중요하다. 나보다는 상대를 배려하는 마음이야말로 웰에이징의 시작이다. '말' 한마디는 그 사람의 '성품'을 알 수 있게 해 준다고 한다. 그만큼 상대를 배려하는 대화의 매너를 갖춘 것은 진정한 웰에이징이라고 할 수 있다[12]. 사람은 누구나 시간이 지나면서 '선배 세대'가 된다. '커뮤니케이션 매너' 즉 이 책에서 제시한

TOUCH의 기술은 훌륭한 선배 세대가 되기 위해 이 시대를 살아가는 우리 모두에게 필요한 자세다.

앞 챕터에서 다뤘듯이 '세대 갈등'은 늘 존재했다. 어쩌면 '세대 갈등'이 아닌 시대를 살아가는 '우리 시대의 갈등'인 것이다. 어떤 특정 세대가 노력하는 것이 아닌 서로의 노력이 필요하다. 다른 나라의 언어를 이해하기 위해서는 공부가 필요하듯이 다른 세대를 이해하기 위해서는 서로에 대한 '공부' 즉 '부단한 노력'이 필요하다. 진정으로 서로가 소통하기를 원한다면 진정성 있는 이해를 바탕으로 각 세대와 공감하며 TOUCH의 기술을 발휘해 보자.

TOUCHING 터칭

08
챕터

'공존'을 위한 '존중'

각 세대의 노력만으로 지금 발생하고 있는 세대 갈등과 분쟁을 줄일 수는 없다. 이는 세대 갈등이 아닌 시대의 갈등이기 때문이다. 정책과 환경의 변화가 이루어져야 시대의 갈등을 해소하고 세대가 서로 미워하거나 등을 돌리는 오류를 줄일 수 있다. 어느 세대도 소외되거나 사회 구조로 인해 결함이 생기지 않아야 건강한 공존이 가능할 것이다.

1
세대 공존, '존중'에서 길을 찾다

각 세대는 각 시대의 어려움을 직면해 왔음을 인정하고
서로 존중하는 것으로 공존으로 가는 첫발을 내디뎌 보자.

서로를 이해하기 위한 노력

사람들은 대부분 상대를 잘 알고 싶고, 더 이해하기 위해 노력한다. 'MBTI'(성격유형) 열풍도 그러한 우리의 욕구를 반영한 것이라 할 수 있다. 인터넷 검색창에 'MBTI'를 입력하면 'ENFP' 'INTJ' 등 각 유형에 어울리는 패션, 잘 맞는 친구유형 등 다양한 정보가 쏟아진다. 이런 성격유형을 알아보는 'MBTI' 검사가 하나의 문화로 자리 잡았다. 우리는 사실 'MBTI' 이전에도 혈액형이나 별자리 등으로 사람을 구분하며 이해하려 노력했고, 공존하기 위해 힘써 왔다.

이러한 다양한 검사나 구별법 이전에 우리는 세대 구분으로 서로를 이해하기 위해 노력해 왔다. 세대를 이해하기 위한 노력이라는 측면에서 세대의 구분 또한 긍정적인 의미가 있다. 세대 간의 구분을 통해 서로를 이해하는 '참조용 도구'로 삼는다면 서로의 다름을 자연스럽게 받아들이는 데 도움을 받을 수 있다. 우리는 각 세대를 이해하기 위해 세대를 구분하고 특성을 정의한다. 하지만 이런 구분이 때로는 벽을 만들고 세대 간에 선을 긋게 만들기도 한다. 지금부터라도 다른 세대와 구별 짓는 선 긋기를 멈추고 동시대를 함께 살아가는 방법을 찾아야 한다. 이 시대를 사는 여러 세대의 공존이 무엇보다 중요한 지금, 앞선 챕터들에서 다루었던 내용들을 함께 짚어 보자.

다른 경험을 가진 세대가 한 시대에 산다

세대할 때 '세' 자는 한자로 열십자(十) 3개가 모여 있는 모습이다. 그러니까 30년이 하나의 '세(世)'라는 뜻이다. 30년 동안 같이 살아온 사람들을 한 세대로 묶었지만, 요즘엔 5년, 10년 정도로 세대의 간격이 짧아졌다. 빠르게 변하는 사회의 모습 때문이다. 덕분에 세대의 격차는 더 벌어지고 갈등은 더 많이 발생한다[1].

한국은 지난 50년간 놀랄 만한 경제 성장을 이뤘다. 선배 세대는 스스로를 영광스러운 경제성장의 주인공으로 인식했고 누구든 능력과 성실성만 갖춘다면 각자의 분야에서 입지를 다질 수 있었다. 하지만 오늘날의 후배 세대가 마주한 사회는 이와는 다르게 흘러간다. 이 때문에 후배 세대는 열정과 패기보다는 공정하지 못한 상황과 불평등에 강하게 분노할 수밖에 없다.

전통적인 산업사회에서 성장해 온 선배 세대와 저성장의 늪에서 자조적인 태도를 취하는 후배 세대는 가치관의 차이가 크게 발생한다. 살아온 배경이 다른 두 세대는 상대방을 이해하지 못하고 서로를 외면하는 경우가 태반이다. 하지만 우리는 Covid-19라는 거대한 시대를 함께 겪어 왔고, 또 앞으로 달라지고 변화할 시대를 함께하게 될 것이다. 다른 경험으로 인해 서로 다른 가치관을 가지고 있지만 그럼에도 '우리는 같은 시대를 함께 살아야 한다'는 것을 기억하길 바란다.

'세대 갈등'이 아닌 '시대 갈등'이다

현시대를 살아가는 우리는 세대 간 갈등의 골이 깊다고 말한다. 이 책의 첫 챕터에서도 언급했듯이 전국의 만 18세 이상 남녀 1,000명을 대상으로 실시한 세대 갈등 인식조사에서 전체의 81%(매우 심각 20%, 심각한 편 61%) 응답자가 우리 사회의 세대 갈등이 심각하다고 응답했는데 이러한 세대 갈등이 가장 흔히 목격되는 곳은 어디일까?[2] 사회나 기업, 가깝게는 가족이라는 울타리 안에서도 세대 갈등을 만나게 된다.

명절이 되면 일가친척이 모두 모여 서로의 안부를 묻고 대화를 나눈다. 어떻게 지내는지 궁금한 마음에 "취업은 언제 하니?", "만나는 사람은 있니?", "시험은 합격했니?"라는 질문들을 쏟아낸다.

물론 질문의 의도는 단순하게 '궁금'해서 물어본 것이지만, 받아들이는 젊은 세대에게 이런 질문은 '부담'이 된다. 저성장 사회에서는 취업과 결혼이라는 문제가 개인의 노력만으로 쉽게 해결이 되지 않는다. 사회에서뿐 아니라 오랜만에 만난 가족들과도 면접을 치르는 기분을 느꼈을지 모른다. 이러한 세대 간의 다른 해석이 쌓여 어느 순간 관계는 단절로 끝이 난다.

기업에서도 이런 갈등은 자주 일어난다. 50대 대기업 부장 B씨는 "급한 업무여도 업무 시간 외에 전화하는 것이 눈치가 보인다. 요즘 세대는 온전히 자신의 권리만 내세울 뿐, 조직의 발전에 대한 생각은 없어 능률이 떨어진다."라고 말한다. 이에 대해 20대 직장인 A씨는 "우리 세대는 일과 삶이 분리돼야 한다고 생각하는데 상사들 중에 이런 인식이 없는 분들이 많아서 밤늦은 시간에 연락해서 일을 시키는 경우가 잦아서 힘들다. 휴식이 보장돼야 할 때 전화하고 업무를 주는 것이 이해되질 않는다."라며 항변했다.

위 사례에서 보는 것처럼 기업 내 갈등문제는 '세대 갈등'처럼 보이지만, 이는 사실 '시대가 만든 갈등'이다. 산업화와 민주화를 동시에 달성한 뒤 선진국까지 진입한 '초고속 압축 성장'이 만든 부작용이다. 선배 세대에게 회사는 아직도 함께 야근하고 회식을 하며 팀워크를 다지고 헌신하면서 함께 성장하는 조직이다. 하지만 단 한 번도 '고성장'이나 '풍부한 기회'를 체험해 보지 못한 후배 세대에게는 이해가 되지 않는 부분일 것이다. 후배 세대가 선배 세대의 조언에 '꼰대'라며 반발하는 건, 지금의 상황이 과거와는 다르기 때문이다. 이전의 경험에서 나온 조언이 지금에 와서는 현실성이 떨어지고 젊은 세대에게 도움이 되지 않는 경우가 많다.

세상이 정말 빠르게 변화하고 있다. 변화 속도가 빠른 사회에서는 경험의 가치가 나날이 떨어질 수밖에 없다. 세상이 변했는데 옛 경험을 강요할 수는 없지 않은가.

갈등의 문제, 세대의 노력만으로 가능할까?

온라인상에서 "선배 세대가 젊은 세대의 일자리를 뺏어 간다.", "60~70대들은 부유한 삶을 누리면서도 우리 연금만 축내는 세대다."라는 주장을 심심치 않게 볼 수 있다. 하지만 일자리 문제를 일하는 선배 세대의 탓으로 돌리는 건 불합리하다. 선배 세대의 연금 지급률이 높은 게 사실이지만, 그들은 주 5일 근무는커녕 휴일 챙기기도 어려웠던 시대를 살았다. 대체로 선배 세대의 노동 강도와 총 근로시간은 지금 젊은 세대와 비교가 안 될 정도였다는 점도 고려해야 한다.

최근 임금피크제에 대한 대법원의 판결 결과(연구원 근로자가 제기한 임금피크제 무효 소송에서 정년을 그대로 유지하면서 일정 연령 이상 근로자의 임금을 정년 전까지 일정 기간 삭감하는 형태의 임금피크제의 효력에 관한 판단 기준을 최초로 제시)가 세대 간의 갈등으로 비화되고 있다.

젊은 직원 입장에서 보면 인력은 정해져 있는데 사실상 유휴인력인 임금피크제 선배들이 자리만 차지하고 있으니 오히려 본인들의 업무 부담이 가중된다고 느낀다. 동시에 신규채용도 위축되어 후임도 들어오지 않는 상황이 된 것이다[3]. 선배 세대와 후배 세대가 서로 눈치만 보는 이 상황이 곧 세대 갈등의 모습이다. 그러나 이는 구성원들의 세대 갈등이 아니라 정책의 문제가 세대의 갈등을 조장하게 된 것이다. 이처럼 우리가 세대 갈등이라고 여기는 많은 문제들이 세대가 공존하는 데 어려움을 준다. 각 세대의 문제가 아닌 우리를 둘러싼 사회와 시대의 문제가 먼저 해결되고 변화해야 우리는 세대공존을 이룰 수 있다. 다음 장에서 어떤 변화가 필요한지 자세하게 알아보도록 하자.

2

첫 번째 길, 사회와 기업의 제도

세대를 둘러싸고 있는 주변, 제도의 변화가
갈등을 해결하는 KEY

고령화로 인한 다세대화(Multi-generation)

'2025년 초고령화 진입', '인구 고령화 심각', '고령운전자 사고…대책은?' 최근 뉴스에서 자주 보는 헤드라인 제목들이다. 저출산으로 인구는 줄어들고 기대수명은 늘어 한국은 곧 세계에서 가장 나이든 사회가 될 예정이라고 한다. 덕분에 여러 세대가 섞여 사는 다세대화(Multi-generation)가 되었고 이 세대들이 한 시대를 함께 살아가야 한다[4].

인구구조의 변화를 따라가지 못한 가장 대표적 사례가 바로 국민연금이다.

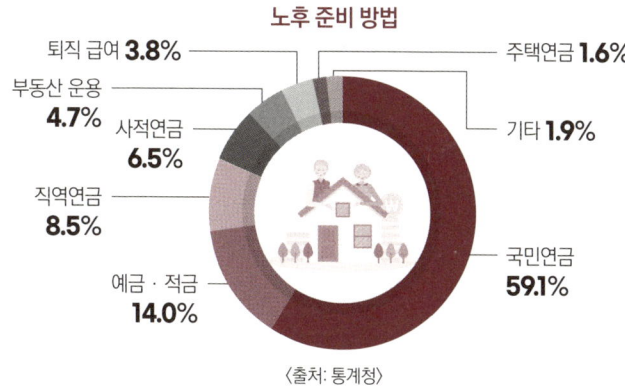

노후 준비 방법

- 퇴직 급여 **3.8%**
- 부동산 운용 **4.7%**
- 사적연금 **6.5%**
- 직역연금 **8.5%**
- 예금·적금 **14.0%**
- 주택연금 **1.6%**
- 기타 **1.9%**
- 국민연금 **59.1%**

〈출처: 통계청〉

통계청의 '2021년 사회조사 결과'를 보면 국민의 59.1%가 가장 중요한 노후준비방법으로 국민연금을 꼽았다. 예·적금(14.0%), 직역연금(공무원, 군인, 사립학교 교직원 등과 같은 직업을 가진 사람들이 가입대상)(8.5%)보다 훨씬 높은 수치다.[5] 문제는 급속한 노령화로 인해 후배 세대가 지게 될 부담이 지금의 선배 세대보다 훨씬 높다는 것이다. 후배 세대의 부담을 더 키우는 것은 국민연금 고갈 시점을 예측하는 기사다. 지금 현재가 힘들어 미래를 예측하기 어려운데 매달 국민연금을 내고 게다가 실컷 더 낸 다음 못 받을 수도 있다는 예측에 후배 세대는 억울하다. '차라리 국민연금을 폐지하는 게 낫다'는 주장이 나오는 이유다.

국민연금이라는 제도의 문제로 인한 세대 간 갈등은 각 세대가 서로를 이해하지 못하고 배려가 부족해서 생기는 세대 갈등으로 볼 수 없다. 이는 고령화 사회로 접어드는 우리 사회가 당면한 현상인 것이다.

누구의 잘못도 아니다

국민연금의 세대 간 형평성을 높이기 위한 개혁의 필요성은 모든 세대가 느끼고 있다. 문제는 정치적 이해관계를 숨기고 세대 갈등 프레임을 만들어 내는 주변의 목소리다. 저성장으로 인해 후배 세대의 삶의 어려움을 내세우고 그 주범으로 특정 세대를 지목한다. 모든 세대가 자신의 어려움이 가장 크다고 목소리를 내고 있지는 않는가? 주변에서 세대 간 갈등을 부추기는 세력의 의도, 정치적 목적에 의한 목소리로 인해 갈등의 골이 생기고 있는 것은 아닌지 곰곰이 살펴볼 필요가 있다. 이제는 세대 갈등 프레임을 멈추고 근본적인 원인을 해결하고자 하는 노력이 선행되어야 한다.

다른 나라의 경우를 살펴보면 미국은 사회보장세(Social Security Tax)로, 프랑스는 일반사회보장분담금(Contribution Sociale Generalisee)을 통해 이 문제를 해결하고 있다. 일본도 2012년 소비세율 5%를 10%로 인상하고 그에 따라 증가하는 세수입은 모두 사회보장비로 사용토록 하고 있다.

세대 간 경제적 문제를 놓고 갈등을 만들어 내기보다 갈등의 요소가 되는 정책의 변화가 먼저 필요한 시점이다. 세대가 서로를 비난하는 상황에 빠져들수록 정작 책임져야 할 사람들의 잘못은 드러나지 않게 된다. 이런 소모적 갈등은 접어 두고 보다 현실적인 국민연금 개혁이 우선되어야 한다.

오래 살기 때문에 일도 오래할 수밖에 없다

일본은 전체 인구 중 65세 이상의 비중이 28.4%인 세계 최고 수준의 최고령사회다. 한국보다 먼저 고령화 사회에 진입한 일본은 사회보장에 따른 국가의 부담을 덜기 위해 국민연금 납부기간을 늘렸다. 또 소득이 있는 노인에게는 요양 보험료를 올리는 방안도 추진하고 있다.

일본 정부는 지금부터 본격적인 논의를 시작해 2025년 관련법을 개정하는 것을 목표로 하고 있다. 정부가 예측했던 속도보다 저출산 고령화의 속도가 훨씬 빨라 연금 등 사회보장 제도가 유지될 수 있는지 의문이 제기됐기 때문이다.

프랑스에서도 그 움직임이 활발하게 이루어지고 있다. 프랑스는 연금

수령 최소 연령을 2031년까지 65세로 올린다는 개혁안을 내놓았는데 프랑스 에마뉘엘 마크롱 대통령은 "오래 살기 때문에 일도 오래할 수밖에 없다."라며 개혁의 필요성을 말했다[6].

'육십세에 저 세상에서 날 데리러 오거든, 아직은 젊어서 못 간다고 전해라.
칠십세에 저 세상에서 날 데리러 오거든, 할 일이 아직 남아 못 간다고 전해라.
팔십세에 저 세상에서 날 데리러 오거든, 아직은 쓸 만해서 못 간다고 전해라.
구십세에 저 세상에서 날 데리러 오거든, 알아서 갈 테니 재촉 말라 전해라.
백세에 저 세상에서 날 데리러 오거든, 좋은 날 좋은 시에 간다고 전해라.'

이애란 가수의 〈백세인생〉이라는 노래 가사처럼 우리 사회의 평균 수명은 100세를 바라보고 있다. 1900년대 초까지도 평균 수명은 60세를 넘지 못했다. 30~40년 전까지만 해도 60세가 넘으면 장수를 축하하며 환갑잔치를 했던 것을 떠올려 보면 수명이 얼마나 길어졌는지 체감하게 된다. 오래 살기 때문에 오래 일하는 구조가 당연한 이야기 같지만 일자리는 한정적이고 경제적, 정책적 문제를 놓고 바라보면 이 또한 세대 갈등의 원인이 될 수 있다.

공존을 위한 일자리 정책

선배 세대의 정년을 연장하면서 후배 세대의 일자리를 확대하기 위한 방법으로 도입된 임금피크제가 하나의 갈등 사례가 됐다. 기업은 정년이 55세에서 60세로 연장되면서 늘어나는 인건비를 줄이기 위해 노사가 합의

한 일정 연령이 되면 임금을 삭감하는 임금피크제를 시행하고 있다. 특히 임금피크제를 선제적으로 시행하고 있는 금융권에서 정책으로 인한 세대 간 입장의 차이를 보이며 갈등이 깊어지고 있다.

임금피크제 적용을 받는 직원은 임금 삭감과 함께 업무량을 줄이기 위해 후선 업무로 배치된다. 이 때문에 "아직 영업력도 있고 일할 수 있는데 잡무만 배정하다니 사실상 현대판 고려장 아닌가?"라며 선배 세대가 내는 불만의 목소리가 적잖이 들린다. 후배 세대도 할 말이 많다. 임금피크제 인원이 많아질수록 다른 근로자의 업무 부담이 늘어나게 되는 구조이기 때문이다. 이런 갈등 속에서 2022년 5월 26일 '합리적 이유 없이 나이만을 기준으로 삼은 임금피크제는 무효'라는 대법원 판결로 인해 세대 간 갈등의 골은 더 깊어지고 있다[7].

누구도 선배 세대의 일자리, 후배 세대의 일자리를 서로 뺏고 빼앗기는 경쟁을 원치 않는다. 일자리를 두고 선배 세대도 후배 세대도 아우성을 칠 수밖에 없는 사회·경제적 구조가 문제인 것이다. 그렇기에 '저출생 고령화'라는 사회의 빠른 변화에서 보이지 않는 삶의 불평등과 심화되는 격차 문제를 어떻게 줄여 나갈 수 있는지에 대한 고민이 필요하다.

각 세대가 느끼는 삶의 어려움과 문제점은 살피지 않고, 각자 자기의 입장만 이해해 달라는 방식의 논의는 본질을 해결하지 못한 채 문제를 세대 갈등이라는 틀에 가두고 우리를 더욱 힘들게 할 것이다.

조직이 변해야 갈등이 풀린다

구인구직 플랫폼 사람인에서 373개 기업을 대상으로 '기업 내 세대 갈등 양상'에 대해 설문 조사를 실시했다. 응답 기업의 절반 이상(60.6%)이 '임직원 간 세대 갈등이 있다'고 답했고 직장 내 세대 갈등의 원인으로 후배 세대의 '개인주의'를 꼽았다.[8]

집단주의적 성향을 가진 선배 세대와 개인주의적 성향이 강한 후배 세대의 갈등은 정말 세대 간의 문제일까? 그렇다면 모든 기업에 세대 갈등이 존재해야 하는데 147개의 기업은 세대 갈등이 없다고 답했다.

이들 기업에 세대 갈등이 존재하지 않는 첫 번째 이유는 '대부분 비슷한 연령대의 직원들이 많아서(53.1% · 복수응답)'라는 답으로 절반을 넘었다. 이렇게 비슷한 연령대의 직원들만 모일 수 없다면 '서로 다름을 인정하는 문화 조성(34%)', '수평적인 조직문화가 잘 자리 잡아서(29.3%)', '꾸준한 소통 프로그램을 운영하고 있어서(8.8%)'라는 다른 결과들을 참고하여 세대 갈등 해소 노력을 해 보기 바란다.

기업의 세대 갈등은 개인의 노력만으로 해소하기는 쉽지 않다. 그 때문에 많은 기업이 기업문화를 변화하기 위해 '리버스 멘토링(reverse mentoring)'이나 위계질서가 포함된 기존 호칭을 폐지하고 새로운 호칭을 사용하는 등 새로운 기업문화를 도입하기 위한 다양한 시도를 하고 있다.

사람 위에 사람 없고 사람 밑에 사람 없다

조직 문화를 바꾸기 위해 많은 기업들이 '리버스 멘토링(reverse

mentoring)'을 진행한다. 리버스 멘토링은 우리가 알고 있던 후배가 선배에게 배우는 기존의 멘토링과 달리 후배 세대가 선배 또는 경영진의 멘토가 되어 젊은 문화를 소개하고 직접 체험하며 세대 간의 이해를 높이는 소통 방식을 말한다. 리버스 멘토링은 다른 세대를 좀 더 이해하고 경직된 조직문화를 혁신할 수 있다는 장점을 가지고 있다. 자기 주도적으로 의견을 내는 것에 익숙한 MZ세대는 의견을 경청하려는 경영진의 노력에 만족감을 느낀다. 이 때문에 리버스 멘토링은 경영진 멘티보다 MZ세대 직원 멘토에게 더 환영받는다. LG유플러스 MZ세대 멘토는 "임원들에게 MZ세대 문화 등을 알려 주는 것이 신선한 경험이고 회사 생활의 활력소가 됐다."라며 긍정적인 반응을 보이기도 했다[10].

"구찌스럽다!(It's so GUCCI!)"

패션을 이끌어 가는 젊은 세대는 "It's so GUCCI."를 "멋있다!", "스타일 좋다." 등의 뜻으로 사용한다. 하지만 2014년까지만 해도 구찌 특유의 로고가 박힌 디자인은 '올드하다', '식상하다'는 평가를 받았고 소비자들에게 외면당했다. 그러나 3년 만에 매출과 영업이익이 각각 2배, 3배 이상 증가하며 반등에 성공했다. 구찌는 짧은 기간 동안 매출은 물론 브랜드 이미지를 완전히 바꾸며 가장 힙한 브랜드로 떠올랐다. 경영위기를 겪던 구찌에게 무슨 일이 있었던 걸까?

2015년 구찌의 새로운 CEO 마르코 비자리(Marco Bizzarri)는 구찌의 부진 원인으로 '최근 소비의 중심인 MZ세대를 잡지 못했다'라는 것을 깨달았고 그 해결책으로 리버스 멘토링을 도입했다. 마르코 비자리는 먼저 젊은 직원들에게 힙한 요즘 문화를 배우기 시작했다. '모피 사용 일체 금지', 여행 앱 '구찌 플레이스' 런칭, '스트릿한 디자인' 등 구찌의 매출을 이끈 대부분의 아이디어는 젊은 직원들로부터 배운 'MZ세대가 추구하는 것'들이었다.

국내의 롯데쇼핑은 MTT(Millennials Trend Table)라 하여 만 24세에서 39세 사이의 직원 12명과 경영진이 만나 3개월간 '젊은 문화'를 체험하는 프로그램을 진행했다. 매주 금요일마다 이태원 맥줏집이나 익선동 오락실 등 젊은 세대에게 핫한 장소를 직접 즐긴 덕분에 롯데백화점 잠실점의 '네온사인 롤러장'이나 '그로서란트'(신선 식품 구매 후 매장 취식)와 같이 젊은 세대에게 호응을 얻는 결과를 만들어 내기도 했다.[9]

'계급장 떼고', '오픈 마인드'로 서로의 목소리 듣기

물론 리버스 멘토링의 결과가 무조건 성공사례만 있는 것은 아니다. 막연하게 후배 세대의 문화를 배우면서 '젊은 세대를 이해하라'고 강요한다면 오히려 반감이 생길 수 있다. 리버스 멘토링이 성공하기 위한 3가지 조건을 기억해야 한다.

첫째, 도입하려는 목적과 영역의 분명한 정의를 가져야 한다. 단순히 사진 찍기용 행사로 끝나지 않도록 하는 것이 중요하다.

둘째, 단계적이며 지속적으로 시행을 해야 결과를 낼 수 있다. 단기간에 끝나는 일회성 행사가 아니라, 지속성을 갖고 유지될 수 있도록 3개월 혹은 그 이상의 기간을 정해 정기적으로 만나는 것이 좋다. 이런 만남은 혁신적인 기획을 발굴해 내기도 한다.

셋째는 경영진의 젊은 세대 목소리 존중이다. "내가 다 해 봤다.", "내가 다 안다."와 같은 선입견과 편견을 버리고 참여하는 것이 중요하다. 멘토가 되는 MZ세대 사원 또한 '어차피 바뀌지 않을 텐데…'라는 생각을 버리고, 열린 마음으로 임하는 것이 성공의 키(Key)가 된다.

선배 세대와 후배 세대의 교류가 활발하게 이루어지려면 경영진과 사원 모두 적극적으로 참여해야 성공적인 리버스 멘토링 결과를 기대할 수 있다[10]. 서로에 대한 이해도 넓히고, 젊은 조직 문화를 만드는 리버스 멘토링과 같은 프로그램을 적극 활용한다면 기업의 경직된 조직문화는 달라지고 세대 간 차이를 줄여 나갈 수 있을 것이다.

최근 기업에서는 직원들의 목소리를 듣고 적극적으로 반영하기 위해 리버스 멘토링뿐 아니라 수평적 소통창구를 열어 다양한 목소리를 듣고 적극적으로 반영하려는 움직임이 늘어나고 있다. 삼성전자의 경우 MZ세대와 경영진의 직접 소통 창구인 '밀레니얼 커미티(committee)'를 운영하고 있다. 삼성전자는 이곳에서 나온 의견 중 하나를 실제 사업에 연결하기도 했다. 스마트폰처럼 세로로 시청이 가능한 TV인 '더 세로'를 출시하며 스마트폰으로 콘텐츠를 즐기는 MZ세대를 겨냥한 제품을 출시하고 디자인을 바꿔 나갔다.

포스코는 지난 1999년 직원들과 최고 경영층 간의 직접적인 소통을 위해 '영보드(Young Board)'라는 소통 창구를 열어 두고 일터에서 실제로 생각하고 느끼는 점과 아이디어를 경영층에 가감 없이 제안하게 유도했다. 영보드에서 후배 세대가 제안한 아이디어가 포스코 정책에 실제 반영되기도 했는데 '남직원 태아검진 휴가'나 '본인 포상 셀프 추천제도' 등이 있다.

서열위주의 수직적 관계는 시대의 흐름을 역행하는 것이다. 상호 존중을 위한 수평적인 관계로의 변화가 필요하다. 조직을 위해 개인의 희생을 강요하는 것은 더 이상 멋지지 않다.(It's not GUCCI!)

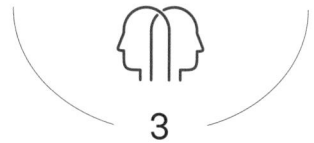

3
두 번째 길, 학교와 가정의 노력

작은 사회인 가정과 학교에서부터 교육을 통해
경험과 가치관의 차이를 줄여 나간다면 갈등도 줄어들지 않을까?

'기생자식', '빨대족'

　가정의 갈등은 사회 갈등의 축소판이다. 한 상담프로그램에 46살이 된 지금까지 아버지에게 '매달 80만 원을 용돈으로 받는다'는 1세대 아이돌 그룹인 태자사의 김형준 씨가 나왔다. 오은영 박사는 "40대가 넘어서도 경제적 도움을 받으면서 부모의 곁을 떠나지 못하고 기대는 사람을 '기생자식'이라고 한다며 최근에는 부모의 연금, 노후준비자금 등을 빨아 먹고 산다고 해서 '빨대족'이라고 부른다."라고 김형준에게 돌직구를 던졌다.

　김형준 씨처럼 경제적 독립을 하지 못하고 부모의 경제력에 기대 기생하는 자식들이 늘어나고 있다. 저성장으로 취업은 어려워지고 덕분에 결혼은 늦어진다. 이 때문에 '빨대족', '기생자식'이란 독한 이름의 신조어까지 생겨나고 있는데, 이는 개인의 문제가 아닌 경제적으로 부모 세대에게 기댈 수밖에 없는 청년 실업의 현실을 보여 준다.

　어느 가정이든 다양한 종류의 문제가 존재할 것이다. 최근 들어 부모와 자식 간 세대 갈등을 호소하는 경우가 많아지고 있다. 한국보건사회연구원 설문조사에 따르면 32.5%가 가족 갈등을 경험했다고 답했는데, 갈등 유형으로 보면 가족 내 세대 갈등이 37.5%로 가장 많았다. 다음으로 형제자매 갈등 20.6%, 부부 갈등 19.4% 순이었다. 세대 갈등 중에서는 역시 부모와 자녀 갈등이 28.3%로 가장 많았다[11].

가장 가깝고 서로를 잘 이해할 수 있을 것 같은 가족이지만 그 안에서도 살아온 시대와 경험, 사회적 위치와 상황에 의해 가치관의 차이는 생겨나고 그것이 가족 내 세대 갈등으로 이어지고 있는데, 특히나 빠른 사회 변화로 인해 더 두드러지게 나타나고 있다. 부모 세대에는 먹고사는 것과 경쟁 속에서 살아남아야 한다는 '생존'이 주요한 패러다임이라면 자녀 세대는 기술의 발달로 SNS를 통한 다양한 소통사회에서 느끼는 '외로움'이다. 부모 세대는 배고픔 탈피를 위해 공부와 취업에 목숨 건 세대였지만, 자녀 세대는 배고픔의 문제보다 외로움 탈피를 위해 친구 관계와 인기를 위한 SNS 관리가 더 절실하다.

서로 다른 세대가 모여 가장 가까운 관계로 하나가 된 가족, 가장 가까운 사이이기에 정서적으로 상처를 주는 것도 큰 사랑을 주는 것도 모두 가족일 수 있다.

가족을 관통하는 시대 갈등

한국 내 가족을 관통하는 시대의 갈등은 첫째, 사회의 구조와 문화적 특성으로 인하여 세대 간에 다른 가치와 신념을 갖게 되는 것이다. 부모 세대가 자라던 시대와 요즘의 시대는 다른 가치관이 적용되는 시대다. 부모 세대는 전통적으로 가부장적 문화에서 양육되었는데 자신이 자라 온 방식대로 자녀에게 여전히 수직적 관계를 요구한다면 수평적 의사소통을 원하는 자녀 세대와 갈등을 겪을 확률이 높아질 것이다.

중학교 2학년인 A군은 아빠가 일찍 퇴근하는 날이면 학교가 끝나고 독서실로 향한다. A군의 아빠는 "내가 너보다 인생을 더 살았으니 내가 시키는 대로만 하면 실패 안 해."라며 A군을 억누른다. 엄마는 대화를 통해 서로 이해해 보라고 하지만 결국 싸움으로 끝이 난다.

가족은 부족이 아니다. 수직적 질서를 유지하는 방식으로 가족을 유지하려고 한다면 오히려 시대적 모습과 달라 마찰이 발생할 것이다. 지금부터라도 우리는 서로를 가족 구성원으로서의 인격체임을 인정하고, 다름을 수용해야 한다.

둘째, 기술의 발달로 인한 세대 간 경험의 차이가 갈등을 발생시키기도 한다. 부모 세대는 먼저 자녀를 키운 선배 세대로 도움을 주고 싶어 이런저런 조언을 건네지만 자녀 세대는 아이를 키우는 방식이 이전과는 달라졌다고 선을 긋는다. 예전에는 책이나 신문을 통해 또는 위 세대의 경험으로 얻은 방식을 통해 신념과 생활의 지혜를 배웠다. 그러나 이제는 SNS를 통해 정보를 서로 공유하거나 더 나아가 스마트폰을 통해 전문가에게 바로 조언을 들을 수 있는 시대가 되었다.

심지어는 부모 세대가 오히려 자녀 세대에게 새롭게 배워야 하는 것들도 생겨났다. 식당에서는 기계가 사람의 역할을 대신하면서 부모 세대는 무인 주문과 결제를 해야 할 때 무인기기 사용법을 몰라 당황스러운 상황이 생기기도 한다. 결국 자녀에게 의존해야 하는 경우가 발생하는데 이를 받아들이기 어려운 부모 세대와 답답한 자녀 세대 사이에서 갈등은 심화될 수 있다. 정보화와 인공지능이 빠르게 발달하는 시대적 변화 상황으로 인해 가정에서의 세대 격차는 더 벌어지는 상황이다.

셋째, 부모 세대와 자녀 세대는 각각 생애주기를 달리하고 있어서 서로의 관심사가 다르고 고민이 다를 수 있다. 예를 들면 중년의 나이에 들어선 부모가 생리적 변화와 아울러 감정의 기복을 경험할 때 청소년기 자녀는 자신의 진로와 정체성에 대한 질문으로 민감한 정서를 가질 수 있다.

우스갯소리로 사춘기와 갱년기가 맞붙으면 누가 이기냐는 말이 있다. 이기고 지는 문제를 떠나 호르몬의 변화를 한 가정 내에서 부모와 자녀가 한 번에 겪어 가정 내 갈등의 골이 생기기도 한다. 이런 가족의 문제는 서로의 관심사를 먼저 알아차려 주고 어려움을 이해하려는 노력을 기울인다면 사랑을 기반으로 한 공동체이기에 갈등을 해결해 나갈 수 있을 것이다.

'덕질'로 '세대 대통합'

40대 중반의 A씨는 초등학교 6학년인 딸과 같이 '방탄소년단(BTS)'의 팬 '아미(ARMY)'이다. A씨는 "함께 콘서트를 보러 가기도 하고 온라인으로 굿즈를 사서 모으기도 한다. 함께 덕질을 하면서 더 친구 같은 모녀 관계가 된 것 같다."라고 말한다.

'덕질'은 자신이 좋아하는 분야에 심취해 그와 관련된 것을 모으거나 찾아보는 행위를 이르는 말로 분야는 연예인, 게임, 만화, 음식, 반려동물 등 매우 다양하다. 연예인 '덕질'의 경우, Z세대와 부모 세대인 X세대가 함께 같은 아이돌을 '덕질'하며 나이에 상관없이 누구나 즐기는 문화로 자리 잡고 있다. 문화산업의 황금기였던 90년대에 '서태지와 아이들'에 열광하고 팬클럽을 이끌던 X세대와 그들의 자녀인 Z세대가 함께 덕질하는 모습이 다른 세대지만 참 많이 닮아 있다. 또 트로트 열풍을 몰고 온 '미스터 트롯'으로 인한 B세대의 '덕질' 파워도 만만치 않다. 젊은 세대의 전유물 같았던 '덕질'이 전 세대로 퍼지고 있는 것이다.

B세대의 덕질은 Z세대만큼이나 열정적이다. 게다가 경제력까지 갖추고 있다. '내 가수'가 출연하는 TV 프로그램은 무조건 본방 사수하고 관련 기사도 부지런히 확인한다. 비용이 발생하는 음원 결제도 서슴지 않는다. 한 카드사가 발표한 자료에 의하면, 연령대별 음악·영상 스트리밍 서비스 이용 증가율은 20~40대가 71%인 데 비해 50~60대는 101%로 크게 늘었다.

이러한 '덕질'은 세대 간 간격을 좁혀 주기도 한다. 엄마의 늦은 덕질을 본 자녀들은 얼떨떨한 기분을 느끼지만, 점차 부모의 취미 생활을 응원하는 모습으로 변하고 있다. 30대 B씨는 "처음에는 이해가 안 됐지만, 이제는 콘서트 티케팅을 도와드리고 있다. 엄마가 '덕질' 덕분에 행복해하셔서서 저도 효도하는 것 같다."라고 만족감을 나타내며 부모의 취미 생활에 든든한 조력자 역할을 하고 있다[12].

만남의 기회를 확대하는 역할

충남 예산에 거주하는 70대 A씨는 "동네에서 젊은 사람 보기도 어렵고, 아이 울음소리를 듣기도 쉽지 않다."라며 세대 간 만남의 기회가 부족하다고 말했다. 서울에 거주하는 70대 B씨 역시 "자녀들과 함께 생활하지 않다 보니 그들의 문화와 가치관을 받아들이는 것이 더 쉽지 않다."라며 이해의 어려움을 호소했다.

핵가족화가 진행되고 1인 가구가 증가하면서 예전처럼 3대가 같이 사는 집은 현대사회에서 거의 찾아보기가 힘들다. 사회에서 가족구조의 변화 등으로 B세대와 Z세대가 만날 수 있는 기회가 줄어들었다. 경험의 차이가 크게 다른 세대가 만남의 기회조차 적어 서로를 이해할 수 있는 시간을 가지지 못하는 것이 세대 갈등의 원인 중 하나라고 할 수 있다. 그렇다면 소통할 수 있는 만남의 기회를 늘리고 서로의 경험의 차이를 이해할 수 있는 시간을 늘리는 것이 부족한 교류로 인한 갈등을 줄이는 방법이 될 것이다. 하지만 개인적으로 이런 시간을 만들거나 늘리는 것은 쉽지 않다. 학교와 사회가 먼저 나서야 하는 이유다.

세대의 벽을 허무는 Key '교육'

　세대 문제를 학교에서 다루는 방식은 일부 도덕, 사회과목 수업시간에 '어른을 공경해야 한다' 정도를 가르치는 수준에 머물러 있다. 학생들이 교육을 통해 세대 간의 차이를 이해하고 소통할 수 있는 역량을 키우기에는 실질적으로 부족한 점이 많다. 또 핵가족화나 1인 가구 증가와 같은 사회구조적 변화로 젊은 세대와 노년 세대가 함께 하는 경험이나 기회 자체가 점점 사라지고 있다. 서로를 이해하고 어울릴 수 있는 다양한 체험 프로그램을 개발하여 지속적으로 운영하는 일이 매우 중요하다. 초·중등학교의 교육과정 속에 위 세대에 대한 긍정적 인식을 심어 줄 수 있고 서로를 이해하는 데 실질적 도움을 주는 내용들을 포함시킬 필요가 있다. 청소년 시기에 또래 친구들뿐 아니라 나와 다른 세대의 경험을 들으며 공감하고, 그들의 삶을 이해할 수 있게 된다면 함께 살아가는 법을 배울 수 있다. 이러한 세대 공존을 위한 교육은 인성교육의 중요한 축을 담당하게 될 것이다.

　2007년 이탈리아에서 시작되어 전 세계 17개국에서 실시하고 있는 세대 공존 교육인 메모로(MEMORO), 일명 '기억의 은행(Bank of Memories)'으로 불린다. 젊은 세대가 기억 수집가(Memory Hunter) 역할을 하면서 60세 이상 어르신들을 인터뷰해 그들의 지나간 삶의 기억과 지혜를 영상으로 촬영한 후 온라인을 통해 공유하는 활동이다. 2014년에 국내에도 소개되어 일부 중, 고등학교에서 프로그램은 진행하기도 했다[13].

　어린이집, 노인 단체나 노인복지관 등에서 나와 아이들에게 동화구연을 들려 주는 프로그램이나 서로 다른 세대 간의 대화 모임을 진행하는 프로그램을 진행하고 있다. 또 이러한 프로그램을 직접 학교 안으로 들여 와 창의적 체험활동 시간에 활용해 보는 방안도 고민하고 있다.

학교에서부터 우리 아이들이 각 세대의 다름을 인정하고 존중하며 이해하는 프로그램을 배워야 할 필요가 있다. 교육을 통해 경험과 가치관의 차이를 줄여 나갈 수 있다면 세대 갈등에서 비롯되는 사회적 문제를 최소화할 수 있는 효과적인 방법이 될 것이다.

만나는 접점을 늘려 나가자

자녀가 학교가 끝나고 난 후 함께 시간을 보내 줄 상황이 되지 않는 부모들이라면 늘 아이 돌봄에 대한 걱정을 가지고 있다. 이를 위한 대안으로 지역사회가 나서서 방과 후 아동들을 돌보는 역할을 은퇴한 위 세대에게 부탁하는 방법들에 대해 고민하고 있다. 젊은 세대는 마을 주민들을 대상으로 컴퓨터 활용 방법을 지도하는 방법으로 서로의 필요를 채워 줄 수 있다.

지역 내 '세대 통합형 공동체 주택'도 세대 갈등을 해소하는 대안으로 떠오르고 있다. '셰어하우스', '코하우징' 등의 이름으로도 알려진 공동체 주택은 개인 생활과 공동생활이 어우러진 형태의 집이다. 방은 개인 공간으로 사용하고 부엌과 거실, 욕실 등을 공유하여 원룸 임대료 정도의 주거비로 더 넓은 공간, 모든 시설이 제대로 갖추어진 집에서 생활할 수 있다. 공동체 주택은 커뮤니티 공간으로 세대 간 필요한 부분을 채워 줄 수 있는 교류와 소통의 공간으로 자리 잡고 있다. 다양한 세대가 서로 만날 수 있는 상황과 공간이 부족했던 요즘, 소통의 부족으로 인한 이해와 공감 부족의 문제를 해결해 주는 대안으로 떠오르고 있는 것이다. 접점의 장소가 늘어나야 서로를 알고 이해할 수 있게 된다. 이 때문에 세대 통합형 공동체 주택을 추진하는 지역 사회가 늘어나고 있다. 공동체 주택을 활용하면 청년들은 저렴한 비용으로 주거 문제를 해결할 수 있고, 위 세대들은 외로움과 소외감을 해소할 수 있어 두 마리 토끼를 잡는 방법으로 제시되고 있다[15].

연인 사이에서도 서로를 깊게 이해하기 위해서는 사계절을 함께 지내보라는 말이 있다. 물론 시간이 절대적 기준이 될 수는 없지만, 서로를 이해하고 알기 위해서는 시간을 함께 보내고 대화를 나누며 접점을 늘려 나가는 것이 무엇보다 중요하다.

앞서 3챕터에서 영화〈인턴〉을 통해 꼰대가 되지 않는 방법을 알 수 있었다면 이번에는 다른 관점으로 소개해 보고자 한다. 영화는 이미 퇴직한 70대가 인턴으로 들어와 30대 CEO와 함께 일하는 모습을 보여 준다. 젊은 CEO인 줄스는 나이가 많은 시니어 인턴이 불편해 마음에 들어 하지 않고, 퇴직 후 다시 일을 시작하는 벤은 신형 노트북을 켜는 것조차 낯설어 했다. 하지만 동료들의 도움으로 하나씩 익혀 나가고 오랜 직장 생활을 거치며 쌓인 연륜으로 그는 동료들의 어려움을 해결해 주기도 한다. 또 성공을 위해 무리해서 달리는 줄스에게 벤은 여유와 마음의 편안함을 제공하며 서로에게 좋은 업무 파트너로 거듭나게 된다. 영화에서 보여 주는 내용처럼 이미 은퇴를 한 선배 세대가 가지고 있는 노하우와 능력이 후배 세대의 역량과 만나 좋은 결과를 가져올 수 있다. 이를 활용해 다른 세대가 함께 진행하는 '세대 간 융합형 창업'이 세대 간 갈등을 해소하는 방법으로 떠오르는 추세이다.

선배 세대는 경영에 대한 전문성과 인맥을 갖추고 있지만 트렌드를 읽는 능력은 부족할 수 있다. 반면에 새로운 시장의 분위기와 흐름을 읽고 기회를 만들어 내는 감각이 발달한 후배 세대는 아무래도 경험의 부족으로 인해 경영 전문성은 떨어질 수밖에 없다. 이 점 때문에 세대 간 융합은 창업 성공의 강력한 조건으로 주목받고 있다. 다양한 세대가 모여 서로가 가진 능력을 잘 버무렸을 때 좋은 결과를 낼 수 있지 않을까? 각자의 강점이 서로의 부족함을 채우는 역할을 할 수 있다는 것을 잊지 말아야 할 것이다.

4
세 번째 길, 시대를 공유하는 우리의 인식

동시대를 살아가는 다양한 세대 모두가 이 시대에
꼭 필요한 존재라는 것을 기억하자.

더불어 살아갈 수밖에 없는 운명

앞서 이야기한 'MBTI'에서 성격유형을 구분하는 것처럼 우리는 세대를 나누고 규정지어 판단한다. 물론 세대를 구분하고 특징짓는 것은 분명 의미가 있다. 이는 '다름'을 인식하고 '다양성'을 인정해 결국 이해의 폭을 넓히려는 데 목적을 두어야 한다. 서로를 이해하기 위해 사용하는 것이라면 긍정적일 수 있지만, 세대 갈등을 부추기거나 단순히 마케팅을 위한 수단 그리고 정치적 목적에 의해 소비되지 않기를 바란다. 또 세대에 대한 편협한 시각을 가지지 말고 세대를 이해하고 함께 공존하려는 노력이 필요하다.

의료의 발달로 인간의 수명은 점점 길어진다. 서로 다른 세대에 태어난 다양한 세대가 같은 시대를 사는 기간은 점점 길어질 것이다. 앞으로 우리는 본 적 없는 모습의 세대 차이의 시대를 곧 만나게 될 것이고 원하든 원치 않든 우리는 같이 살아가게 될 것이다.

어쩔 수 없이 다르다

세대 차이로 인한 조직 갈등의 가장 큰 원인은 상대방에 대한 이해의 부족이다. 결국 '공감'이다. 다른 세대의 입장의 차이를 인지했고 상대 세대의 경험에 대해 이해했다면 정서적으로 공감할 수 있어야 한다. 공감은 상대방이 처한 상황에 대한 깊은 동조다. 공감을 위해서는 무조건 이해하기에 앞서 서로 '다름'을 인정하는 것에서부터 출발해야 한다. B세대, X세대, M세대, Z세대 그리고 알파세대까지 모두 다른 사회적 환경에서 교육받고 성장해 왔다. 따라서 각 세대의 다름을 인정하는 것을 잊어선 안 된다.

함께 살아감

공존이란 서로 도와서 함께 존재하는 것으로 순화어는 '함께 살아감'으로 정의된다. 우리는 다양한 세대와 함께 살아가고 있지만, 서로의 입장만을 내세우거나 서로의 존재를 무시하며 공존의 길을 막고 있지는 않은가.

세대 공존을 위해 우리가 다시 갖춰야 할 자세는 '겸손'의 모습이다. 겸손은 '남을 존중하고 자기를 내세우지 않는 태도가 있음'이라는 뜻을 가지고 있다. 어느 순간 우리 사회에서 겸양과 겸손은 미덕이 아니라는 사회적 분위기가 형성됐다. '자기어필시대'에 나를 드러내고 나를 보여 주는 것이 솔직하고 쿨하고 멋지다는 인식이 팽배해졌다. SNS에서는 내가 뭘 먹었는지 뭘 입었는지 뭘 샀는지 끊임없이 드러내고 보여 준다. 나를 내세우는 것이 요즘의 트렌드라지만 다른 사람에 대한 존중마저 잃어버리는 것은 옳지 않다.

우리 모두가 같은 시대를 함께 살아가는 동반자라는 사실을 기억하고 서로 존중하기 위해서는 겸손의 모습을 되찾아야 한다. 또 함께 더불어 살아가기 위해 앞에서 이야기했던 다양한 방법을 각자의 자리에서 찾는 것이 필요하다. 공존의 진정한 가치는 그 지향점을 향해 꾸준히 나아가는 실천의 과정에서 찾을 수 있을 것이다.

쓸모없는 것은 없다

1986년 1월 28일, 7명의 승무원을 태운 우주왕복선 스페이스 셔틀 챌린저호가 발사된 후 73초 만에 공중에서 폭발하여 승무원 전원이 사망했다. 발사 장면은 텔레비전으로 전 세계에 방송되고 있었고 수백만 명이 폭발 장면을 보고 큰 충격을 받았다. 그 엄청난 사고의 원인은 의외로 아주 간단했다. O링이라는 소위 가장 심플한 부속품 하나의 결함으로 인한 것이었다[15]. 수십만 개의 부품이 들어가기 때문에 어느 부품 하나도 기능을 제대로 발휘하지 못하면 기체는 제 기능을 할 수 없다. 우리 사회도 마찬가지다. 동시대를 살아가는 이 세대가 모두 이 시대에 필요한 존재이다. 어느 세대도 소외되거나 사회 구조로 인해 결함이 생기지 않아야 우리가 살아가는 이 시대가 건강한 모습일 수 있다.

한 세대가 어떠한 경향성을 가지는 데는 나름의 이유가 존재한다. 각 세대의 집단적인 경험에 의해 형성된 가치관을 같은 경험을 하지 않은 다른 세대가 전적으로 이해하기 쉽지는 않지만 공존을 위해 끊임없는 노력이 필요하다.

함께 살아가야 하는 우리 모두는 다름에도 불구하고 서로를 더 이해해야만 하는 과제 앞에 서 있다. 이 책을 통해 세대의 공존에 조금 더 가까워지길 바란다.

TOUCHING 터칭

—

에필로그

Epilogue

에필로그

"내가 무슨 말을 했느냐가 중요한 게 아니라
상대방이 무슨 말을 들었느냐가 중요하다."

　미국의 저명한 경영학자 피터 드러커의 말이다. 나의 말이 왜 나의 생각과 다르게 상대에게 받아들여질까? 이것은 경험이나 환경에서 오는 '차이' 때문일 것이다. 특히나 우리 연구회에서는 세대 '차이'에 주목하고 각 세대의 관점을 들여다보았다. 세대 차이는 사실 메소포타미아 시대에도 지적되었던 것처럼 시대와 국가를 넘어선 이슈이다. 그러나 여기서 생각해 볼 점은 늘 어디에나 존재하는 세대 차이가 갈등을 만드는 원인으로 연결되는 이유이다.

　우리 연구회는 세대의 특징이 성장 배경과 특정한 사건을 겪으며 생겨난 감정과 사고방식이라는 점에 주목했다.
　세대 이해를 위한 세대 구분이 어쩌면 갈등을 부추기는 것은 아닌가 우려스러웠다. 그러나 사람은 누구나 잘 모르고 낯선 것에 대해서는 경계하고 불편하게 느끼기 때문에 잘 모르는 다른 세대에 대해 경계하고 갈등을 만들어 내기 쉬운 반면, 다른 세대에 대한 정보와 이해가 많아지고 익숙해질수록 서로에 대한 태도도 긍정적으로 받아들이게 된다.

단순히 세대를 나누고 그 세대는 '어떠하다'라는 프레임을 씌우는 언론과 정치권의 목소리를 경계하고 각 세대가 살아온 삶의 모습을 들여다보고 깊게 이해해 보려고 노력했다.

다른 배경에서 자라고 성장한 각 세대가 함께 모여 살며 갈등이 빚어지는 이유가 세대 간의 차이에서 오는 문제라기보다는 빠르게 변화하는 시대와 이를 따라가지 못하는 경제, 사회, 교육 등 전반의 문제임을 알 수 있었다. 이 때문에 '세대 갈등'이 아닌 '시대 갈등'으로 바라봐야 한다는 데 의견을 모았다.

이제는 세대 갈등이 아닌 시대 갈등이라는 표현이 더 맞을 것 같다. 한 시대를 사는 다양한 사람들이 서로의 문화를 포용하고 이해해야 함께 공존할 수 있는 그런 시대가 왔다.

다양한 세대를 연구하는 과정에서 어려움도 있었다. 우리 연구회 8명 저자 대부분이 X세대와 M세대에 분포하고 있어서 B세대나 Z세대의 경험들을 책에 녹여 내기 위해 많은 연구를 해야 했다. B, Z, A세대에 해당하는 가족, 지인을 관찰하거나 문헌들을 찾아보았다. 그뿐만 아니라 X와 M세대가 아닌 다른 세대의 주인공들을 인터뷰하며 연구를 이어 갔다. 인터뷰를 통해 다른 세대의 다른 가치관을 만났을 때 이러한 상황이 또 하나의 갈등의 벽으로 느껴지기도 했다. 하지만 각 세대의 배경과 상황을 알고 깊이 있는 연구를 진행하며 우리 저자들은 각 세대를 충분히 이해하고 진심으로 이 책을 대할 수 있었다.

사람들은 자신은 이해받길 원하지만 남을 이해하겠다고 먼저 다가서는 것은 어려워한다. 사람 사이의 마음의 거리를 좁히는 일은 상당한 용기와 애씀이 필요하다. 혼자하기 어려운 일이라면 이 책을 읽는 모든 독자들과 함께한다면 조금은 수월하지 않을까? 이제 이 책을 읽는 당신이 어느 세대에 해당 되는지는 중요하지 않다. 중요한 것은 모든 세대가 한 시대를 같이 살아나가는 동반자이자 함께 미래를 그려 나가야 하는 동료라는 것이다.

2022년 여름, 저자들은 세대 갈등의 해법을 찾기 위해 여름의 열기도 까맣게 잊고 치열하게 토론했다. 그 결과 2023년을 시작하는 즈음 세대 공존의 적절한 해답을 전할 수 있게 되었다. 그 과정에서 저자들이 가장 많이 나눴던 이야기는 이것이다.

'독자들이 「TOUCHING」이 전하는 세대공존의 해법에
얼마만큼 공감할까?'

저자의 자세로 글을 쓰지만 늘 독자의 입장에서 바라보려고 노력했고 많은 의견을 청취해 가며 완성한 책이 「TOUCHING」이다. 부디 여러분도 저자들이 어떤 고민을 하며 이 연구를 했고 글을 썼는지에 대해서 공감하며 이 책을 덮어 준다면 감사하겠다. 쉽지 않은 세대 공존의 여정에 이 책이 여러분과 함께할 수 있기를 바란다.

참고문헌

01챕터

1) 신제인(2022.09.01). '애미'라는 표현이 불편하신가요?...세대 갈등 극복 해법. 디지털데일리.

2) 이동한(2022.03.30). 여론 속의 여론. 사회지표: 2022년 세대 갈등 인식과 전망. 한국리서치 주간리포트 제173-2호.

3) 송한나(2022.04.06.). 여론 속의 여론. 기획: MZ세대를 통해 바라본 한국 사회의 세대 구분. 한국리서치 주간리포트 제174-1호.

4) 송금종(2022.08.31). 과소비되는 MZ. 쿠키뉴스.

5) 이재흔(2021.06.30). 세대별 사회인식 및 가치관 비교조사 발표. 대학내일 20대연구소.

6) 박성준, 박치완(2020). 상호세대적 세대 구분과 세대 통합의 문제. 인문학연구. 59(1). 83-110.

7) 최기창(2021.05.28). 국민 72.4% "우리나라 꼰대문화 심각". 쿠키뉴스.

8) 서부원(2022.10.09). 맞춤법이 수험생 '골탕 먹이기' 위한 도구? 아이들은 왜.... 오마이뉴스.

9) 원호섭(2021.07.19). '역꼰대' 주의보! 성인남녀 10명 중 4명, 주변에 '역꼰대' 존재. 매일경제.

10) 최소영(1999.11.08). 후배 눈치 보는 회식 '상사는 괴로워' 젊은 사원 '입맛' 따라 회식자리 선택 늘어. 경향신문.

11) 선우윤호(2022.08.26).청년층이 제일 싫어하는 단어 'MZ세대', "어른들의 욕심이 만들었다.". 펀앤드마이크.

12) 김민지(2021.01.13). [공존 2021-세대가 함께] "어르신, 같이해요"… 젊은이들 '똘똘' 뭉쳐. 농민신문.

02챕터

1) 손병권 외 3인(2019). 세대 갈등의 원인 분석: 세대 계층론을 중심으로 본 20대와 70대의 갈등 원인. 단국대학교 분쟁해결연구센터.17(2). 5-37.

2) 이용호 외 2인(2021). 구세대 간 사회적 배제의 실태와 격차에 관한 연구: 밀레니얼세대와 베이비붐 세대를 중심으로. 한국사회복지정책학회.48(2). 37-70.

3) 김재한(2006). 정치적 세대 갈등의 오해와 이해. 한국 의회발전연구회.12(2). 135-155.

4) 양정은(2020). 한국 대학생들의 세대 간 커뮤니케이션에 대한 인식: 문화적 요인을 중심으로. 한국콘텐츠학회 논문지.20(9). 86-98.

5) 김희삼(2015). 세대 간 갈등의 분석과 상생 방안의 모색. KDI연구보고서. 2015(5).

6) 표진수(2021.08.03). "'꼰대'들은 말이 너무 안통해" vs "'요즘 것들'은 말을 너무 안 들어". 토마토뉴스.

7) 정다은(2022.03.16). 국민연금 고갈 불안에 세대 갈등도…안 위원장 나설까. SBS뉴스.

8) 남상호(2017). 정년연장의 사회경제적파급효과 분석. 한국보건사회연구원.

9) 지은정(2012). OECD 20개국 청년고용과 중고령자 고용의 대체관계. 한국노인인력개발원. 1-10.

10) 김유경(2015). 가족 변화에 따른 가족 갈등 양상과 정책과제. 한국보건사회연구원. 228(0). 49-65.

11) 장유미(2018.04.06). 가족은 '전쟁 중' 가족 갈등, 집안 문제가 아닌 사회문제다. 조선일보.

12) 정승균(2006). 기업 내 세대 차이와 갈등에 관한 연구. 고려대학교 대학원. 석사학위 논문.

13) 이수빈(2022.01.19). '갑질이다? 아니다?'…사내 세대 갈등 어떻게 해야 할까?. 스냅 타임.

14) 이동우(2021.07.14.). 세대 갈등과 세대통합. 대한민국 정책브리핑.

15) 윤대현(2022.01.28). 세대간 소통에 대한 팩트 체크. 한경머니.

03챕터

1) 한세화(2020.01.03). 2030 꼰대 절반 '난 4050 꼰대와 달라' 48.6%... 주변의 꼰대 유형은? 중도일보.

2) 이다원(2021.02.23). 직장인이 함께 일하고 싶은 상사 유형 1위는 '유재석'형. 이투데이.

3) 최샛별(2018). 문화와 사회학으로 바라본 한국의 세대 연대기. 서울: 이화여자대학교출판문화원.

4) 송양민(2010). 베이비 붐 세대의 어제 오늘 그리고 내일. 경기: 21세기북스.

5) 조지 베일런트(2010). 행복의 조건(이덕남 역). 서울: 프런티어.

6) 이선미(2021). 영 포티, X세대가 돌아온다. 서울: 앤의서재.

7) 류지민(2021.11.26). 1970년대생, 누가 낀 세대라 했나…'포용적 리더십'으로 세대 간 가교. 매경이코노미.

8) 장한이(2022.08.10). X세대의 가장 큰 매력은 자녀와의 케미입니다. 오마이뉴스.

9) 서상범(2016.06.24). 아이에게 무릎꿇은 국립생태원 원장님. 헤럴드경제.

10) 남정미(2021.0.23). MZ멘토 밀라노나 "월급 좀 더 받는다고 빌딩 못 사, 숨통 트이는 삶 살라". 조선일보.

11) 안지섭(2022.09.16.). 美 젊은 직장인들이 열광하는 '조용한 그만두기'. 독서신문.

12) 정현진(2022.09.12). 칭찬에 목마른 MZ세대, 인정욕구 받아주면 기업에 생기는 일?. 아시아경제.

13) 윤수정(2021.05.31). 꼭두새벽부터 몸부림 치는 2030⋯MZ세대 인기라는 '미라클 모닝'을 해봤다. 조선일보.

04챕터

1) 박재령(2022.09.13). 'MZ세대'라는 말은 어딘가 잘못됐다. 미디어오늘.

2) 송한나(2022.03.26). Z세대 61% "M·Z세대 묶는 것 부적절"...MZ세대 구분, 출생연도보다 특성으로. 한국일보.

3) 이동한(2022.03.30). 여론 속의 여론. 사회지표: 2022년 세대 갈등 인식과 전망. 한국리서치 주간리포트 제173-2호.

4) 대학내일20대연구소(2022). 밀레니얼-Z세대 트렌드2022. 서울: 위즈덤하우스.

5) 오성현(2018.10.15). 밀레니얼 세대는 경제성장·디지털 특혜 누린 新인류. 한국경제신문.

6) 대한상공회의소(2020.04). 직장 내 세대 갈등과 기업문화 종합진단 보고서.

7) 이경민(2021.06). "불확실한 미래 보상보다 현재가 중요" MZ세대는 투명한 소통을 원한다. 동아비즈니스리뷰.

8) 신재용(2021). 공정한 보상. 서울: 홍문사.

9) 콘텐타 지식팀(2019.08.13). Z세대가 온다! Z세대 그들은 누구일까요?. contana M.

10) 전혜진(2021.01.05). MZ세대가 ESG 가치에 뜨겁게 호응하는 이유. ESG경제.

11) 대한상공회의소(2022.04.04). MZ세대가 바라보는 ESG경영과 기업인식 조사.

12) 김난도 외(2022). 트렌드코리아 2023. 서울: 미래의 창.

13) 송주상(2021.08.09). "비장애인 올림픽 중계 마칩니다"⋯공감 끌어낸 KBS의 폐회식 방송. 조선일보.

14) 스튜어트 다이어몬드(2022). 어떻게 원하는 것을 얻는가(김태훈역). 서울: 세계사.

05챕터

1) 최순화(2022.09.23.). 미니 밀레니얼 '알파세대'… 어리다고 얕보지 말아요. 매경이코노미.

2) 통계청(2022.06.09). [한눈에 알아보는 나라지표-경제성장률]. e-나라지표.

3) 서원석, 주미진(2019). 자녀세대의 창조적 직업선택에 영향을 미치는 세대별 특성요인 연구. 한국지역개발학회지. 31(2).

4) 통계청. [2021년 출생통계(확정), 국가승인통계 제10103호 출생통계]. e-나라지표.

5) 허자연(2021.11.18). 알파세대 탐구생활. 서울연구원.

6) 이슬기(2022.04.25). 레고 장난감이 15만원?…어린이날 열흘 남았는데 "지갑 못 열겠어요". 조선일보.

7) 뉴스핌(2022.09.27). [포스트MZ 'a세대'] ②소비활동은 가상세계에서. 뉴스핌.

8) 김수경(2022.04.14). "숏폼,메타버스 주 이용층은 알파.Z세대"… 인크로스, 1030 타깃 리포트 발표. 브랜드브리프.

9) 이주영(2021.08.30). Z세대 다음은 누구? '알파세대'가 온다!. 경기뉴스광장.

10) 박상은(2018.07.16). 유튜브에 빠진 초등생, "안 보면 말 안 통해요". 국민일보.

11) 김현수(2020). 코로나로 아이들이 잃은 것들. 서울: 덴스토리.

12) 권장희(2018). 스마트폰으로부터 아이를 구하라. 서울: 마더북스.

13) 신서희(2022.06.07). 마스크에 가려진 입 영유아 언어발달 저해. 동양일보.

14) 박수인(2021.04.01). '금쪽같은' 마스크가 언어발달 방해? 코로나 시국 언어능력 향상법 공개. 뉴스엔미디어.

15) 크리스털 림 랭, 그레고르 림 랭(2020). 휴먼스킬(박선령 역). 서울: 니들북.

06챕터

1) 이진구(2022.09.05). 최근 문해력 논란, 문해력 아닌 소통력 저하 때문. 동아일보.

2) 서영지(2018.04.12). "요즘 애들은~"이라고 말한다면 당신은 '꼰대'. 더중앙플러스.

3) 김성회(2020). 센세대 낀세대 신세대 3세대 전쟁과 평화. 서울: 쌤앤파커스.

4) 김용섭(2019). 요즘애들, 요즘어른들. 경기: 21세기북스.

5) 김경일(2022.02.17). 진짜 세대 차이 극복하려면 후배 세대내 다양성 인정을. 매일경제.

6) 한경화(2022.05.04). 평생직장 사라진 '긱 이코노미' 시대, 어떻게 살아가야할까. 팝콘뉴스.

7) 김난도 외(2022). 트렌드코리아 2023. 서울: 미래의창.

8) 대한상공회의소(2022.04). 직장 내 세대 갈등과 기업문화 종합진단 보고서.

9) 진주화(2016.11.23.). 성장하고 싶은가? 신입사원을 잡아라!. 동아일보.

10) 김경희(2019.09.16). 직장인 91.2%, '사내 민폐끼치는 오피스빌런 있다'... 최악의 오피스빌런 1위는?. 디지틀조선일보.

11) 정환봉(2022.09). 뉴스룸 세대 갈등 어떻게 볼 것인가. 투자와 지원 통해 세대 갈등의 부정적 영향 최소화해야. 신문과 방송.

12) 강나리(2022.11.23). 조선의 왕비가 내 사람을 만드는 법. 스피릿.

13) 이지희(2020. 02.17). 세대는 갈등 아닌 공존 대상, 어떻게 공존할까. 선교신문.

07챕터

1) 김정현(2019.12.30). "사랑해" KT AI스피커에 건넨 가장 많은 대화는 '따뜻함'. 뉴스1코리아.

2) 윤은별(2022.09.23). "전화 싫어요." MZ세대 30%는 '콜 포이바' 겪는다. 매경이코노미.

3) 양승준(2022.12.02). 전화벨만 울리면 가슴 철렁~통화 피하는 MZ세대 '콜포비아'. 한국일보.

4) 최원설, 이재하, 고은비(2021). 함께라서: XYZ 세대 공감 프로젝트. 경기: 플랜비디자인.

5) 김성회(2020). 센세대, 낀세대, 신세대, 3세대 전쟁과 평화. 서울: 썸앤파커스.

6) 전종보(2021.04.22). 대면만큼 '통화'도 두렵다… '콜 포비아' 호소하는 젊은이들. 조선일보.

7) 김종관(2019.01.11). 소통과 문화 고맥락 VS 저맥락. 한국일보.

8) 나은영(2012). 심리학적 관점에서의 소셜미디어. 한국언론학회, 한국언론학회 심포지움 및 세미나. 5-26.

9) 민현기(2019). 초연결시대 어떻게 소통할 것인가. 서울: 메이트북스.

10) 권구영(2022.08.02). 행복은 크기가 아니라 빈도. THANKS TIMES.

11) 정성훈(2011). 사람을 움직이는 100가지 심리법칙. 경기: 케이앤제이.

12) 신다정(2021.09.15) 추석 명절, 손주부터 형님까지 가족 간 세대공감 소통법. 고품격 시니어 매거진 브라보 마이 라이프.

08챕터

1) 김용섭(2019). 요즘 애들, 요즘 어른들(대한민국 세대 분석 보고서). 경기: 21세기북스.

2) 이동한(2022.03.30). 2022년 세대 갈등 인식과 전망. 한국리서치 주간리포트. 173(2).

3) 김연주(2022.08.05). 요즘 금융계는 '임금피크제 세대 갈등'…"자리만 차지하는 선배" "고려장 서럽다". 중앙일보.

4) 통계청(2020.09.28). [한눈에 알아보는 나라지표-2020 고령자 통계]. e-나라지표.

5) 통계청(2021.11.17). [한눈에 알아보는 나라지표-2021년 사회조사 결과]. e-나라지표.

6) 이상훈, 조은아(2022.10.28). 日"64세까지 연금 내라"… 佛, 수령 시점 3년 늦춰. 동아일보.

7) 황경진, 채희태, 원용완(2022.08.01). 중소기업 임금피크제 현황 및 시사점. 중소기업 포커스.

8) 장유미(2021.11.29). 기업 내 '세대 갈등' 못 참는 MZ세대…"퇴사자 10명 중 8명". 아이뉴 24.

9) 김지영(2020.02.18). 리버스 멘토링에 신사업 전망이 '쑥'↑, 체질 개선은 '덤'. 동아일보.

10) 노승욱(2021.07.26). CEO가 사원에게 배운다 '리버스 멘토링'…SNS 고수 된 金 사장님"MZ 멘토 덕이죠". 매일경제.

11) 김민희(2018.04.06). 가족은 '전쟁 중' 가족 갈등, 집안 문제가 아닌 사회문제다. 주간조선.

12) 박정선(2022.09.29). "모녀가 함께 BTS 덕질"…'Z' 자녀와 'X' 부모의 취향 공유. 데일리안.

13) 홍영선(2015.05.01). '세대 갈등' 교육에서 해법 찾아야. 한국교육신문.

14) 최다원(2022.09.22). 서울시, 청년부터 노인까지 사는 '1인 가구 전용' 공공임대주택 추진한다. 한국일보.

15) 오세백(2013.04.09). 챌린저호 폭발사고 전날, 번복된 '발사반대' 의견. 사이언스온.

저자소개

- 유수란

    S-CONSULTING 대표. 전문성과 연륜으로 무장한 '소통 전문가'로 2006년부터 현재까지 국내의 기업 및 공공기관에서 활발하게 활동하고 있으며 다수의 기관에서 우수 강사 표창을 받은 바 있다. 피교육자의 니즈와 원츠가 무엇이고 그에 맞는 해법이 무엇인지를 끊임없이 고민하고 연구하며 함께 성장해 나가고 있다.

    주입과 전달보다는 공감과 동감을 이끌어 내고, 피교육자의 IQ(지능지수)보다는 PQ(행동지수)를 높이는 데 모든 역량을 집중하고 있다. 인하대학교 교육대학원에서 평생교육 전공의 교육학 석사학위를 취득했으며 저서로는 「디지털 라이프 리부팅」이 있다.

- 정재일

    퍼스트기업교육컨설팅 대표. 현재 아주대학교 경영대학원에서 석사 과정을 밟고 있으며 방송기자와 기업에서 교육을 담당하던 다양한 근무 경험을 바탕으로 조직 내 소통과 개인의 성장을 지원하는 전문기업교육 강사의 길을 걷고 있다. 주요 강의 분야는 비즈니스 커뮤니케이션, 조직 활성화, 리더십이다. 개인의 성장과 구성원의 원활한 소통이 조직의 성장으로 이어진다는 신념으로 로젠탈 클래스 온에서 콘텐츠 디렉터로 활동하며, 오프라인에서 다양한 강의 콘텐츠를 소개하고 컨설팅하는 역할도 맡고 있다. 저서로는 「슬기로운 직장 언어」가 있다.

• 신정화

완지(完知)교육연구소 대표. 경기대학교 관광대학원 석사 학위를 취득했다.
LG전자(주) 사내강사를 거치고 평창동계올림픽대회 위촉강사, 공기업평가원 겸임 교수로 활동하였고, 21년 동안 약 5,000회의 강의를 바탕으로 다양한 지식과 지혜를 바르게 학습하자는 철학을 가지게 되었다. 현재는 관계관리 및 세대소통, 조직활성화, 리더십 등의 분야로 다수의 기업, 공공기관, 중앙정부 및 지자체 등에서 활발하게 강의를 하고 있다. 많은 사람들이 강의를 통해 인사이트를 얻고 다양한 연령층의 사람들이 세대 간 소통이 잘되도록 끊임없이 연구하고자 한다.

• 기희경

KEY&PLUS컨설팅 대표로 2005년부터 다양한 기관과 기업에 출강하고 있는 기업교육강사로 활동하고 있다. 다수의 기업과 공공기관의 과정계발 및 교재 집필에 참여하였다. CPF(인증전문퍼실리테이터)로 조직 활성화, 소통, 퍼실리테이션 등의 주제를 참여자들과 상호 작용하며 인사이트를 찾을 수 있도록 돕고 있다. 조직의 문제, 소통의 어려움도 결국 상대에 대한 이해와 공감이 바탕이 되어야 하는 것을 강의를 할수록 느끼며 '관계의 감수성'을 높일 수 있는 즐거운 교육이 되기 위해 지속적으로 연구하고 있다.

• 박은영

씨이엠(CEM)컨설팅 대표이자 한림성심대학교 겸임교수로 연세대학교 교육대학원에서 교육공학을 전공했다. 교육학 이론과 실제를 잘 융합하여 현장에 꼭 필요한 교육프로그램을 설계하고 개발하는 일에 힘쓰고 있다. 조직에서 일어나는 현상에 호기심이 많아 다양한 직군의 조직에서 근무하고, 다양한 직무 대상자들을 교육했다. 그

간의 경험과 일선 현장에서 들려 준 다채로운 사례들로 실재감 있는 강의와 교육컨설팅을 하고 있다. "바름! 아름! 다름!으로 긍정의 경험을 함께 만들어 갑니다."라는 비전을 가지고 고객경험관리, 관계관리, 커뮤니케이션, 관계 대화법, 코칭, 리더십 등의 주제로 끊임없이 고민하고 연구 중이다.

• 김선애

원광대학교 일반대학원 경영학 전공. 15년간 '소통변화 전문가'로 강의 현장과 조직, 개인 코칭 활동을 활발하게 하고 있다. 교수자, 학습자 모두가 공감할 수 있는 맞춤식 콘텐츠로 시간 가는 줄 모르고 빠져들게 하는 것이, 또 바로 실행에 옮길 수 있도록 실천의지를 심어 주는 것이 강의의 가장 큰 특징이고, 동시에 기업교육 강사로서의 소신이다.

학습자의 눈높이에 맞는 콘텐츠로 마음을 열리게 하는 교육을 준비하고 교수자 혼자 하는 일방적 강의가 아닌 교수자, 학습자 쌍방향 커뮤니케이션을 통해 같이 웃고, 같이 호흡하면서 자연스럽게 동기부여가 되는 강의를 추구하고 있다.

• 신지유

기업교육 컨설팅 함께교육연구소 대표. 음대 출신으로 가수 옆에서 전문 뮤지션의 삶을 살다가 교육에 매력을 느껴 당차게 강의를 시작했다. 롯데손해보험과 KB손해사정에서 CS컨설팅을 통해 전사 교육체계를 수립하였고 임직원 교육을 담당하였으며, 조직의 긍정적인 성장을 위하여 구성원의 자발적인 변화를 목표로 강의하고 있다. 주요 강의 분야로는 CS, 커뮤니케이션, 조직 관계관리이며 직접 음악을 연주하는 뮤직테라피 교육으로 따뜻하게 마음을 위로하고 있다. 현재 국내 유수의 기업과 공공기관에서 활발하게 강의를 이어 가고 있다.

- 김예진

국내 유수의 기업 및 기관에서 연간 250회 이상의 활발한 교육을 하는 전문 강사이자 경북전문대학교 교양학부 겸임교수로 학생들을 가르치고 있다. 명실상부한 최고의 서비스기업인 삼성에버랜드 서비스아카데미 사내 강사 출신으로 13년간 교육 현장에서 활발하게 활동하고 있다. '강의를 연구하고 디자인한다'라는 신념을 가지고 개인과 조직의 발전을 위해 교육하고 있으며, 주요 강의 분야는 고객 만족(CS), 커뮤니케이션, 리더십, 스트레스 관리 등이다. 컨설팅 및 온·오프라인 강의를 활발하게 하고 있다. 현재 삼성 관계사, 금호석유화학 그룹 등을 비롯한 대기업 및 기관의 인재개발원에 출강하고 있다.

TOUCHING
터칭

초판 2쇄 인쇄   2023년 06월 28일
초판 2쇄 발행   2023년 07월 07일

지은이   유수란 · 정재일 · 신정화 · 기희경
        박은영 · 김선애 · 신지유 · 김예진

편집   이다겸
디자인   이상은
마케팅   안용성, 이홍석
기획   민현기(로젠탈 콘텐츠랩)

펴낸이   하혜승
펴낸곳   ㈜열린길
출판등록   제2020-000047호
주소   서울특별시 성북구 보문로 37길 15, 201호
전화   02-929-5221
팩스   02-3443-5233
이메일   gil-design@hanmail.net

ISBN 979-11-977140-6-1   03190

* Book Insight는 ㈜열린길의 출판 브랜드입니다.

* 책값은 뒤표지에 있습니다.

* 이 도서의 국제표준 도서번호(ISBN)는 국립중앙도서관 서지정보유통지원시스템
  홈페이지(http://seoji.go.kr)에서 이용할 수 있습니다.

* 이 책은 저작권법에 따라 보호받는 저작물이므로 무단전재와 무단복제를 금지하며,
  이 책 내용의 전부 또는 일부를 이용하려면 반드시 저작권자의 동의를 받아야 합니다.

* 북 인사이트는 교육전문가들의 콘텐츠 개발과 출간을 지원합니다. 좋은 원고가
  있으면 언제든 inlab2020@gmail.com으로 보내 주세요.